U0086487

D I A N A

黛安娜傳

1999完整修訂版

安德魯・莫頓　著

ANDREW MORTON

目次
Contents

前 言
Acknowledgments

這本威爾斯王妃(Princess of Wales)的傳記之所以特別，主要由於黛安娜，也就是威爾斯王妃的全力配合，本書才能順利問世。這本書的內容是根據黛安娜的訪問錄音帶，及黛安娜的朋友和家人的證詞所寫成的。無論是黛安娜或她的朋友、家人都很誠實坦白的說出他們所知道的事；他們也知道，這意味著，身爲皇族的一份子，他們必須要把對皇室一貫的忠貞擺在一邊。對於他們，我衷心的致上我最誠摯的感謝。

我最要感謝的是威爾斯王妃的弟弟，也就是第九代的史賓塞伯爵(Earl Spencer)，感謝他的洞察力與記憶力，尤其是他對王妃兒時與青少年時代的提供。

我還要感謝一些其他的朋友：布朗斯．福克特(Baroness Falkender)，卡洛琳．巴索羅美(Carolyn Bartholomew)，蘇．比其(Sue Beechy)，詹姆士．柯塞士醫生(Dr. James Colthurst)，詹姆斯．吉爾貝(James Gilbey)，梅爾坎．葛洛夫(Malcolm Groves)，羅心妲．葛瑞格，哈維(Lucinda Craig)，彼得與尼爾．喜可陵(Peter and Neil Hickling)，菲力克斯．萊利(Felix Lyle)，麥可．那許(Michael Nash)，黛麗莎．妮漢(Delissa

Needham)，亞當．魯塞(Adam Russell)，洛伊．史考特(Rory Scott)，安琪拉．史拉特(Angela Serota)，羅麗．史特文生(Muriel Stevens)，烏娜．多佛洛(Oonagh Toffolo)，和史帝芬．丁格(Stephen Twigg)。

還有一些其他的人，由於他們的身分特殊，幫助我得到一些皇家方面的資訊。他們不吝惜的指引，實爲無價。

我還要感謝我的出版商麥可．歐馬若(Michael O, Mara)，感謝他在從構思到完成的這條艱辛路上的幫助與支持。我還要感謝我的太太琳(Lynne)，感謝她的耐心與容忍。

安德魯．莫頓

一九九七年九月

對書中照片提供者的致謝
Photograph Acknowledgments

威爾斯王妃的父親，也就是第八代的史賓塞伯爵，在他一九九二年三月過世之前，曾經非常好心的允許我們使用他的家族相片，這本書中很多的相片都

是從他那裡複製而來的。

另外，書中其他威爾斯王妃跟她的孩子，現代又美麗的照片都是出自於派屈克・迪馬齊爾(Patrick Demarchelier)。

序

序
Foreword

黛安娜，也就是查理王妃，不幸於一九九七年八月三十一日猝逝後，全世界籠罩在一片哀傷、惋惜、遺憾的氣氛中。之所以有這種全世界同悼的現象，不但顯示出她個人在這個世界舞台上的影響力，也顯示了她個人的地位。她象徵新生代、新秩序，以及未來新女性的先鋒部隊。即使是現在，我們都還在試著想辦法用言語，表達我們對她離去的感受，以及她對我們的意義。還有，爲什麼那些從未見過她的人也會那麼的悲傷，甚至比自己的親朋之死還要難過。也許是一種無法解釋的化學因素，她似乎已經將這個新世紀的精神融合起來了。所以，當我們埋葬她時，似乎也埋葬了我們自己的一部份。那些守在送葬途中，到肯辛頓宮(Kensington Palace)，到她倫敦家中的人，不但是爲她掉下眼淚，而且也是爲他們自己。諷刺的是，有一次，當黛安娜被問到，她想要在墓碑上刻上怎樣的話時，她的反應是：「一個在嬰兒時期就已經失掉希望的人。」這是個不算吉祥的回答，但卻刻畫了她短暫的一生。

這些淚水跟鮮花中，夾帶了那些拋棄她的皇室成員，以及追逐她的媒體記者們的罪惡感、羞恥感以及悔恨。這也不禁讓我們深深的感到時代潮流的行進，在這過去幾年來，社會的潮流在文化上、社交上、以及政治上都已經大不

序

相同了。就像在一九九七年五月的大選上，英國人民給了工黨前所未有的大勝利，表達百姓心聲，在查理王妃黛安娜的葬禮前和葬禮上，人民也一同說出了他們對皇室以及媒體的不滿和失望。因爲他們相信，這兩個有影響力的集團背叛了查理王妃黛安娜以及他們的心聲。黛安娜就如百姓一般，反映了人民的心聲。所以。新的首相東尼・布萊爾(Tony Blair)，他形容黛安娜爲「人民的王妃」。

當女皇與她的家人站在白金漢宮(Buckingham Palace)的門邊，對著儀隊引領經過的黛安娜靈柩深深一鞠躬時，那個舉動的意義深深大於對一個深愛女人的哀悼。那表示對黛安娜拋棄過去，豎立起自己新風格的一個認可。在電視轉播上，黛安娜的弟弟史賓塞伯爵在短短七分鐘內，抓住了這個情緒，將他自己從一個默默無名的皇室後代，轉變成國際注目的焦點。更重要的是，他巧妙地諷刺了皇室，他說：「黛安娜並不需要任何皇室的頭銜來塑造她個人的魅力。」而他更在悼文中對媒體嚴厲的抨擊，透過對黛安娜精神的描述，字字句句都顯露無遺。他的言詞勇敢、直接，表現出難得的誠實，透露出社會大衆少知的細節，並且針針見血、振振有詞，完全表現了黛安娜成人之後，在生活中的掙扎，針對著皇室成員、政治家以及媒體，完全講出我們心中想講的話。從他的演講結束後所得到的掌聲看來，黛安娜在死後終於得到了勝利。

這不只對英國人來說，是値得記憶的一週，而且也是全世界人値得記憶的一週，甚至會在未來的幾個月、幾年、或幾十年內，將會有很多探討，討論黛

序

安娜對我們個人、以及整個社會的影響。由於她的生活眞實的反映了我們所生存的這個時代，這樣的討論不但是對的、合適的，而且也是大家所樂見的。同時，也會有很多對於她這一生的評價產生。就在我寫到這裡的同時，市面上衆多有關她的傳記、錄影帶跟紀念集正在出版。對於我們想要了解黛安娜的謎樣特質，與成爲公衆偶像的魅力，這樣的出版品有其實質意義。但是，隨著時間的流逝，歷史將會蒙蓋了我們對黛安娜的記憶。而那些認識黛安娜，或是以爲自己認識黛安娜的人，也會轉移了公衆對這個我們所敬愛的女人的印象。而黛安娜對自己生活的想法，和她急於要告訴世人的部分，或將隨著時間的流逝，而被扭曲抹滅了。

對我而言，較諸其他人更輕易參與其中。我的兩本書：「黛安娜：她的眞實故事」(Diana, Her True Story)，以及「黛安娜：她的新生活」(Diana, Her New Life)，現在世界各地的圖書排行榜上都是暢銷書。如果那些書中有任何因著商業利益的需要而扭曲的事實。就會對不起黛安娜，也扭曲了歷史，更與史賓塞伯爵在葬禮上所表達出人民要求誠實與公開的精神相牴觸。

大家可能從不知道，王妃本人對我的這本書，也就是在一九九二年六月出版的「黛安娜：她的眞實故事」所付出的心血。這本書的本意跟目的就是要做成一本她的自傳，聽她親口敘述一個曾經有口難言，對生活充滿無力感的女人的故事。書中所有的故事，都是出自於一九九一年的夏天跟秋天在白金漢宮中跟她的訪問錄音帶。這裡的談話不是在錄影的燈光下，沒有任何的排練，也沒

序

有任何重來的機會。她的話句句發自內心深處，只有簡單的大綱，透露出一個被全世界所愛慕的女人的悲傷與孤單的痛苦感覺。現在再一次回首她這些不被世人所了解的一生，以及她突然的死亡，令人無不撫卷歎息，潸然落淚。今天，她的話語在歷史的考驗中，仍能顯出獨特的智慧。

自那個不幸的一九九一年夏天後，又發生了很多事，所以，對查理王妃而言，很難用適當的言語表達出那種令人窒息般的情感。她覺得自己宛如囚犯，被困在苦澀、無法滿足的婚姻中，被銬在無情的皇室制度中，也被社會大衆一切實際的假想給鎖住。不管她走到哪裡，總是跟著一大堆的保鑣，一舉一動都被記錄下來，甚至每一個到她家的訪客都要被登記和檢查。她不僅是被警察跟攝影記者所監視，而且也被皇室跟她們的親戚們所監視。她的心中漸漸的蔓延著一種侵蝕她的痛苦。那就是，她愈來愈覺得她的生活荒謬可笑而又難以滿足。

她與威爾斯親王(Prince of Wales)的生活，實質上早已經結束了。她知道王子已經回到他的第一個愛人卡蜜拉・帕克・鮑爾(Camilla Parker-Bowles)的身邊了。然而，就像卡夫卡(Kafka)小說中的主角一樣，她的這些焦慮被政府高層人士批評爲幻想和疑神疑鬼，甚至大作文章，寫成一些有關她的丈夫性無能的小道消息。就像在數年後，當黛安娜接受英國國家廣播電台(BBC)的節目「概論」(Panaroma)的訪問時所說的：「我丈夫的朋友都表示說我的情緒又不穩定，又開始生病了，我應該被放到療養院中休養。我覺得自己好像令他

序

們蒙羞。」但是，現在整個世界都知道她的直覺是對的，連威爾斯親王自己都承認，他的婚姻在一九八〇年代的中期就已經可以說是不存在了。

當時，當她的婚姻開始搖搖欲墜時，她最擔心的事就是她丈夫的朋友們會開始毀謗她，讓全世界的人都相信她是個不理性的人，不但不是個合宜的母親，也不合適代表皇室。

然而，古老的皇室系統就跟她的婚姻一樣的令她挫折。她直覺皇室的作風已經過時了，所以她的角色跟野心就只好一再的被犧牲。她稱那些貴族們是「穿灰色西裝的男人」，只有在她被視爲一個盡責的母親和妻子，和一個她丈夫身邊美麗的洋娃娃時，才會覺得稱心如意。同時，她也覺得皇室不斷的在削減她的地位，好提高查理王子(Prince Charles)的群衆基礎。

當她從孤單的牢籠伸出求助的雙手時，無時無刻不在別人的拒絕聲中渡過，隨著公衆對她這個如神話般的婚姻更加誇大時，她的世界幾乎又被鎖進另一個牢籠中。當一九九一年他們的結婚十週年時，一連串的報導和書籍出版的慶祝活動，更像替她的牢房加上了新的鐵欄杆。她的一個朋友說：「她覺得頭上好像套了緊箍咒。不像其他的女人，她是不能離開孩子單獨行動的。」

就像犯人蒙冤般，黛安娜的心中有一股渴望，希望能夠向世人說出她生活的眞相、她被扭曲的感覺，還有她心中孕育已久的野心。她只希望有自由能講出心中的話，讓她的人民能了解她，並爲她做個公斷。她說：「讓他們來做個評判。」她有信心社會大衆並不會像皇室或是媒體對她的批評一樣嚴厲。她想

序

要解釋她所見的事實眞相，但也害怕皇室成員認爲她有精神上的疾病，而想將她送走。她的害怕並不是憑空虛造的，因爲，在一九九五年英國國家廣播電台的訪問播出時，當時的國防部長(Armed Forces Minister)尼古拉斯・索曼(Nicholas Soames)，也是查理王子的好友之一，就形容黛安娜正呈現出「更嚴重的妄想症」症狀。

然而，她是如何把她的訊息傳到外面的世界的呢？檢視英國的社會狀況，她發現她並沒有太多的機會發佈她的故事。六年以前，當「黛安娜：她的故事」尙在準備階段時，皇室幾乎握有所有的控制權。即使是今天，皇室已經創傷累累，也比較謙虛，但她對於媒體仍有強大的影響力。溫莎家族(the House of Windsor)在那時，即使是在現在，也是英國本島上最令人畏懼的家族。有公信力的媒體像是英國國家廣播公司、環球電視台(ITV)，或是其他有品質的報社，假如她向他們表示想要出版她的故事，他們一定都會感到天旋地轉，丈二金剛摸不著頭。但是，要是她將故事放到那些小報上的話，她的故事就會被政府高層人士寫得體無完膚，就像那些誇張的小道消息一樣。

所以，該怎麼辦呢？在她周圍的幾個好朋友，已經開始擔心黛安娜的安全了。過去，她已經有好幾次差點失去生命的自殺行動了，要是聽任她的絕望感再滋長下去，慘劇眞的有可能發生。但是，她們也相信，黛安娜對孩子的愛還不至於會讓她走上這條路。

一九九〇年的冬天，當我開始找尋查理王妃的傳記資料時，我還不太曉得

序

她那些朋友們的擔心。身爲記者與作家，我從一九八二年，也就是黛安娜嫁給威爾斯親王的第二年起，我就開始寫一些有關皇室的報導了。所以，我跟皇室中的各家族多少還有一些接觸，也跟查理王妃，以及約克公爵夫人(Duchess of York)都有些關聯。在一九九〇年初，我曾經寫過「黛安娜的日記」(Diana's Diary)，是一本有關王妃一生事蹟的書，而且，事後我才知道，她本人對這本書非常的贊同。

當我在爲這本書找資料的時候，我才了解到皇室的婚姻生活並不是很美滿。黛安娜的朋友跟以前的同事都替她隱瞞了她的不快樂。而這些傳聞也並不是什麼新消息。因爲，有關查理夫妻不合的傳聞早在一九八七年她們拜訪葡萄牙(Portugal)時就已經傳出。那時，她們兩個堅持要分房住。由於我的新書是涉及黛安娜所有生活的一本傳記，我試著要了解黛安娜生活的全貌。所以，我很快的就了解到了這個令人難過的事實。

同時，就在黛安娜還處於皇室兩難的局面中，她一方面也注意到我爲星期天日報(Sunday Times)所寫的一系列文章，裡面我注意到了查理王子在海格洛夫(Highgrove)黛安娜三十歲生日宴會上的狂怒舉動，以及黛安娜的私人秘書克利斯多夫・愛爾爵士(Sir Christopher Airey)的離去，在這些事件中，我都對黛安娜的遭遇致以無限的同情。她注意到了我正在蒐集她的生活事件，也發覺我是個自由作家，我跟福利街報(Fleet Street)沒有任何瓜葛，更重要的是，我也不隸屬於白金漢宮，這對她將來的任何行動來說，都是個需要考慮

序

的重要因素。在很多的場合，在一些可預期的猶豫之後，她終於決定要打開她內心的鎖，而我也成為報導她眞實故事的管道。

但是，還有一個主要的困難。一個作家拜訪白金漢宮一定會使警鈴大作的，尤其是查理王子還住在裡面的狀況下。就像電視記者馬丁．波許(Martin Bashir)，為英國國家廣播電台的概論節目訪問查理王子時，他發現使用詭計來規避永遠處於警戒狀態的皇室系統是唯一的方法。一九九五年十一月，他做訪問的方法是在安靜的禮拜天，將他的攝影工作人員偷渡進去白金漢宮。

我跟黛安娜的訪問方法則是採用代理人的方式，我們用一個可靠的中間人，替我們傳遞訊息，以避人耳目。於是，我從她童年開始，寫下了有關她生活的種種。她用一架非常古老的錄音機，在她安靜的私人起居間中錄下這些回答。雖然這並不是個很好的方式，因為我們並沒有辦法從她的回答中，做立即的問題反應。但是，一個不一致但可以理解接受的生活相貌具體成型了。身為一個長年在皇室世界中工作的人，知道逃避、模稜兩可和秘密，是這個世界中正常的現象。一開始，我對黛安娜的坦率感到咋舌，也不相信她所透露的那些令人驚訝的故事。在第一次的會談中，雖然有很多的問題是事先就準備好的，但是當錄音機打開，聽著她侃侃而談其內心世界，毫無中斷阻礙，那眞是個很棒的紓解方法。

在她的皇室生命中，那是她第一次覺得自己有力量。最後，她的心聲終於得以伸張，她的故事終於要被說出來了。她告訴那個可以信任的中間人；「告

序

訴諾赫(Noah)一定要讓故事發表出來。」對於這本書無法在一夜之間就完成，她有掩不住的失望。她對我的匿名也顯露出了她溫柔與幽默的一面。這個名稱的由來是因爲有一份美國的報紙描述我，形容我是個「赫赫有名的作者與歷史學家」。她從這裡面縮減出這個名字來，從此以後，她就這樣叫我，諾赫指的就是我，而這也逐漸變成一個笑話。

在某些方面，她藉著說出秘密來紓解苦悶的壓力，而換得些許快樂。但不同於其他皇室的人的快樂。這些年來，我訪問過無數在皇室工作過的人，他們的感覺比較像是鬆了一口氣，至少，他們覺得他們可以說出白金漢宮的生活到底是怎樣的一種生活，像是一種告解。黛安娜在「概論」節目中說：「我再也不能忍受下去了。我無助到了極點。我想，我受夠自己一再的被當作一只花瓶看待。因爲，我是一個非常有自我的人，而且我知道造成這種系統的原因非常的複雜。」

但是，對黛安娜而言，她這樣的舉動激起了腦海中無數的記憶，有些記憶是令人興奮的，而有些記憶卻是苦澀到難以言喻。就像吹過玉米田的風一般，她的心情不斷的起伏著。當她坦率及直言不諱時，她會談到自己的貪食症，還有那些幾乎成功的自殺行爲。她的心情總是在談到皇宮生涯的「黑暗面」時，跌到谷底。她一而再，再而三的談到她的宿命，她覺得她是不可能變成皇后的，她也意識到自己被塑造成某一種角色。她很明白，當她在環遊過世界後，命運還是會帶領她回到這個皇室系統裡來。現在看來，她的預言好像成眞了。

序

當她提到自己那段短暫的大學生活時，她卻又那麼的愉悅。她惆悵的談論她和查理王子的那段戀情。事實上，她非常焦慮，卻害怕被王子與其朋友們，看成是多疑且愚笨的人。因爲她丈夫的朋友們常常這樣告訴她，所以，她也給我們看了幾封卡蜜拉．帕克．鮑爾寫給她丈夫的信，來證明她自己並沒有幻想他們的關係。那些情意纏綿又壓抑的信，讓我和我的出版商對黛安娜的猜測一點都不懷疑。但是，在一個我們認識的律師警告下，我們了解根據英國的法律，你相信是對的事並不表示你就可以把它說出來。所以，儘管這讓黛安娜很惱怒，儘管我的手上證據確鑿，但是，我卻一直無法揭露查理王子跟卡蜜拉是情人的秘辛。我必須要將這件事說成：「有一段秘密的友情」讓這段皇室婚姻籠罩在陰影裡。

我另找機會訪問她，好彌補她第一次誠實的生活告白中遺漏的部分。我花了好幾個禮拜的時間才意識到，她想將這些事講出來的心意有多強。我的一些問題跟她的生活狀況極不符合，所以，她的回答也很簡短無理，甚至令人無法理解。即使很多問題是媒體一直想知道的，但因爲和她的生活沒什麼關係。所以，訪問常常得不到想要的結果。我們只好藉由資訊交換，期望能夠迸出一些令人期待的火花，好延伸出一些新的話題。

收集這些資料的過程，就像提問題的過程一樣令人覺得驚險害怕。當黛安娜有空可以回答我的問題時，我會盡快的傳給她一系列的問題，希望能得到滿意的答案。假如她的心情跟時間都讓她有興趣回答的話，那麼她的回答就極具

洩漏性，而且十分尖銳。不然，那個過程對她來說就像是煎熬，所有的錄音帶也都不會超過一小時。有時候，假如我們太過大意，讓工作人員警覺到，我們的訪問便不能錄音，只能討論相關的主題。

由於我是一個人工作的，所以還必須要猜測她的心情和行為。我觀察到的第一條守則就是：清晨是她口齒最清楚、精力最充沛的時候，尤其當查理王子不在的時候，更是如此。那些時候做的訪問最有收穫，黛安娜滔滔不絕，毫不猶豫的道出她的故事來。那時候，她幾乎鼓不起勇氣去回顧生命中最不順遂的日子。第一次，當她談到她的自殺時，我立即想知道那是什麼時候發生的，我趕快寫下了一些有關這個主題的細節問題。當這些問題到了她的手上後，她以開玩笑的態度看待這些問題。她告訴那個中間人說：「他將我的訃聞寫得相當的好嘛！」

相反的，假如是在下午進行訪問，那時她的精神比較不好，內容也就比較乏善可陳。假如她跟媒體或是丈夫意見不合的話，這種情況就又更明顯了。這時，我就必須要敏感一點，將問題放在她的快樂時光，比如說她身為單身貴族時的生活，或者是她的兩個孩子威廉和哈利(Prince William and Harry)王子身上。雖然有這些障礙，當時間一週週的過去，她對這份計劃的興趣跟參與度都明顯的提高了，尤其是在我們決定了書名後。比如說，假如她知道我將要訪問一個她很信任的朋友，她就會主動跳過我給她的一些緋聞雜事的問題。

儘管她極想要她的自述早點問世，甚至可以說是到了肆無忌憚的地步，但

序

她還是很害怕白金漢宮會發現她是我這本書幕後的黑手。隨著出版的時間愈來愈近，肯辛頓宮的緊張氣氛也就愈來愈明顯。她最近才上任的秘書派屈克・傑夫森(Patrick Jephson)就曾這麼形容：「整個氣氛就像是看到一灘血從門縫下流出來。」一九九二年的元月，那時候白金漢宮方面還不知道書的內容，但她已被警告說，白金漢宮方面似乎已經察覺到她配合寫這本書。儘管如此，她還是冷靜的繼續配合這項冒險的工作。然而，並不是只有她一個人承受這樣的壓力。因爲，福利街報的兩個同事已經警告我說，白金漢宮已經嚴密的在注意我了。在這些警告之後，我的辦公室就遭人侵入，裡面的檔案被翻得亂七八糟，但是除了一台照相機外，沒有被偷掉任何的東西。從此之後，只有用無線電話或者是公用電話跟她的聯絡人聯絡，才不用擔心會被竊聽。

不過，我們很早就提防到這個問題了。一開始，我們就已經給了黛安娜否認的權利，並且想出很多的花招，這樣，如果黛安娜被宮裡的警衛帶進去問話的話，就可以否認她跟這本書有任何的瓜葛。第一個防衛的方法是用她的朋友來幫她作掩護。她會鼓勵某些人來參與，但是，對於某一些人，她的態度會很模糊，這要看她有多了解這些人，以及這些人跟這個計畫關係的深淺。那些介入這個計畫很深的人都深深的相信，黛安娜的生活不會比現在更糟了，任何的狀況都會比現在好。不可避免的，她們覺得炸彈隨時都會爆炸。但黛安娜的朋友們都很誠實坦白，也知道她們這樣的行爲將會使媒體將焦點對準她們。就如王妃自己在電視的訪問中說的：「有很多的朋友看出我承受的壓力有多大，所

序

以，她們覺得用這種方法來幫助我是一種支持的方法。」黛安娜的朋友，同時也是占星學家的黛比．福蘭克(Debbie Frank)在談到黛安娜出書前一個月的生活時，也證實了這個部份。她說：「有些時候，我在結束和黛安娜的會面時會感到非常的擔心焦慮，因爲，我知道她沒有任何紓解的管道。當安德魯．莫頓的書出版後，我才覺得鬆了一口氣，因爲，整個世界都可以知道她的秘密了。」

隨著訪問資料的增加，黛安娜的朋友跟知交都證實了同一件事：公衆所看到的微笑跟亮麗的形象背後，其實藏著一個寂寞的少婦，她忍受著一個沒有愛的婚姻，被婆婆及皇室的其他人看作是一個外來者，也常常是皇室系統中的異類。然而，這整個故事之所以感動人，在於我們看到黛安娜是如何的掙扎，中間有一些的成功，去替她自己的生命找到意義；將自己從一個犧牲者的角色轉換成一個可以掌握自己命運的女人。這是王妃一直堅持到生命最終點的整個過程。

當這個計畫終於到尾聲的時候，王妃碰到最艱苦的部份——讀草稿。整份稿子被分成好幾個部份，一件件地在任何可能的機會送到她的手上。比如說吧，在某個星期天接近中午的時候，我騎腳踏車到位於美菲(Mayfair)的巴西(Brazilian)大使館，王妃跟大使的太太露茜亞．福利茜．麗瑪(Lucia Flecha de Lima)要一起用餐，我可以利用那個機會將最新修改好的稿子給她。有機會可以寫這個全世界都愛的女人的故事讓我誠惶誠恐，所以，我必須要確定自

序

己能準確的寫出她的感覺與意思。讓我很安心的是，不管我是直接摘錄她的話，或是採用其他人的話，她都對這摘取自錄音帶，自由揮灑的稿子表示贊同。有一回，她承認自己都被自己悲傷的故事感動得落淚。根據事實也出於強調的需要，她也做了一些修改的建議，這樣的修改是出於她對女王的尊敬。但是，只有一處她做的修改比較明顯。在一次的訪問中，她曾經說到，當她懷著威廉王子，在聖德令干(Sandringham)的樓梯將自己摔下時，女皇是第一個抵達現場的人。黛安娜在稿子上加入了「母親」兩個字，改成「女皇母親」，以表示出對國家元首的尊重。

即使黛安娜的一些朋友已經準備好要讓自己的名字出現在書中，好爲這本書的眞實性作擔保，但是，黛安娜卻決定要讓這本書跟自己的家庭連結起來，好讓這本書更如己所出。所以，她決定提供史賓塞的家族照片，裡面包括了很多她過世的父親，在她的成長過程中爲她留下的美麗照片。某一日，一些巨幅的紅底金框的相片，送到我的出版商麥可．歐馬若(Michael O，Mara)位於倫敦南部的辦公室。我們複製了一些相片，然後把這些相片送還回去。王妃也幫我們辨識出相片中的一些人。她很享受這個能帶給她一些美好回憶的過程，尤其是少女時代的生活。

她也贊同說：假如要讓這本書與衆不同的話，我們必須要在書中擺進一些從未發表過的居家相片。要她到外面的相館照相是不可能的，所以，她選擇了一些派屈克．迪馬齊爾拍的美麗照片。這些照片是她放在肯辛頓宮的書房裡

序

的。這裡面幾幅她的照片，還有那些她和孩子的合照，都是她的最愛。

當這本書終於在一九九二年的六月十六日出版的時候，她覺得自己終於鬆了一口氣，因爲，至少她的情緒有了個出口。另一方面，她也十分擔心這本書是否會如船過水無痕。當她被宮裡的人質疑時，她也必須矢口否認她有任何參與。在這部份她很沉著的應付了。電視明星以及作家克立夫・詹姆士(Clive James)，回憶自己曾在某次的午餐上問王妃說，是不是在幕後參與了這本書，他說：「她至少有一次是當著我的面大剌剌的說謊。她說：『我真的跟安德魯・莫頓的那本書一點關係也沒有。但是，因爲我的朋友跟他說了一些事，所以，我必須要站在我朋友那邊 。』她的眼睛直直的瞪著我，所以，我可以看出她這個謊說得多麼的巧妙。」

她必須跟這本書保持距離的結果就是：我，她的朋友，跟一些其他的人必須一面隨時提防背後有突如其來的冷箭，一面有效的爲黛安娜的地位而戰。此書的三個主題：黛安娜的貪食症、自殺傾向、以及查理王子跟卡蜜拉・帕克・鮑爾的關係，揭開了虐待與詆毀的眞相。無庸置疑的，假如她可以站出來承認她跟這本書的合作關係的話，影響力將會更大。政府高層人士以及其他的媒體朋友們對這本書的批評、惡意攻訐及懷疑，無疑的，也顯現了要讓世人接受事實是多麼的困難。

在這本書出版的幾個月後，不但扭轉了世人對皇室的印象，而且也使得查

序

理王子夫婦終於站出來，爲他們已經名存實亡的婚姻作了告白，使得黛安娜的夢想和希望終於實現了，她有自由、有機會可以實現和做她自己。在過去的五年間，尤其是在她過世的前幾個月，整個世界都親眼目睹黛安娜眞實的個性與特質。而這些，要不是她有勇氣將眞相說出來，無疑地會繼續被埋葬下去。黛安娜實現了那個目標，而肯辛頓宮外及其他地方堆積如山的花朵，還有世界各地所表達出的哀傷，也可視爲是世人對她最後的定論。

當她的故事發表後，全世界對黛安娜的形象改觀時，我不認爲黛安娜眞正清楚她這個行爲所帶來的影響。她在電視的訪問中，被問到相同的問題時，她是這麼回答的：「我不知道。或許會使大家有不一樣的看法吧！或許會影響那些遭受相同狀況，但卻因爲不同的環境，或由於自卑，而不敢站出來的女人吧！」再一次的，她的直覺又讓她說出了數千女人的心聲，很多婦女，其中很多是美國的讀者，都表示在讀過她的故事後，讓她們更懂得去探索自己的生活。她起初的動機是出於渴望得到幫助，那樣的渴望是由於皇宮中的迫害，和那些愛她的人的反應。她希望讓那些人了解她眞實的故事，這樣她們或許可以自己來判定黛安娜的價值。

她或許已經走了，但是，她的故事將會一直陪著我們。當我在寫「黛安娜：她的故事」時，她的自由一再的在書中重複出現，不管是直接摘錄自她的錄音帶，或是透過別人的轉述。最讓人感到難過的是，她從沒有機會暢所欲言。假如她能有機會享受她的生活的話，那或許就是親自寫下她的回憶錄吧！

序

只可惜，這一切也只能徒留回憶中，再也不能實現了。以下的告白，就是她一直渴望能大聲說出來的話。

Diana, Princess of Wales: In her Own Words

黛安娜的自述

編者注：以下的文字是從一九九一到一九九二年，黛安娜為安德魯・莫頓寫的「黛安娜：她的真實故事」這本書，所做的訪問中選出來的。裡面的文字都是出於黛安娜之口，除了那些用括號隔開的部份。

孩童時代 *Childhood*

（我的第一個記憶）那是個鮮明的記憶：我是在家裡而不是醫院出生的。事實上，記憶裏滿滿是嬰兒車的味道，那是混雜著塑膠與木頭的味道。

我所遭受過最嚴重的打擊，就是媽媽決定要離開我們。那是我們四個兄弟姊妹最鮮明的記憶。我們對事情到底是怎樣發生的，以及事情發生的經過，都有不同的解釋，大家也支持不同的人。無論如何，這對我和弟弟來說都是個難以抹滅的傷心記憶。

那天，查爾斯（她的弟弟）告訴我說，直到他自己也結婚，開始有自己的

自白

家庭，他才知道父母的離婚對他的影響有多大。但是，我的另外兩個姊姊，由於他們的成長過程我並沒有參與，我只有在假日時才見得到她們，所以，我並不記得這件事對她們而言，是件大事。

我視我大姐爲我的偶像。當她從學校回來的時候，我都會幫她做洗衣服、整理行李、放洗澡水、整理床鋪等等的事情。我覺得這樣的感覺棒極了。我的姊姊非常獨立，所以，總是我在照顧我的弟弟。

我們總是一再的換保姆。假如我跟弟弟不喜歡她們的話，我們會將別針放在她們的椅子上，將她們的衣服丟到窗外去。我們總以爲這些保姆是我們的敵人，因爲她們是要來取代母親的地位的。她們都十分的年輕，也十分的漂亮。也都是我父親親自挑選的。當你從學校回來，發現你又換了一個新保姆時，那是一種十分嚴重的打擊。

我總是覺得自己跟其他人不一樣，我無法與人親近。我覺得自己和別人走的方向不同，但我並不知道要往哪去。十三歲那年，我告訴父親：「我將會嫁給一個很有名的人。」我想我大概會做個大使的太太，而不是一個首領的妻子。那是個非常不快樂的童年，我的父母總是忙著處理他們自己之間的問題。我總是看到母親在哭泣，而父親什麼也沒告訴過我們。我們也沒問過任何的問題。整個事件就是不斷的換保姆，非常的不穩定。總括來說，就是非常的不快樂，大家也非常的不親密。

十四歲那年的記憶，我只記得我什麼也不會，我覺得很絕望。我的弟弟在

自白

學校裡總是得到好成績，但是，我卻總是不及格。我不曉得自己存在的意義，或許是個搗亂者吧！在過去的幾年裡，我感受到的所有問題，一直是我不是男孩，我之前的男孩死了，而我的父母很著急的想要個男孩。但是，卻生出了我，第三個女兒。這像是個炸彈！讓他們必須要再試一次。過去我曾感受到這一點，而現在，我不但體認到而且接受了這個觀念。

我很喜歡動物，像是天竺鼠之類的。我的床上至少有二十隻的絨毛玩具，整個床上剩下沒多少的空間給我自己。但我堅持，每天晚上，它們都必須全部躺在我的床上，因爲它們都是我的家人。我討厭黑暗，也害怕黑暗。一直到十歲，我都堅持我的房門外需要有一盞燈亮著。我總是聽到屋子的另一邊，我的弟弟在床上哭著想媽媽的聲音，他也很不快樂；而我的父親在屋子的另一邊；那種情形實在是令人很難過。我總是沒有勇氣在那個時候從床上爬起來。一直到現在，我都還一直記得那種感覺。

我記得母親總是在週六晚上，當我們要準備離家過週末時，哭得很傷心，每個週六都是這樣：「媽，你怎麼了？」「喔！我不希望你們明天離開。」你可以體會到，這對於一個九歲的孩子來說，簡直就是世界末日。我記得我做過最痛苦的一個決定——我要做大堂哥的花童，要去參加婚禮的預演。媽媽給了我一件綠色的洋裝，爸爸給了我一件白色的。兩件衣服都很美，我不記得我到底穿上了哪一件，但我記得那是個慘痛的經驗，因爲那個代表的是，我較喜歡爸爸或媽媽的選擇。

自白

我記得曾經跟里德渥茲(Riddlesworth)(黛安娜的中學)的一個法官，有過一次嚴肅的談話。我們討論我比較喜歡跟哪個父母住在一起。那個法官沒有再出現過，但是，我的繼父彼得・山・凱(Peter Shand Kydd)卻忽然出現了。查爾斯和我到倫敦去，我問媽媽：「他在哪裡？你的新丈夫在哪裡？」「他在票口。」然後，我們就看到那個長相不錯，很英俊的男人。我們渴望跟他住在一起，也想接受他，而他對我們也很好，幾乎寵壞我們了。被寵的感覺很好，因為他們（指父母）從沒有這樣對待過我們。基本上，查爾斯和我都迫不及待想要獨立，這樣才可以展翅飛翔，做我們想要做的事。那時，我們在學校裡十分的不一樣，因為我們的爸媽離婚了，而那時候沒有人是這樣的。不過，在我們從幼稚園畢業五年後，這樣的事情就幾乎發生在每個人的身上了。我的心理總是覺得我跟別人不一樣，但我不知道為什麼。我甚至無法跟別人說這種感覺，但我知道它一直在我的腦子裡。

離婚的事件，讓我能夠體會那些對家庭失望的人。不論他們的問題是出在繼父、繼母。或其他的問題，我都能夠了解。因為，我曾經歷過。

我跟大部分的人都相處得很好，不論是園丁，警察，或者是任何的人，我都可以很自然的與人交談。因為，我的父親總是說：「平等的看待每一個人，不要將你自己的意識強加在別人身上。」

每年的生日跟耶誕節過後，我的父親都會強迫我們在隔天就將感謝函寫好，到現在都還保留這種習慣。假如我從一個晚宴或是什麼需要我寫回卡的地

方回來，即使是半夜了，我也會寫完回卡，絕不會等到第二天，否則，這件事會使得我無法入眠。現在，威廉也會這樣做。這是件好事！讓別人知道你是這樣的讚許他，這是種很好的感覺。

假日的時候，我們都會到聖德令干宮（女皇在諾福克Norfolk的住處）。通常，我們就是到那裡去看「乒乓乓乓」(Chitty Chitty Bang Bang)這部片。我們恨透了這部片，也很討厭到那裡去。我們一到那裡整個的氣氛就變得很奇怪。所以，我總是又叫又踢的，跟那些一定要我們去的人起爭執。而爸爸總是那個最堅持的人，因爲他覺得我這樣的行爲很魯莽。我說，我不想去看已經是第三年放映的「乒乓乓乓」 假期對我們來說總是不愉快的。因爲我們有四週的假期，我們會到媽媽那裡過兩週；再到爸爸那裡過兩週。輪流到兩個父母那裡是很痛苦的，他們都會給一些物質上而非精神上的補償，但精神上的關愛，才是我們眞正想要的，然而卻從未得到過。當我說「我們」時，我的兩個姊姊已經去念中學了，所以已經算是離家了，大部分的時候，都是我跟弟弟在一起。

學校生活 *Schooldays*

我很愛那裡（她的中學里德渥茲）。但是我覺得自己被拒絕了。因爲我總是忙著照顧我父親，但是，忽然間，我發現我即將要離開他。所以，我總是這

樣威脅他：「假如你愛我，你就不會把我送走。」在那時候，這樣的話對他來說是非常殘忍的。而且，事實上，我很喜歡學校。我很頑皮，到處都可以看見我嬉笑頑皮的身影，我是不願意坐在那裡瞪著教室牆壁的。

（我記得學校裡的那些戲劇演出）感到化妝的悸動。那齣戲是常演的那種戲，我是那些去引領嬰孩——耶穌基督的小星星之一。而在另一齣戲中，我飾演一個荷蘭娃娃。但是，我從來沒有爭取過一個有對白的角色來演。在課堂上，我也從來沒有站起來念過課文。我總是很安靜，當我被點到名要演出時，也總要在沒有旁白的狀況下，才會同意演出。

（我的第一座運動獎盃）是跳水。假如你要我誠實的話，事實上，這個項目我贏了連續四年。我總是贏得所有游泳跟跳水的獎盃。我也總是贏得所有有關天竺鼠飼養的比賽。至於學業成績方面，我想，你最好就忘了吧！（笑）

在學校裡，我們只被允許有一隻塡充娃娃。所以，我放了一隻河馬，我還把他的眼睛畫成螢光色。因爲，我討厭黑暗——他的眼睛看起來就像是在看著我。

有一次，我差一點被退學。因爲，有一天晚上，有個同學跟我說：「你想不想做個冒險？」我心想：「爲什麼不呢？生活是如此的無聊。」所以，他們派我在九點的時候到車道的另一端去，我必須要在黑暗中走上半小時。我到那裡去，會有一個叫做寶莉・費拉摩(Polly Phillimore)的人在那裡，我要跟他拿一些甜食。但我到了那裡之後，一個人也沒有。

自白

在警車進來學校的時候，我躲在校門後面沒有多想些什麼；我看學校裡的燈全部都亮起來了，也沒有多想些什麼；當我害怕的走進我的房間，因爲我的一個室友得了盲腸炎，所以，他們進來發現我不見了，於是問說：「黛安娜呢？」「不知道。」

我已離婚的父母都被召來了。我的父親膽戰心驚，而我的母親說：「我眞不知道你到底在想什麼？」但並沒有責備我。

我不斷的吃。我總是大家的笑話。「我們看看黛安娜可不可以在早餐的時候，吃下三條鯡魚乾和六片麵包」，而我總是可以吃得下去。

我的姊姊珍(Jane)在西希斯學校(West Heath School)表現優異，而我的第一學期則是糟透了。我在學校裡到處威脅別人，因爲我覺得有個姊姊在學校裡，是一件了不得的事：我覺得自己非常的重要。但是，到了第二學期，那些曾被我威脅過的人都紛紛向我復仇了。所以第三個學期我過得十分平靜和孤獨。

那裡有一棟他們剛剛蓋好的大樓。我常常在夜裡一個人到那裡去，放上我最喜歡的音樂，在那個巨大的建築裡練習芭蕾，從來都沒有人發現過。當我偷溜出去的時候，我的朋友都知道我到哪裡去了。我現在才了解那個舉動對我來說，是一大紓解。

我喜歡所有的科目。我很愛彈鋼琴，也很喜歡自己錄舞曲來跳。我也很喜歡網球，也是落網球的隊長，還有冰上曲棍球。反正只要你想的到的我都可

以，因爲我的身高夠。我是同學裡最高的。我喜歡戶外的生活，這樣我可以一個禮拜去見一次我的老朋友，也可以到精神病院去幫忙。我很喜歡這個活動，因爲這個活動好像引領我到一個成人的世界。但是，等我成爲全校身高最高的人時，除了我以外，我的同學們都有男朋友了，因爲，我覺得不管我的未來會是什麼，我要讓自己保持的非常純潔。

我並不是個好小孩，因爲我的腦中總是充滿著吵雜聲。我總是在找麻煩，但我很受歡迎。我並沒有在課堂上大聲喊出答案的原因，是因爲我不覺得我知道那些答案。不過我一向都知道何時何地該做什麼、該說什麼話。

我喜歡戲弄各種不同的人，尤其是我姊姊的男友們。只要他們不離開公寓，我就會想法子戲弄他們。我覺得很抱歉，因爲，他們是那麼好的人。不過，我就是那樣。反正，那是我曾犯過的一個疏失。

搬到安索普 *Moving to Althorp*

十三歲那年，我們搬到位於北安普頓(Northampton)北部的安索普。對我來說，離開諾福克眞是個嚴重的打擊，因爲，所有跟我一起長大的人都住在那裡。我們必須要搬家，原因是我的祖父過世了，而且我們的生活起了很大的改變，因爲我的繼母阮茵(Raine)悄悄的出現了。以前，她會不著痕跡的加入我們，像是跟我們不期而遇，然後跟我們坐在一起，再給我們一堆的禮物。我們

都很討厭她這種行爲，因爲我們總是覺得她會搶走爸爸。但事實上，她跟我們有一樣的擔心。

她想要嫁給我爸爸，那是她的目的，而她也達到了。這些年來，我一直隱忍這股怒火在我心中燃燒，一直到兩年前（一九八九年）的九月，我的弟弟結婚了，我才告訴她我的感覺，而我才驚覺我的怒氣之盛。我大聲的將全家人對她的抱怨說出來。我說：「我眞的很恨你，我眞希望你知道我們有多恨你的所作所爲，你毀了我們的家，你花光了爸爸的錢，你到底是何居心？」我站出來爲我母親說話。媽媽說，那是二十二年來第一次有人爲她仗義直言。我記得我很生氣的說出所有心中的話，幾乎要掐住她了。

黛安娜的父親生病了 *Diana's father's illness*

他腦溢血了。原本他有嚴重的頭痛，但卻自己服用頭痛藥，並沒有告訴任何人。而我有預感他即將要生病。所以，當我到諾福克的朋友處暫住，而他們問及我的父親：「令尊好嗎？」我回答說：「我有一種奇怪的感覺，我覺得他好像要倒下來了。他不是很快的走，就是要承受纏綿病榻的痛苦。」我聽到自己這麼說，但卻沒有多想。第二天，電話響了，我意識到應該是有關爸爸的事。果然！他倒下來了。我出奇的平靜，趕回倫敦，到了醫院，爸爸的病已經十分嚴重了。他們告訴我：「他已經進入昏迷了。」腦中的血管已經破裂。我

們看到阮茵站在走道的另一端，我們沒有期望在這裡看到她。因爲，剛剛在院外，她堵住不讓我們進來。我的大姐控制了場面，也不時的進去看爸爸。因爲插著管子無法說話，所以他無法問她其他的孩子在哪裡，天曉得他在想什麼，因爲沒有人能了解。不過，他逐漸的好起來，整個人也變了個樣，和生病前判若兩人，雖然固執依舊，但是可愛多了。

她的弟弟 *On her brother*

我覺得他是家裡最聰明的人，直到現在我都這麼認爲。他眞是天資穎悟的那一種人。安索普是一個很大的地方，而弟弟是這個家族中唯一也是最小的男生，所以，益顯珍貴。而我是本來被期盼爲男孩的女孩子。雖然身爲老三，我仍是爸爸的最愛，這是無庸置疑的。

我一直都很希望自己能夠像查爾斯在學校的表現一樣傑出。但是，我從來都不嫉妒他。我是那麼的了解他，他跟我很相像，跟我的兩個姊姊不一樣。但是，像我的話，他將一輩子的承受痛苦。我們的身體裡有一種因子，讓我們永遠都覺得自己對家族有責任，而我的兩個姊姊，卻好像脫韁野馬，在外面逍遙自在。

我一直到離開學校（瑞士的阿爾卑維德滿學院the Institute Alpine Videmanette），我才知道我拋不開家族。在那裡的第一個月，我大概寫了一

百二十封左右的信。我覺得自己融不進去那個地方，我實在是不愉快。我在那裡學會了滑雪。但是，我跟那裡的人處不來。那是個位於山上的學校，讓我覺得我好像得了幽室禁閉恐懼症。而且，當我知道一學期的學費有多貴時，我告訴他們是在浪費錢。所以，我只在那待了一學期就回來了。

我的父母說：「十八歲以前，你不可以到倫敦去，也不可以有自己的公寓。」所以，我就到漢普夏(Hampshire)的海德里・波頓(Headley Borden)去菲麗帕(Philippa)和傑瑞米・惠特克(Jeremy Whitaker) 他們家工作。我替他們照顧他們的女兒亞歷桑卓(Alexandra)，而且也跟他們住在一起。那段日子過得還好。但我還是心繫倫敦，或許是覺得外面的世界，總是比較多采多姿的心理吧！

倫敦的單身貴族 *Bachelor girl in London*

跟那些女孩們一起參加派對的感覺很好。我很喜歡那種氣氛。在那裡，我開心的笑得合不攏嘴。我可以任意調配我的生活。我甚至都不太有興趣在日記上寫下所有的事情了。我喜歡獨處，就像現在一樣，再好不過了。

（在她的保姆生涯裡）那些老闆常常十分狡猾，假惺惺的。我被我的姊姊差遣到她們各式各樣的朋友那裡去，那時，她們的交友廣泛，幾乎每天都差遣我出門，這對我來說實在是太快樂了。人力仲介公司總是替我找一些清潔工

作，我很喜歡這樣的工作，只是，你在這份工作裡得不到別人的稱讚。

我在溫布頓(Wimbledon)時也上了一些烹飪課。我十分喜歡這個課，只是很表面的工作。但是，我變得很胖，因爲我喜歡果醬。我的手指總是在各種不同的果醬裡打轉。這樣並不是我喜歡的，只是順應父母的期望。現在看來，跟坐在打字機後面比起來，那似乎是個不錯的選擇。我還得到了一張證書呢！

遇見查理王子 *Meeting the Prince of Wales*

我在很小的時候就見過她（女王）了，所以，這不是什麼大不了的事。我對安德魯(Andrew)跟愛德華(Edward)也沒什麼興趣，根本連想也沒有想過安德魯。我一直都這麼想：「看看他們的生活，多恐怖啊！」所以，我記得，當他，我的丈夫到安索普來住的時候，我對他的第一印象是：「天啊！好憂鬱的男人。」他帶著一條獵犬走進來，我的姊姊們都極盡所能的對他賣弄風騷，我心想：他一定恨死這種行爲了。我要自己不要跟她們一樣。我記得我那天表現出的是一個肥胖、邋遢、沒有化妝、又不聰明的女孩子，卻製造出許多吵鬧的聲響，而他卻喜歡這樣。我記得他在晚餐後走向我，我們跳了一隻長長的舞，他問我：「你可以帶我到畫廊去嗎？」我才剛要帶他過去，我的姊姊莎拉(Sara)就出現了。她告訴我不要當電燈炮，而我對她說：「你不知道開關在哪裡，至少讓我告訴你電燈開關在哪裡。」然後我就離開了。第二天，當我站在

自白

他的旁邊時，他的表現十分的迷人，沒想到這樣的他，竟會注意到十六歲的我，讓我覺得很訝異。「為什麼一個像他那樣的人會對我有興趣呢？」也許，只是「那時候」有興趣，不然怎麼會一等就是兩年呢！在這段時間裡，我看到他和莎拉時好時壞，但莎拉對這整件事卻異常的興奮。之後，她發現了一些我沒有發現的事比如說，我也被邀請去參加他的三十歲生日派對。

「為什麼妳也受到邀請呢？」(我)姊姊問。我說：「嗯，我不知道，但是我想要去。」「哦，那，好吧。」我們交談著類似這樣的對話。那個派對讓我玩得很開心，我一點也沒有被那個環境（白金漢宮）嚇到，我心想：那是個好地方。

一九八〇年七月，我被邀請到菲利浦．德帕斯(菲利浦親王的朋友羅伯特．德帕斯爵士之子)家中。「你願意到派特渥斯(Petworth)來住幾天嗎？查理王子要來這裡住幾天，你很年輕，或許可以幫我們陪陪他。」所以，我說：「沒問題。」我坐在查理旁邊的位置，然後，他進來了。他不斷的向我靠過來，這讓我感到非常的奇怪。我心想，這件事不太妙。我以為男人不該做得這麼明顯，我覺得事有蹊蹺。第一個晚上，我們坐在烤肉區旁大柱子邊。那時，他才剛跟安娜．華麗斯(Anna Wallace)分手。我說：「今天，當你從蒙特伯登爵士(Lord Mountbatten)的喪禮上走出來的時候，你看起來好難過。」我又說：「當我看到你難過的眼神時，我的心都在為你滴血。」我心想：你很寂寞，你應該跟一個可以照顧你的人在一起。

下一秒鐘，他又熟練的靠了過來，我覺得很奇怪，只是，我不太曉得該怎樣來應對這樣的場面。之後，我們談了很多的事情，只是氣氛很冷淡，似乎空氣都凝成了冰。他說：「你明天一定要跟我去倫敦。我在白金漢宮有工作，你一定要來陪我工作。」我覺得這個要求是太過分了，我說：「不，我不行。」我心想：我要怎麼跟人家解釋呢？我明明該跟菲利浦在一起的，我卻出現在白金漢宮。之後，他邀請我進入上流社會去，他的朋友們都在那裡。我覺得十分害怕，一種很不好的感覺籠罩全身。我覺得整件事情都很奇怪，似乎有人在談論這件事。

這樣的情況來來回回了幾次，最後，我去住在我的大姐珍位於巴爾摩洛的住處。羅伯特（珍的丈夫）是（女王的）私人秘書的助理。我從未住過巴爾摩洛，所以，有點惶恐。不過，這種心理在我進門後就覺得好多了。我有一張普通的單人床。我總是習慣自己打包和整理行李。我十分的訝異，查理王子有二十二件手提行李，這還不包括他其他的東西呢！我有四、五件，已經讓我覺得很不好意思了。

我住在城堡的後面，因爲媒體都很好奇，所以，這樣的安排是個好主意。每次我去拜訪王子的時候，帕克．鮑爾夫婦都會在那裡。在那一段長時間裏，我是最年輕的。查理通常是打電話給我，約我一起去散步或烤肉，而我總會說：「是的，麻煩你了。」我覺得這樣的狀況實在是太美好了。

求婚 *Courtship*

事情大概就是從此發展起來，媒體也開始對此大作文章。雖然，這些媒體開始出現在我的公寓後，一切變得令人難以忍受；但是，我的三個室友表現得很稱職，她們的忠誠實在令你難以想像。我覺得我希望查理王子能夠快一點處理這件事，而女王已經沉不住氣了。然後，查理在克羅斯特(Klosters)打電話給我，他說：「我有一件事要問你。」女性的直覺告訴我會發生什麼事。我一整夜坐在那裡，不斷問我的室友：「我該怎麼說？我該怎麼做呢？」當時，我的腦中知道他的身旁另有別人。

那個時候，我就已經知道他的身邊另有其他的人了。我常常到波立海(Bolehyde)帕克．鮑爾夫婦那裡去住，那時，我不明白為什麼她（卡蜜拉）會一直告訴我：「不要勉強他作這件事，不要這麼做。」她對王子的私生活很了解，也對我們的私生活很了解，像是我們要到布羅蘭(Broadland)去住的事等等。我無法理解她的話。最後，我終於想通了這其中的關係，也找到了一些證據，和一些願意將詳情告訴我的人。

反正，第二天，我還是到了溫莎宮。我大約在五點左右抵達，他要我坐下，然後說：「我很想念你。」當時，他沒有任何肢體的動作。這是很不尋常的，但是，我並不知道，因為我從沒交過男朋友。我總是跟那些男孩子保持距離，因為我覺得他們都是麻煩，而且，我無法感性的處理這種事，我總覺得會

把事情弄糟。不管如何，他說：「你願意嫁給我嗎？」我笑了。我記得那時候我心想：這一定是個玩笑。我說：「哦？好啊。」然後，我又笑了。他說：「你眞的了解有一天你將會變成皇后嗎？」有一個聲音在我心中響起：你將不會變成皇后，但是，你將會成爲一個厲害的角色。我心想：好啊。所以，我說：「是的。我是這麼的愛你，我是這麼的愛你。」他回答：「不管愛的意義是什麼?!」他是這麼說的。我心想：這眞是太棒了！我以爲他是眞心的。然後，他奔上樓去打電話給他的母親。

由於我的不成熟，是我人格中很大的缺失，所以，我以爲他是很愛我的。現在回想起來，他確實有一種癡迷的表情，但並不是我想像（要）的那種感覺。他並不了解：「這是怎樣的女孩，她是如何的不一樣？」因爲，他人格中對皇室責任的那部分，也十分的不成熟。對我來說，對皇室的責任可說是跟人民一起工作劃上等號的。

我回到我的公寓，坐在床上，我說：「你們猜發生了什麼事？」她們說：「他向你求婚了。你怎麼回答呢？」「好的。」大家都尖叫起來，互相擁抱，我們偷偷的溜出去，在倫敦的街上開車兜風。第二天早上，我打電話給我的父母。爸爸嚇壞了。媽媽也是：「這眞是太好了！」我告訴我弟弟，他說：「你要嫁給誰啊？」

兩天後，我到澳洲(Australia)去，主要是到那裡去把自己的心緒平靜下來，也跟我的母親商量需要做的事。那段時間實在是很可怕，因爲，我想念著

王子，但他卻沒有打電話來。我覺得很奇怪，每次我打電話給他，他總是出去了，而且也沒有回電話給我。「好吧！」我很好心的原諒他。「他很可能正忙碌的在處理繁瑣的公務。」我才剛從澳洲回來就有人敲我的門。那是他辦公室的一個職員，他的手上拿著一束玫瑰花。我一看就知道不是查理送的，因爲上面沒有任何隻字片語。那只是他辦公室中某個細心的人所爲。

媒體的騷擾 *Press harassment*

消息開始散播出去，媒體開始令人無法忍受的整天跟在我的後面。我可以了解那是他們的工作。但是，他們的望遠鏡，無時不刻的跟在我的後面，他們在老布朗頓街(Old Brompton Rd.)我的公寓對面租了一間房子，作爲他們的據點，好窺伺我的公寓。我也不能把電話線拔掉，這對其她的室友是不公平的。萬一，她們的家人有急事時才能打得進來。報紙的記者會在半夜兩點打電話給我，因爲它們剛剛又登出一篇故事了，「你希望我們證實或是否認這個故事？」

第一次的考試（駕照）失敗了，我在第二次考試才考過。由於這些媒體，我總是要確定自己可以在紅燈前過街，這樣的話，他們才會被紅燈擋住。因爲，每次我一走進我的車，他們就追著我滿街跑。我們現在談的是三十個人，不是兩個人。

有一次，我必須離開克蘭詩別宮(Coleherne Court)，然後跟他（查理王子）到布羅蘭去。所以，我們就把我的床單拿起來，包住我的行李箱，從廚房旁邊的窗戶爬出去，因爲那是在街邊。這整個過程中，我幾乎都是這樣過的。

對那些記者們，我總是保持禮貌，維持風範，不魯莽也不哭鬧。但我卻對著家中的牆壁哭得像個孩子。我就是無法忍受這樣的狀況。我哭的原因是因爲我沒有得到查理或是皇室新聞局的任何支持。他們只是說：「你必須要靠你自己。」所以，我只好對自己說：「好吧！」

（查理王子）一點也沒有支持我。每次他打電話給我時，他都會說：「可憐的卡蜜拉，晚上她打電話給我，說有好多的記者在她位於波立海的家外面。這段日子對她來說不好過。」我從沒向他抱怨過媒體。是因爲我不覺得我有那個權利向他說這些話。我問他：「她的屋外有多少個記者呢？」他說：「至少有四個。」我心想：天啊！這裡至少有三、四十個。而我從來沒有告訴過他。

我總是憑藉我的意志力來渡過。不管如何，感謝上帝，這件事（訂婚）終於被宣佈了。在我還來不及了解事情的狀況時，我已經到克蘭詩別宮了（女王在倫敦的住處）。那裡沒有一個人歡迎我的到來，我就好像走進旅館一樣。而且，大家都問我：「你到克蘭詩別宮來幹嘛？」我告訴他們有人通知我到這裡來。而且，那是最後一次我可以自由的走出我的公寓。忽然間，外面就有警察了。訂婚的前一夜，我的警察告訴我：「我只想告訴你，這是你下半輩子可以自由活動的最後一晚，所以，好好的享受吧！」這句話好像一把刀一樣的插進

我的心裡。我心想：天啊！但是，我只是笑得像個不成熟的孩子。

這大概是我們（從克蘭詩別宮）進皇宮去前三天的事。在克蘭詩別宮裡，我記得我每天早上，都被一個很好的老太太叫起床。她總是帶一堆有關訂婚消息的報紙進來給我。

嫁進皇室 *Marrying into the royal family*

我的奶奶（福摩夫人魯絲Ruth, Lady Fermoy）總是跟我說：「親愛的，你必須要知道這一點，他們那些人的幽默感和生活型態跟我們是不一樣的。而且，我不覺得那樣的型態適合你。」

成為王妃的好處 *The attractions of becoming a princess*

你瞧，我已經有一個很好的生活型態了。我有自己的錢，也住在大房子裡。所以，嫁進皇室並不會像是走進一個完全不一樣的世界。

選擇訂婚戒指 *Choosing the engagement ring*

他們送來了一個公事包，理由是要選安德魯二十一歲成人戒指。裡面是一些藍寶石，我說的是珠寶耶！我想我應該是選的那個人吧！而我們都出了一些錢，但是由女皇付的錢。

那件黑色的禮服 *That black dress*

我清清楚楚的記得我的訂婚（皇室）場面，眞是令人興奮。我穿著一件從伊曼紐(Emanuels)買來的黑色禮服，我覺得這樣沒有什麼不好，因爲我這個年紀的女孩都穿這樣。我尙未體認到我已經被視爲皇室中人了，雖然，我的手上只有戴一只戒指而不是兩只。

我認爲選擇黑色禮服應該是十九歲女孩最聰明的決定。那是最像大人穿的衣服。我的胸部很大，他們對這件事似乎都顯得異常的興奮。我也記得我曾謁見葛麗絲皇后，她是那麼棒，那麼慈祥的一個人。但是，我看得出來她有煩惱。

那也是個令人害怕的場合。我不知道是否必須是第一個走出門、我也不知道我的手提包應該背在右手，而不是左手。我嚇壞了，那種感覺充斥在整個場面中。

訂婚 *Engagement*

我非常想念我的那些朋友，我很想回去，跟她們聊天、開玩笑、互相借衣服，就像我們以前那樣，或者就只是回到我安全的小窩去。在這裏，一切都不一樣，這一天，你可能得會見瑞典(Sweden)國王夫婦，他們送來可以放四根蠟燭的燭臺，恭喜新婚。下一秒鐘，不知道哪裡來的總統你必須要見。我就這樣陷在水深火熱中，還好，我自小即受教過要如何應付這些場面。我並不像「窈窕淑女」(My Fair Lady)裡的女主角一樣，是偶然被挑中的。我是知道應對之道的。

（對白金漢宮的印象就是）我無法相信裡面的人都這麼冷漠。事情經常表裏不一，漫散著無數的謊言和欺騙。舉例來說吧：我的丈夫送給卡蜜拉·帕克·鮑爾的花，上面的署名會是：「佛瑞德(Fred)給葛雷蒂(Glady)。」

會見卡蜜拉 *Meeting Camilla*

很久之前（就見過她了）。我是被介紹給整群人認識的。但是，很明顯的，因爲我很年輕，所以，對她來說，我是個威脅。

但是，我們一直都在討論卡蜜拉。有一次，他在洗澡的時候，用無線電在講電話。他說：「不管發生什麼事，我都會永遠愛你的。」事後，我告訴他，

自白

我在門外聽到這些事，隨之而來的是一場激烈的爭吵。

我一住進克蘭詩別宮就有一封信躺在我的床上。上面的日期是兩天前的，上面是這麼寫的：「聽到訂婚這個消息眞是令人興奮！讓我們在查理王子到紐西蘭和澳洲的時候，一起共進午餐吧！他將要離開三星期，我很想要看你的戒指。愛你的卡蜜拉。」我的感覺是：「嘩！」所以，我就準備了這個午餐的約會。我們一起吃了午餐，現在，我的腦子裡想到的是我眞是太不成熟了。我不知道什麼是嫉妒、什麼是憂鬱，或是那一類的事。作爲一個幼稚園老師的經驗，是不需要承受那樣的事的。你只是會疲累，周圍不會有人帶給你悲傷。所以，我們一起吃了午餐。過程十分的有技巧。她說：「妳不會狩獵吧？」我說：「獵什麼？」她說：「馬。你住到海格洛夫之後不會去打獵吧！」我說：「不會。」她說：「我只是想知道。」我想，她想知道的是，那條路可能是她們要相會的途徑吧！我還未成熟到能了解所有的訊息。

反正，他辦公室的一個人告訴我，我的丈夫曾經訂製了一個手鐲，卡蜜拉到今天都一直戴著。那是一個金色的手鐲，上面鑲藍色琺瑯，鐫刻著「佛」和「葛」；「葛雷蒂」和「佛瑞德」一直是他們的代號。有一天，我走進他的辦公室，然後說：「這個手飾盒裡裝的是什麼啊？」他說：「你不可以打開。」我說：「我偏要打開來看。」我打開盒子，裡面躺著一個手鐲，我說：「我知道這條手鐲是要送給誰的。」眞是難以置信，這是我們婚禮前約兩週的事。他說：「今天晚上要給她的。」我感到很生氣：「你爲什麼不能對我忠實呢？」

但是，沒有，他（查理）傷我足以致死。他已經做好決定，不論這個決定行不行得通。他就是要找到一個處女，一隻待犧牲的羔羊，而且，從某方面來說，他也爲我著迷。但那是種冰和火的交雜相處。你從來不知道他的情緒將在什麼時候上升，什麼時候下降，難以捉摸。

他拿走了手鐲。我們在星期三結婚。星期一的中午，他的保鑣在辦公室裡，我說：「約翰，查理王子呢？」他說：「他去吃午餐了。」我說：「那你爲什麼在這裡？你不是應該跟著他嗎？」「我等一下再去接他。」

所以，我上樓去，和等在那裡的姊姊們一起吃午餐。我說：「我不能嫁他，我不能這樣做，這實在是太令人難以相信。」她們實在是太好了，她們說：「黛，你的運氣實在是不太好，但是，你的一隻腳已經踩進去了，現在要退出已經來不及了。所以，我們只好用樂觀的態度來面對事情。」

我從來沒有正視那件事，我只是告訴他：「你必須永遠對我誠實。」就像我們在度蜜月時，我們會打開日記討論一些事。但我卻發現他的日記裡夾了兩張卡蜜拉的相片。度蜜月時，有一次，我們爲埃及(Egypt)國王沙達特(Sadat)舉行一個宴會，他的手上戴著一個袖扣，上面有兩個「C」交纏在一起，我立刻就知道是從哪裡來的。「那是卡蜜拉給你的，是不是？」他說：「是的，哪裡不對了？這是一個朋友送的禮物。」我們又有了一次爭吵。我眞的很嫉妒。用兩個「C」眞是個聰明的主意，不過，也還好啦！

我是一個人在這裡（籌辦婚禮）的，因爲他躲到紐西蘭和澳洲去了。如果

你仔細回想的話，你大概還記得我站在紅地毯的一端紅著眼睛，我的哭泣無關他的遠行；而是因爲在他離開的前一天，發生了一件可怕的事。我坐在他的書房中跟他說話，電話響了，是卡蜜拉。在他即將遠行五週前打電話來，我心想：「我應該要識相點，還是繼續坐在這裡？」最後我還是選擇離開那，讓他們單獨晤談。即使這樣的決定會讓我心碎。

海格洛夫的家 *Highgrove House*

他說他想要住在他的領地中（康瓦爾公國Cornwall），但是，那裡距卡蜜拉的家只有兩英里遠。他先挑好房子的，而我則是隨著他的意見。我第一次到那裡去時，房子已經買下了。他將所有的牆壁都漆成白色。他希望我來做所有設計監工的工作，即使那時候我們都還沒有結婚。我覺得這樣做不太恰當，但他喜歡我的品味。

佈置海格洛夫 *The Highgrove Set*

我開始覺得：「天啊！他們對我說話的方式十分奇怪。」我覺得自己十分的平常，因爲我直話直說，而且也從來沒有人叫我住嘴，他們卻只是做表面功夫。基本上，他們只是看著查理的臉色在做事。我覺得一個人得到這樣的對待是很可憐的。

佈置兩個新家 *Decorating two new homes*

（杜德力．波拉克(Dudley Poplak)）在十年前曾替我母親佈置房子。然後，就一直是我母親的好朋友。所以，我問她：「你覺得用他如何呢？」她說：「很好，他一直都很出色，也很忠實。」我就這樣選了我的設計師，也有了一個免費的好幫手。

選擇聖保羅教堂或是西敏寺大教堂 *Choosing St Paul, s or Westminster Abbey*

查理王子說在那裡（聖保羅）的視覺跟聽覺效果都比較好。這在皇室裡引起一場從來沒有過的辯論。「我希望這樣子做。」查理說，這眞令人大惑不解。

結婚禮物 *Wedding presents*

查理和我到平價貿易公司(General Trading Company)（政府高層人士經常聚集購物的時髦禮品公司）去。現在想起這件事都會覺得很滑稽，眞是太假了。

婚禮 *The Wedding*

有很大的期待。高興是因爲群衆激起了你的情緒，但我不覺得快樂。我們在星期三結婚。星期一，我們到聖保羅做最後一次的預演，那次，所有的攝影機都打開了，我們也感受到眞正的婚禮應該有的樣子。而且，我也痛哭了一場。我想，我的確是崩潰了，崩潰的原因是由於各種不同的事情。卡蜜拉的事，將我們從訂婚到現在的整個情況，帶到最慘的地步，我是那麼急於要對整個狀況表現出成熟的樣子。但是，我沒有絲毫的經驗，也沒有人可以問。

在那個大日子裡，我記得我的丈夫很疲倦，我們兩個都很累。他在結婚的前一晚上送了一只戒指到克蘭詩別宮，戒指上面有著查理王子的徽記。還附了一張很精美的紙條，上面寫著：「我很以你爲傲，明天，當你走過來的時候，我將會在走廊的盡頭等你，你只要看著他們的眼睛，將他們迷倒就可以了。」

前一天晚上，我的貪食症也發作了。我幾乎吃掉所有我看到的東西，我這樣的行爲幾乎要笑掉我姊姊（珍）的大牙，因爲她陪我在這克蘭詩別宮內，而且沒有人了解發生了什麼事，那是非常秘密的。那晚，我像一隻生病的鸚鵡。

自白

那樣的情形好像預測著未來的狀況。

第二天早上我們在克蘭詩別宮起床後，一切都很平靜。我大概是在五點鐘醒來的。很有趣的是，她們將我放在一個可以看到購物中心的房間裡。所以，這表示我幾乎一夜都沒睡。我很平靜，我覺得自己像隻待宰的羔羊，我知道自己無能爲力做些什麼。這是跟珍待在克蘭詩別宮，擁有最後一夜的自由。

父親興奮到人都變笨了。我們經過聖馬丁廣場(St Martin-in-the-Field)時，他以爲我們已經到了聖保羅，所以，他已經準備好要下車了。這件事倒是很有趣的一個插曲。

當我走向紅毯的那一端時，我一面在找她（卡蜜拉）。當然，我知道她在裡面，但我仍然在找她。反正，我走上了樓梯的頂端。我，黛安娜，一個幼稚園老師，就這樣結婚了。雖然做著像大人做的事，我卻覺得可笑。

當我們週一預演完後，我不停的哭，因爲我忽然間感受到那種壓力。但是，到了星期三，我整個人都很好。基本上，我必須要把爸爸牽上樓梯，這是我最要注意的。我還記得，要向女皇行禮的那部分我很緊張。我也記得我是那麼的愛我的丈夫，我幾乎無法將視線移開。我滿腦子只有想到我是世界上最幸運的女孩。他即將要照顧我。是的，我的假設錯誤。

所以，當我走向地毯的那一端時，我看見了卡蜜拉，她的臉色灰白，戴著一頂有面紗的帽子，但可以看得見她的臉。她的兒子湯姆(Tom)站在椅子上。直到今天，記憶仍然鮮明。就這樣，我眞希望一切都能這樣的結束。走出（聖

保羅）之後的感覺也不錯。群衆在歡呼，大家都很高興，因爲他們以爲我們很高興。但我的腦中卻浮現一個很大的問號。我體認到自己身負一個很重大的角色。但是，對於我的未來沒有半點概念，沒有。

回到白金漢宮後，我們照了很多相片，卻沒有什麼特別感動的事。基本上，我走來走去，試著要找到一個我應該待的地方，後面跟著一串的人——我的伴娘跟護衛。我走出陽台，震懾於眼前所見的壯觀景觀，數以千計的人們是這麼的快樂。這眞是太好了。婚禮早餐，事實上是午宴，我坐在他的身旁，我們沒有說話，我們都精疲力盡。這整個過程眞是讓我累壞了。

蜜月 *Honeymoon*

我從來都沒有想到要取消蜜月。但是，最糟糕的事發生在我們到達布羅蘭後。我想，唉，你知道的，一切眞是糟透了。我抱著很大的期望，但是，第二天就幻滅了。抵達布羅蘭的第二天，他拿出一本他還沒讀過的波斯特的書（勞倫斯．波斯特Laurance van der Post是南非的一個哲學家和探險家，查理王子非常的仰慕他），有七個他的老朋友也來了，在我們蜜月的時候。他會在每天午餐的時候讀它，然後我們必須要分析這本書。每晚，我們都必須要在我們的大廳招待這些上流人士，所以，我們永遠都沒有自己的時間。這對我來說十分難以接受。然後，我的貪食又發作了，那種現象十分的恐怖。在遊艇上時，

自白

大概一天就有四次。任何我所看到的食物，我一定會狼吞虎嚥下去，兩分鐘以後，我就會覺得十分的不舒服，這樣的過程眞的是很累。當然，這樣的情緒起伏表現出來的就是：上一秒鐘，這個人可能會很愉快；但是，下一秒鐘，這個人可能氣得青筋浮腫。

我記得我在蜜月的那段時間，哭得雙眼浮腫，爲了所有錯誤的原因，我疲倦極了。

我們搭遊艇直接前往巴爾摩洛，大家都在那裡迎接我們。我忽然了解了所有的事，這些事逐漸顯現在夢中。晚上，幾乎整晚，我都夢見卡蜜拉。查理帶著勞倫斯·波斯特來幫助我，勞倫斯並不了解我。大家看到我愈來愈瘦，而且也愈來愈不舒服。基本上，他們覺得我可以在一夜之間就扮演好查理王妃這個角色。不管如何，感謝上帝，我在十月懷了威廉，這眞是個好消息，我的心思都被這件事給佔滿了。但是，另一方面，我的心思也充斥著卡蜜拉這個人，而且我也沒辦法信任查理。因爲他每隔五分鐘就會打一次電話給她，詢問她有關我們婚姻的意見。所有到巴爾摩洛來的賓客，都像對待一只玻璃瓶一樣的對待我。但我仍然是原本的那個黛安娜，用我原來的方式待人。不同的是，他們會行禮，且稱我夫人或殿下。

我們在巴爾摩洛度蜜月的時候，查理喜歡散散步，他喜歡繞著巴爾摩洛走上好一陣子。他最喜歡的享受是：坐在巴爾摩洛最高的山上，那裡實在是很漂亮，我完全能理解他的感受。他會在那裡讀勞倫斯·波斯特或是楊格的東西給

我聽。但是，我卻聽不懂任何有關心理等等的東西，我相信我的心中有某部份潛能尙待發掘。只是，這樣的方法對我毫無益處。所以，他唸書，我坐在旁邊作我的針織，他開心的不得了，只要他能開心，怎樣都好。

他十分的怕他母親，也十分畏懼他的父親。而我在房間中永遠都是第三位。情況永遠都不是：「親愛的，你要喝什麼嗎？」而是：「媽您要喝什麼嗎？」「奶奶，您要喝什麼嗎？」「黛安娜，你要喝什麼嗎？」我後來才知道這是很尋常的狀況，我卻一直以爲老婆應該擺第一的，眞是笨。

大家開始說了：「你變得很瘦、很瘦耶！」那是十月，整個八月到十月我們都待在那裡（巴爾摩洛）。到了十月我幾乎要自殺了。我的情況十分的不好，那裡一直都在下雨，我提早回到倫敦尋求治療。不是因爲我討厭巴爾摩洛，只是因爲我的精神狀況已經很不好。所以，我回來了。所有的精神醫師、分析師都來了，試著要找出我到底怎麼了。他們要我吃高劑量的藥。但是，我清楚地知道我需要的只是時間、耐心跟適應。是「我」告訴他們我的需要；而他們卻只知道給我「藥丸」。這樣才能讓他們快樂，讓他們可以在晚上安心的上床睡覺，而不用擔心查理王妃會拿刀殺了任何人。

懷孕 *Pregnancy*

然後，他們告訴我，我懷孕了。那是很興奮的事。之後，我們以查理王子

自白

跟王妃的身分到威爾斯去訪問三天。天啊，是不是不管你到哪裡都會有文化差異呢？不合宜的服裝，時間也不對，每件事都不對，覺得十分的不舒服，還沒有告訴全世界我已經懷孕了，但是看起來卻蒼白又憔悴。我要在威爾斯發表一場演說，他比我還緊張。我也非常的希望自己能夠讓他以我爲傲。我從來都沒有從他那裡得到任何的讚賞，我開始了解這樣的狀況是正常的。我病得像一隻鸚鵡，而威爾斯地區又一直不斷的下雨。我常常都在車子裡哭，說我無法下車，說我無法適應這麼多的群衆。「爲什麼他們要來看我們呢？我需要幫忙。」他說：「你需要的只是走出去。」我就這麼走出去了。他非常的努力，也善盡職責引導我走出去。只要我能夠走出去，我就能夠做我該做的事。但是，這卻耗掉我很多的能量，因爲我沒有足夠的精力，因爲我的貪食讓我很虛弱，還有很多很多的原因。沒有給他我的支持，也沒有得到他的。

我無法吃，無法睡，整個世界都崩潰了。眞的是很辛苦的懷孕期。我幾乎是時時刻刻都覺得不舒服，因爲貪食症跟害喜，所以顯得非常虛弱。大家試著要給我吃藥，讓我好過一些，但是我拒絕吃藥。這個家族從來沒有人害喜過。而我，不管是在巴爾摩洛，聖德令干或是溫莎，當我著裝準備外出時，我都會昏倒，這讓我很窘。我沒有讀過這方面的書，但是，我知道這是害喜。因此，我成了一個「麻煩」；他們也將黛安娜註冊爲一個「麻煩」，「她很不一樣，她老做一些奇怪的事。爲什麼呢？可憐的查理，一定不好過。」同時，查理也決定不給我太多的建議。因爲，給黛安娜建議這件事不是他該做的。

我想，我是很擔心的（擔心威廉），懷哈利的時候，（害喜）情況並沒有這麼的嚴重。懷威廉時的狀況很恐怖，幾乎到了我一站起來就不舒服的地步。但是，我覺得這是一種連鎖反應，我不知道哪個是因哪個是果，但是，我很明白我這種不舒服的反應，是因爲我憎恨這種被設計的結果。而且這個環境也迫使我去接受這樣的設計。常常，在一個很正式的宴會中，我會忽然跑出去吐，然後再回席。而他們會說：「爲什麼她不乾脆回到床上去呢？」我覺得坐在那裏是我的責任，而這種責任是充滿了整個環境。我不知道該向那邊求助。

我將我自己摔下（聖德令干）的樓梯，因爲查理說我是一隻鬼叫的狼。而我覺得我快崩潰了，我哭得難以自持了。他說：「我不要再聽你的任何解釋，你總是這樣對我，我現在要去騎馬了。」所以，我就讓自己摔下樓梯。女皇母親走了出來，她嚇壞了，一直在發抖，她非常的害怕。我知道我是不可能把孩子弄掉的，我只是把肚子周圍弄傷了。當查理回來後，他非常非常的生氣。但他只是帶著怒氣離去。

生下威廉 *Birth of William*

我們一有了威廉後，就立刻翻閱查理的行程表，找到一個適合查理的日子，也跟他的馬球隊練習不會衝突的日子。威廉是被催生的，因爲我再也承受不了媒體的壓力了，那種壓力開始變得令人難以忍受，好像全世界的人每天都

在監視我。反正，我們很早就住進醫院。整個生產過程，我都像隻病貓一樣，是非常非常慘的生產過程。他們希望用剖腹的，但是，沒有人告訴我這點，直到最後。反正，寶寶終於生下來了，很興奮。但令人驚喜的是，我們找到的這一天也讓查理可以離開他的馬球練習，陪我生產。大家都高興得不得了，他能夠來，讓我覺得十分的高興。回到家以後，產後憂鬱症讓我很難受。事實上，並不全是因爲寶寶讓我產生這種感覺的，寶寶只是引起我腦中其它的事情，讓我產生那樣的感覺。天啊！我是個麻煩嗎？當查理告訴我他會回家，但卻沒有回來時，我就會想到他是不是發生了什麼可怕的事；接著就是眼淚，驚慌等等的感覺全部都湧現出來。他沒見過我驚慌的樣子，因爲我總是安靜地坐著。

（一九九八年）八月四日（威廉受洗的日子），他們對待我像對待一個陌生人一樣。沒有人問我哪一個時間對威廉來說比較合適，十一點再好不過了。當中不斷的爲女王、查理跟威廉照相，那一整天我完全像個局外人。我並不是非常的舒服，我的眼睛都哭腫了，而威廉也開始哭。我想，他感應到我的不開心。

皇室生活 *Royal life*

每當我到達一個會場的時候，總習慣性的把頭垂下。現在，因爲我覺得那樣會讓人感覺到我在生氣，所以，就改掉這個習慣。那樣的行爲，曾經讓我感

到十分的害怕，我從來就不會像個小孩般的亂發脾氣，我並沒有那樣的特質，我只是不習慣受到那樣的注目。我花了六年的時間才習慣這樣的狀況，現在，我準備好要往前走了。

前一分鐘，我還是個默默無名的人；下一分鐘，我已經變成查理王妃、母親、媒體的玩具、這個家庭的成員。反正，隨便什麼你可以想得到的角色我都是。一個人要在一時之間接受這些，實在是太多了。

我丈夫的辦公室員工也經歷了一場浩劫。因爲，前一分鐘，他們只要服侍一個人，下一分鐘，就變成兩個了。而那些結婚禮物又千奇百怪，從游泳池、書桌組、相框到六張餐桌椅。天啊！眞是一團混亂。最後，那些感謝卡都是我自己寫的。

愛德華．亞當(Edward Adeane)（查理王子一九七九年到八五年的私人秘書）是個很棒的人，我們相處得很好。他是個很好的單身漢，我總是試著要替他找到一個理想的女人，但我最後還是沒有成功。他會說：「我認識一些很好的女孩子，他們可能可以當女侍，你願意過來看看他們，認識他們嗎？」我總是回答說：「好啊！」其實到最後，我並不太認識她們，因爲她們其中有些人早已離開多時。但是，其他人到現在都還待在原位，這一路走來，我也建立起一些自己的人脈。

我記得，我並不想自己去做任何的事。我總是很害怕。光是想到要自己去做一件事就會讓我害怕，所以，我總是隨著查理的腳步。假如他做的事或是要

去的地方可以帶妻子去的話，不管到哪裡去，我總是跟著他。但是，我們的腳步卻是那麼的不同。而我也知道我無法同時做好訂婚跟結婚的準備，還要佈置兩個新家。

添置妝奩 *Building up her wardrobe*

在我們訂婚時，我實質上只有一件長洋裝，一件絲襯衫，跟一雙看起來還算正式的鞋子而已。忽然間，我的母親和我必須去買六種必要的衣物。我們盡可能的買下所有我們想到的東西。但是，還是不夠。我的腦中只記得我一天必須要換裝四次，我的衣櫥要擴充到我無法想像的地步。然而，這或許也是我會被批評每次出席任何場合服裝都不一樣的原因。我必須要在一夜之間添購自己四季的衣飾。採購之後，我就請時尚雜誌(Vogue)的安娜・哈維(Anna Harvey)來幫我的忙，我的兩個姊姊都曾經仰仗過她的專才，我請她幫我搭配一些基本的東西，之後，我就完全靠自己了。等我跟維克多・愛德斯坦(Victor Edelsteine)還有凱薩琳・渥克(Katherine Walker)建立關係後，我就可以先自己搭配好衣服，再用電話請教他們。但在這之前，安娜在第一年的確幫了我許多。我必須要找到一個合適的店，不但跟設計師要處得好，而且也要喜歡這家店的東西。我不能買時髦的衣服，這對我來說是不切實際的。我的衣服必須能夠維持一整天都看起來還很光鮮亮麗，是很細緻的顏色和線條，還

要注意裙子的長度。我從來不知道可以在裙擺加重（來防止裙子飛起來）。這些都是我一點一點花時間學習的，沒有人告訴我這些。

第一次的皇室約會 *Fist royal engagements*

第一次的皇室聚會是跟伊莉莎白．泰勒(Elizabeth Taylor)，去看「小狼」(The Little Foxes)那齣戲劇。我記得我穿了一件白色的皮衣，所有的嬸嬸阿姨們變得比以前更敵視我。所以，那件衣服就被冷凍起來了。那時，我正懷著威廉，而整個聚會讓我非常的不愉快，因爲我發覺伊莉莎白．泰勒並不怎麼好相處。

（在點亮攝政大街Regent Street的聖誕樹）那天我穿的是一件藍色的褲裙和粉紅色的上衣，這樣的穿著讓我覺得很不舒服，我無法打點我要穿什麼，因爲我已經懷孕了，但是我又沒有衣服可以穿。我也很緊張，因爲我要對整個攝政大街的人發表演說。

事情並沒有變得容易，我只是習慣了人們對查理王妃的要求而已。從來都沒有自己的想法在內，我還沒有足夠的力量，可以決定查理王妃可以做些什麼。我只能適應這樣的狀況，但這需要時間。

我到赫佛(Hereford)(SAS的總部)去上一些駕駛課，因此遭到一些攻擊批評，那眞是很恐怖。葛拉漢．史密斯(Graham Smith)是我的第一個保鑣。之

前，他是跟著安娜公主(Prince Anne)的，他已經待在她的身邊好幾年了。他的人很好，但是，我花了好一陣子去習慣有一個保鑣。天啊，忽然間有一個人出現在你的車子裡，你必須要降低音樂的音量，我必須要確定他吃飽了；還有一些你原本不需要注意的事。不過，我一向就被教導要去照顧別人的。

第一次出國訪問 *The first overseas tour*

這次的出國對我而言，是一次「復合或分手」的決定關鍵。我們到（澳洲跟）紐西蘭的愛麗絲溫泉(Alice Spring)。那眞是身爲威爾斯王妃這段日子裡，至極的艱難時刻。有數以千計的記者跟著我們。我們到那裡訪問六週。第一天，我們去拜訪愛麗絲溫泉的一所學校。那裡很熱，我又累又要適應時差，而且也太瘦弱了。但整個世界每天的焦點都在我身上，我竟然出現在報紙的頭版。我覺得這一切實在是太可怕了，我並沒有爬上喜馬拉雅山(Everest)，或是做了什麼很偉大的事。然而，在拜訪結束後，我哭著對我的女侍說：「安(Anne)，我一定要回家，我實在無法忍受這些。」她也快崩潰了，因爲這是她的第一份工作。第一週對我來說實在是太恐怖了，當我的神智因爲適應時差還不清楚的狀態下，我就必須在一週中學會所有，還仍然要保持皇室的風采。我被重重的摔到低點。沒有人給我任何一點幫忙。他們一直都在批評我，卻從來沒有人誇我「做得好」。

從這六週的訪問回來後，我變得有些成長，也比較成熟了。但是，這些都還比不上我在往後四五年裡所經歷的。基本上，我們這次的訪問算是成功的。只要我們一進到車子裡，我們會聽到大家都在說：「我們站錯邊了，我們想要看到黛安娜，不是王子。」每次我們一走過人群，我們就會聽到這樣的話。很顯然的，查理對這樣的狀況並不習慣，我也不習慣。他把脾氣發在我的身上，因爲他很嫉妒。我了解嫉妒的感覺。但是，我無法向他解釋這樣的歡迎，並不是我自己招惹的。我一再的告訴他，今天，不管你娶的是誰，她都會這樣想：世人會對她的衣服感興趣，會對她如何處理這新生活感興趣，也對她其它的部份感興趣。是你建了一座高台讓你的妻子站上去，建立她自己的人生舞台的。但是，他無法了解這一切。

第一次出國旅行，我們帶威廉去紐西蘭跟澳洲過了六週。那次的經驗很棒——因爲我們被視爲一家人。但對我來說卻是很弔詭的，因爲群衆是讓我相信這一切是很棒的原因。我的丈夫從來沒有見過群衆有這樣的行爲，而我也沒有。大家都說有關我的新聞，會在我生下第一胎後冷卻下來，但卻沒有。

我們（對於是否要帶威廉一起去訪問）沒有異議。這次訪問中唯一沒有得到任何讚賞的就是總理麥爾康．佛瑞瑟(Malcolm Fraser)（訪問時他還不是）。他寫信給我們，那時，我們已經決定要把威廉留下來了，我覺得這是一種責任去接受這樣的安排，同時，我也覺得帶他去並不容易。佛瑞瑟寫信給我說：「我覺得你們的家庭才剛建立不久，你們願意帶著孩子一起去嗎？」查理

說：「你覺得如何呢？」我說：「這樣很好啊！」他說：「這樣的話，我們可以去六週，不要的話只去四周或五周。而且，我們也可以到紐西蘭去了。」

我說：「太好了！」總是有傳聞說我跟女王有爭執。事實上，我們並沒有問過她的意見，我們決定了就做，而結果很好。旅途中，我們並沒有辦法常常見到威廉，但是，至少我們在同一個半球中。那對我來說是很滿足的，因爲大家都想看到威廉長得如何了。

其他出國訪問的經驗 *Other foreign trips*

匈牙利(Hungary)的剛茲總統及其夫人和我有很好的關係。我一下直昇機，我們就握起手來了。太棒了，我覺得自己是很自然就這樣做的。但是，英國的報紙卻都登出這件事。我記得我還這麼想：「這樣做是哪裡不對了？」這件事之後，我跟媒體的關係就很緊張。對我而言，那樣的轉變是很快，但是，我無法了解原因。我沒有朋友可以討論這件事。我只是覺得我已經是個大人了，所以，我只是做了成人該做的事。

我記得那次（跟教宗保祿二世Pop John Paull II會面）的經驗很棒很特別。我簡直就要昏倒了。對於這樣的安排，坐在這裡跟這個穿白色長袍的男人在一起，我還挺害怕的。那種感覺很奇怪。我想我要說些話，所以，我鼓起勇氣說：「你的傷口(wound)如何了？」因爲他最近才剛被暗殺。他以爲我在說

我的(womb)！所以。他以爲我又懷孕了。這次誤會之後，我就靜默下來了。

我在西班牙的經驗也不是很好，很累，精疲力竭極了。我告訴大家我很累，但事實上是我的貪食症在作祟。去葡萄牙那次，是我們最後一次有夫妻的感覺了，距今大概是六或七年前了吧！然後是嘉年華會(Majorca)（跟西班牙國王夫婦一起過節）。那是第一次，整個過程都讓我覺得很噁心。因爲它們無時無刻不在誇獎查理，好似他是有史以來，上帝造過的人中，是棒的一個，而這個女孩不知是從哪冒出來的？然而，我知道自己擁有一些尚未開發的潛能，當時也不曉得可以用什麼方式讓他們知道。整個環境都讓我覺得很不舒服。

在聖德令干過聖誕 *Christmas at Sandringham*

在聖德令干過聖誕令我焦慮，這不是很可怕嗎？我不記得大家到底送了我什麼禮物。我挑選所有的禮物，但是，是查理王子簽的帳。那個場合令人害怕又失望，沒有愉悅搞笑的場面，只有很緊張的氣氛，很無聊的行爲跟笑話；而那些笑話只有自家人才聽得的，外人是聽不懂得。而我當然是前者（外人）。

混雜的人群 *Trooping the Colour*

大家都走來走去，那裡人太多了，想說話的說話，不想說話的就不要說。

對我們而言，太擁擠了。

哈利的出生 *The birth of Harry*

威廉和哈利出生中間的這段日子，實在是一段完全黑暗的日子。我實在是記不起來太多的事，我想大概是我自己故意把這段記憶給忘記的吧！因爲那段日子實在是很痛苦。但是，哈利的出生帶來了一些奇蹟。在哈利即將要出生的前六週，我們十分的親密，那是我們自結婚以來第一次那麼的親近，也是唯一的一次。但是，哈利一出生，「轟」的一聲就結束了，我們的婚姻，一切的一切都跌到谷底。因爲我看過超音波，所以我知道哈利是個男孩。查理一直就想要有個女兒，他希望有兩個小孩，而且其中要有個女孩。哈利有一頭紅頭髮。第一個評語是：「喔！天啊！是個男孩。」第二個評語是：「他竟然有一頭紅頭髮。」這時，我心中的一扇門關了起來。那時候，我知道他已經回到他的女人身邊，但是，我們還是試著有了哈利。哈利是個令人愉悅的小東西，而且，有時候，它比威廉還親近他的父親。哈利受洗的時候，查理王子走到我母親身邊，對她說：「我很失望，我以爲我們會有個女孩的。」我母親很生氣的對他說：「你應該很高興的感謝上帝，賜給你一個健康的孩子。」自那天以後，我們中間的那扇門就關起來了，永遠的阻隔在我們之間，而這就是他被反駁的後果。

跟皇室中各親戚的關係

Relations with the royal family

女皇

我們的關係在我訂婚後，的確是改變了，因爲我是個威脅，不是嗎？我很景仰她的，我一直期望能夠進入她的世界，能夠跟她交談，而且我也將會做到這一點。我曾經告訴她：「我絕不會讓你失望的，永遠不會。但是，我無法對你的兒子做到同樣的承諾。」她對此番話甚感欣慰，對我也比較寬厚。她曾經指出：我們的婚姻會走下坡的原因，是因爲查理王子對我的貪食症很難接受。她視此爲造成我們婚姻困難的「原因」而非「反應」。而我將此點保留，我不去問她的意見。現在，我可以自己處理了。

我跟她們（她的公婆）相處得很好。但是，我不會莽撞地跟她們一起喝下午茶的。

查理王子

自白

（我）被指責說是我禁止他狩獵，這根本就是一派胡言。那是他自己不知道爲什麼，忽然之間就變成個素食主義者，然後就不再狩獵了。他的家人覺得他瘋了，而且很排斥他的這種行爲，也無法理解。而且，他們也很害怕以後領地上的動物變得太多，他們必須要射殺這些動物。所以，假如他們的後代對狩獵沒有興趣，他們就會很緊張。這樣的教養是在我進入皇室前就有的，但是查理還是堅持己見。他總是這樣，他會一度對某樣事情很著迷，但是又忽然的放棄這樣嗜好。

（查理的衣服）他有一大堆的衣服，但是眞正喜歡的很少。比如說吧：他有一些愛克斯的睡袍，看起來實在是很醜。所以，我買了一些絲質的睡衣還有鞋子等等的東西送給他，它們都被收下了，查理很興奮。

（查理作爲一個父親）他很喜歡照顧寶寶，總是等不及要回家作那些洗奶瓶等等的工作。他做得很好，總是按時回家餵寶寶。我餵(母奶)威廉餵了三週，餵哈利餵了十一週。

女皇的母親

(女皇的母親九十歲生日)令人不愉快又不自然。他們都對我有敵意。我的祖母（福摩夫人魯絲）已經替我鋪好了一條路。

菲利浦親王跟查理王子

他們的關係很微妙。查理一直希望能夠被他父親親暱的拍拍頭；但他的父親一直希望能夠給查理一些建議，而不是聽查理給他建議。

安德魯王子

安德魯是一個很吵鬧很吵鬧的人。我曾想過他可能有什麼煩惱的事，但他不適合我。安德魯最喜歡做的事就是坐在電視機前，看一整天的卡通跟錄影帶。因爲他並不是個很愛出門的人，他不喜歡運動，只喜歡高爾夫球，但是也不常打。他常常遭到家人的斥責，大家都覺得他很白痴，很不高興他這個樣子，但事實上他是很有潛質的、十分警覺和敏感的。

恬辜(Sweet Koo)很欣賞他，她在的時候一切都棒極了，她很溫柔，也很照顧他，總是靜靜的將她所有的精力都放在照顧安德魯身上。他們很相配。我也常常跟她會面。

安娜公主

我們好像本來就該有這種微妙的關係存在。事實上，我極端的仰慕她，但

我一直跟她保持距離。只要跟她共處一室，我就不會去她的地盤，她也不會走近我的領域。所以，讓她來當哈利的教母這件事，是我壓根兒也沒想過。我心想：「這個家中的人來當教父母是沒有意義的，因爲他們不是叔叔就是姑姑。」我說：「媒體又會就此大肆渲染的。」查理說：「那又如何？」媒體大肆謠傳我們的關係不好，事實上，相處得好極了，只是，我們以我們的方式來相處。沒事的話我是不會打電話給她的，我也不可能跟她一起去吃午餐。但是，當我們有事見面時，場面都是很愉快。她的想法會刺激我，也令我訝異，她非常的獨立，而且，她也找到自己的方向。

其它的皇親國戚

我一直都很喜歡瑪歌(Margo)（瑪格麗特公主Princess Margaret），我一直都是這麼叫她的。她從一開始就對我很好，其他人都對我保持距離。而葛羅西斯特(Gloucesters)這一對夫婦一直都很害羞。我爲她（肯特公爵夫人Duchess of Kent）感到難過，假如需要的話，我會照顧她。

黛安娜的母親及皇室家庭

Diana's mother and the royal family

每次只要我在皇室中提到我的母親，事實上我很少提到，就會聽到一串批評。所以，我在那裡面根本不能爲她做些什麼。他們堅信我的母親是個壞胚子，而可憐的強尼(Jonnie)（她的父親）有一段日子很不好過。

多年的折磨 *Year's of suffering*

我想到很多可以幫助我的人，因爲他們看到有一些事不對勁，但是，我並沒有向他們求援。我的家人沒有一個人知道這樣的狀況。我的姊姊珍在我結婚五年以後來看我。

那天，我穿了一件V字領的上衣，和一件短褲。她說：「黛，（黛安娜的乳名）你的胸口怎麼啦？」我說：「喔！那沒什麼。」她問：「到底發生了什麼事？」事實上是前一晚，我想要跟查理討論一些事情，但他不肯跟我說，罵我是隻瘋貓。所以，我拿起他桌上的小摺刀，狠狠的往我的胸前和大腿劃下去，我流了很多的血，但是，他並沒有說些什麼。

（另外一次自殺的行爲是）我的手上拿著一把切檸檬的小刀走來走去，那把刀的一面很鋒利。我快崩潰了，但我周圍沒有一個人能了解。我需要休息，需要待在我的家中被好好的照顧，需要大家知道我所承受的那些折磨與痛苦。我是那麼迫切的需要幫助。我並不是被寵壞了，我只是需要一些時間去適應我的新生活。

自白

我不知道我的丈夫是怎樣告訴她（女皇）的。他一定告訴了她我貪食的事，而她告訴了所有人，我們婚姻之所以不美滿，原因就是出於黛安娜的飲食行爲，而她這樣的行爲，對查理來說必定是不好受的。

我在艾斯波（位於加拿大）暈倒過一次。我記得我之前從來沒有暈倒過。那時，我們已經走了好幾小時的路了，而之前我也已經有好幾天沒有吃過多少東西了，我一面走，一面覺得很糟。但是，我並沒有告訴任何人，因爲我怕他們會說我無病呻吟。我把手搭在我丈夫的肩上，然後說：「親愛的，我覺得我快不行了。」然後，我就在他旁邊倒了下去。這時，大衛．羅可夫(David Roycroft)跟安．貝克．史密斯(Anne Beck-Smith)（皇室工作人員）趕快過來把我扶進房間。我的丈夫反而責備我，他說我應該在一個比較隱密的地方才暈倒的，起碼是別人看不到的地方。我爭辯說，我怎會知道我什麼時候會暈過去。大家都很關心這件事，因爲我是在美洲暈倒的。當安和大衛救醒我時，查理又繼續他的行程，棄我不顧。我回到溫哥華(Vencouver)的飯店中，哭到眼睛都腫了。基本上，我又累又疲倦，而且完全沒有體力，因爲我的肚子裡一點東西也沒有。大家都說：「她今晚不能出去，她必須要好好睡一覺。」查理說：「她今晚必須要去，不然的話，一定會引起一陣恐慌，大家一定會覺得她生了什麼大病。」我了解自己眞的是不對勁，但是，我成熟地保持沈默。有一個醫生過來看我，我告訴他，我一直都覺得不舒服。但他也不知道該說些什麼，因爲這件事情對他來說，是他無法解決的。所以，他給了我一顆藥好讓我閉嘴。

自白

我知道我的貪食症在我們訂婚那一週就開始了。那天，我丈夫把手放在我的腰部，說：「這裡好像多了一點肉，不是嗎？」那句話引起了我心中的反感，加上卡蜜拉的事，我的心情遭透了。

我記得第一次吐出食物後的感覺很興奮，因爲我覺得我吐出了一些緊張。我第一次試我的結婚禮服時，我的腰圍是二十九吋；結婚那天，是二十三吋半。自二月到六月我幾乎沒吃進去任何的東西，幾乎沒有。

外面的人都說我讓我的丈夫不好過，我的行爲像個被寵壞的孩子。但我知道我只是需要時間去適應一夜之間加諸我身上的壓力。另外，還有不少嫉妒的情緒。因爲，我每天都出現在報紙的頭版。我每天讀兩份報紙，雖然，我是應該要每天讀過所有的報紙的。但報紙上的批評常常都讓我很難過，因爲我一直努力不要讓他們失望。但是，很明顯的，我的努力並沒有得到相同的肯定。我割過手腕，往窗外丟過東西，也摔過茶杯。我還在懷威廉四個月時，將自己摔下樓梯，試著要引起他的注意力，希望他能夠聽聽我的心聲。

但是，他只說：「你這隻哭泣的瘋狼。」

我嚇到所有的人。我無法睡覺，我曾經有連續三晚不睡覺的紀錄。我以爲我的貪食症是個秘密，但是，這裡的某些人知道這件事，只是他們從不提起。他們覺得很好笑，因爲我吃了這麼多，但是我卻沒變胖。

我總是不太吃早餐，也不吃維他命，我只是從別的地方得到能量，自己也不知道從哪些地方得到這些能量。我每天都游泳，從不在晚上出門，我是不會

自白

像個兩頭燒的蠟燭般的燃燒自己的能量的。我每天都很早就醒了，自己一個人，早起的原因是爲了獨處；晚上，我也很早就睡了。這樣，我才不會太虐待我的身體，但這並不表示我對我的精力同樣這麼善待。我永遠都有用不完的精力，永遠都是。

這樣的狀況一直持續著。直到一年半前，我忽然清醒過來，體認到我這無疑是一種慢性自殺的方式。所以，我在每個我可以哭的機會裡不斷的哭，這樣的狀況嚇到我身旁的一些人，因爲在這個系統中，只要你哭了，就表示你不行了。其它的人會想：「天啊！我們可以處理的。」但是，當你再度恢復後，他們又會質問：「你到底在幹什麼啊？」

別人看到的你跟眞正的你是不一樣的。在衆人前，他們要求希望的是一個美麗的王妃，可以接近他們，替他們把每件事變得很完美，讓他們都沒有煩惱。但他們不太知道這個光鮮的王妃，事實上是一個常常自責的人。因爲她覺得自己不夠好。「爲什麼，爲什麼是我呢？」我的丈夫也在這時候開始變得很嫉妒我。在這個系統裡我被認爲是個很不一樣的人，好像我是個很特異的人，而我也的確是不太一樣，所以，我覺得自己不夠好。但是，現在我覺得當個怪物眞好，感謝上帝。

當我還是個少女的時候，我有很多的夢想，我渴望這個、那個，和很多很多其它的東西，而我的丈夫將會照顧我，他會像個父親一樣的支持我、鼓勵我；他會告訴我：「你做得眞好。」或者說：「不，你應該可以做得更好的。」

但是，我什麼也沒聽到。我眞是不敢相信，我什麼也沒聽到，我們的角色根本就顚倒過來了。

他（查理王子）不管在何時何地都忽略我的存在。他的忽視已經存在很久了，但是，人們現在才發現這些，已經太遲了。

（我這輩子最慘的一天就是）體認到查理回到卡蜜拉的身邊去。

（被孤立的感覺）絕對是被隔離我的朋友。我羞於邀請她們來共進午餐。我無法做到的，因爲，我一定會在整個過程中一直的道歉。

佛姬 *Fergi*

我認識佛姬是在查理剛剛開始接近我時。她漸漸嶄露頭角，而且，她似乎知道所有皇室的規矩。她好像還有一些鼓勵這些規矩存在的意思。我不知道，反正，她會忽然就出現了，而且在我的婚禮中，她坐在前排的位置，還有一些其他像這樣的事情。她會去白金漢宮午餐，她似乎一點都沒有被那裡給嚇到。

我不太知道我要怎樣看待她的存在。忽然之間大家都說：「喔！她眞是可愛啊！她眞像一股清新的空氣，感謝上帝，她比黛安娜有趣多了。」所以，黛安娜只好努力的聽和讀所有的規矩。我覺得很沒有安全感。我覺得我可能必須要向佛姬一樣，而且我的丈夫也說：「我眞希望你能夠像佛姬一樣，非常的快活。爲什麼你總是這麼慘兮兮的樣子呢？爲什麼你不能像奶奶一樣呢？」現

在，我真高興我不像奶奶。我鬧了很多的笑話只爲了試著要像佛姬。我去一些熱門音樂會。像是蜘蛛人(Spider)的音樂會，或是大衛・包伊(David Bowie)的音樂會，我都跟大衛・沃特豪斯(David Waterhouse)和大衛・林利(David Linley)一起去音樂會。通常，大衛・沃特豪斯會坐在我的左邊，而大衛・林利會在我的右邊。我穿著一件皮褲去音樂會，我覺得很適合那個場合，完全忘記我是未來的皇后，而未來的皇后是不會在公衆場合穿那樣的衣服的。所以，我覺得我很融入狀況，也很害怕在那裡表現出我這個年紀會有的行爲。那年的夏天，我在艾斯科(Ascot)，某人的後院撐起洋傘做日光浴。在我的星象圖上，潘妮・托頓(Penny Thornton)曾說：「你在今年夏天做的事情都要付出代價。」我做了，而我也從中得到教訓。

我變得十分的嫉妒她，而她也變得十分嫉妒我。她不斷的告訴我：「黛，你不需要擔心，船到橋頭自然直，讓我做這些，讓我做那些。」我實在是不了解她，她好像很安於她現在所處的狀況，但是，我卻一直努力掙扎著求生存。我不懂她怎麼能如此簡單就找到生存的方式。我以爲她會像我一樣，低著頭很害羞。但是她沒有，她像是隻不同的魚，在這個家中，人人都在觀賞她，讓我看起來像個醜小鴨。

但是，在蘇格蘭的時候她常常做一些我從來沒有做過的事。所以，我心想：雖然她的精力旺盛到令人無法置信，但這種狀況是不會持久的。同時，大家看著我，心想：可憐的黛安娜變得如此的害羞內向，她太忙著要追尋她自己

了。之後，發生了這場大浩劫，我知道她終究會轉過頭來問我說：「黛，你這些年是如何活下來的。」過去這兩年來她不斷的問我這句話。我從來都沒有解釋過什麼，我只是告訴她，船到橋頭自然直。

大浩劫（一九八八年在瑞士克羅斯特）

The turning-point (in Klosters, Switzerland, in 1988)

我們去滑雪，而我患了感冒，在床上整整躺了兩天。佛姬在下午兩點半左右回來，那時，她已經懷了碧翠斯(Beatrice)，大概已經有四五個月的身孕了。她摔在一個溝中摔得四腳朝天。所以，她回來的時候臉色發白，不斷的在發抖。我照料她上床，我們兩個一起躺在小木屋中。忽然，我們聽到直昇機往上飛的聲音，我說：「有雪崩。」她說：「一定有什麼事發生了。」

我們聽到菲利浦．麥基(Philip Mackie)（皇室的侍衛）進到小木屋來。他並不知道我們兩個女孩在二樓，我聽到他說：「發生意外了。」所以，我大聲往下喊：「菲利浦，發生什麼事了？」「喔，沒事，沒什麼事，我們稍後再談。」我說：「現在就告訴我。」他說：「發生意外了，死了一個人。」我和佛姬只是坐在樓梯的頂端，不知道該說些什麼。

半小時以後，我們得到消息說，死掉的是個男的。又過了四十五分鐘以

自白

後，查理打電話給佛姬說那不是他，發生意外的是休(Hugh)（休・林歇Hugh Lindsay將軍，女皇先前的侍從）。這個消息讓我震驚不已。大家都開始發抖，他們都不知道該怎麼做。我對佛姬說：「現在，我們必須上樓去收拾一些休的東西，我們必須要在我們也被波及前趕快做這件事。我們必須要拿出他的護照，然後交給警察。」所以，我們一起上樓去收拾了所有的東西。我將行李箱拿下樓，對湯尼(Tony)（查理王子的保鑣）說：「我們把箱子放在你的床底下，以備不時之需。但是，我們要帶東西走，好把這些東西，包括他的徽章、戒指跟手錶，交給莎拉(Sara)（林歇將軍的太太）。」我覺得自己必須要指揮所有的事情。我對丈夫說：「我們要將屍體帶回家給莎拉。這是我們該爲她做的。」反正，我們又開始了一次大爭吵。最後，我要我的保鑣替我從醫院運出休的屍體。

所以，我們從克洛斯特回來了，我們在諾塞(Northolt)降落，休的靈柩在直昇機的底部，莎拉等在那裡，她已有六個月的身孕，我們看著靈柩緩緩的運出。那個景象十分的淒涼，令人不寒而慄。之後，當我一個人的時候，莎拉就到海格洛夫來跟我一起住，她常常都從日落哭到日出。我姊姊也會過來一起陪她，每次，只要我們提到休的名字，總是引得她潸然落淚。但是，我覺得提到休的名字是件好事，因爲，她必須要清理她內在壓抑的部分。而且，她悲傷的難以自持是因爲休客死異地時，她無法隨侍在側。而且她們才結婚八個月，她又懷著孩子。這整件事就是很悲慘，尤其休是那麼好的一個人，他實在是不應

該那麼早走的。

休跟查理相比，佛姬和我都跟休比較親近。休和我婆家的成員都相處得很好，常常都當選明星軍人。

在那裡，我指揮了一切。我的丈夫總是要處處打擊我，讓我覺得自己很無能。所以，每當我站起來時，他總是要把我壓下去。兩年前，當我的貪食症剛恢復的時候，我覺得我的精神跟體力都比較好了，我覺得我可以站起來為自己抗爭。但是，當我的晚餐吃得比較多的時候，查理竟然會說：「你等一下又要把它們吐掉了嗎？眞是浪費啊！」他還對我的姊姊說：「我很擔心黛，她沒有睡覺。你可以跟她談談嗎？」我想，這就是他解決問題的方法。

漫長的復原路 *Long road to recovery*

我想，我的貪食症也喚醒了我。我忽然體認到假如我放棄，我可能會輸。但是，這樣是否值得呢？有一天晚上，卡洛琳・巴索羅美(Carolyn Bartholomew)打電話給我，她說：「妳知不知道，假如身體流失太多的鉀跟鎂的話，妳會得到嚴重的憂鬱症？」我說：「我不知道。」「或許這就是妳為什麼一直很痛苦的原因，妳告訴過任何人嗎？」我說：「沒有。」「妳必須要告訴醫生。」我說：「不行。」她說：「妳必須要。現在，我給妳一個小時打電話給妳的醫生，假如妳沒有的話，我就要把這件事公佈給全世界知道。」她

非常的生氣，而這也就是我開始跟心理醫生莫理斯・里斯基(Maurice Lipsedge)談話的起源。他就這樣介入了我的生活，他是一個很好心很親切的人。他說：「妳每天大概要發作幾次？」我心想：我不相信他會問這種問題。然後我聽見自己說：「大概四、五次吧！」他問了一些類似的問題，而他都有辦法讓我誠實。幾個小時以後，他說：「我每個禮拜都會回來看妳，我們要花上一個小時來把事情談清楚。」他幫助我找回我的自尊，也給了我一些書去讀。我一面讀一面想：這就是我！原來，我並不是唯一有這種情況的人。

里斯基醫生說：「六個月以後，妳就會完全認不出妳自己。假如妳不要吃那麼多的東西，妳就會發現自己徹底的改變。」

從那時候起，我覺得自己像個全新的人一樣，只是那是在巴爾摩洛（在這裡總是很嚴重），聖德令干和溫莎。那幾次，有嚴重的復發。去年，我三個禮拜才發生一次。而過去則是每天四次。這樣的改變無疑是爲我的生命注入一劑強心針。

我老是覺得自己不夠好，配不上查理，或質疑我不是個好母親。

我的這些部份，都是遺傳自我母親。不管生活怎樣的不堪，你永遠都必須學習從中尋找到快樂。我的母親就是這部分的專家。我學習把不快樂關在門外，但在那些不快樂的黑暗時代裡，我不能適應的就是聽到別人說：「那都是她的錯。」但是，我從各處都聽到這句話。我覺得：我是八○年代的瑪麗蓮夢露，我喜歡她的那種型態。我從未對自己說：自己有多美好。因爲，只要我還

自白

在這裡面一天，這樣說都會讓我惹上大麻煩。我在這大時代的要求下，實踐威爾斯王妃這個角色所應該扮演的責任。依我看來，也許是要我離開後，這樣的生活型態才會隨之改變。那對於我十二到十五年身爲威爾斯王妃的光景，我愈來愈想不出，這樣的生活有什麼樂趣可言。

一開始，我就知道自己不會變成皇后。沒有人這樣告訴過我，我就是知道。六年前，我找了一個星象學家，我對她說：「我必須要離開，我無法忍受了。」她告訴我：「依你的星座圖看來，妳將會脫困。但是，那是在妳離婚或類似的狀態下。」這樣的想法一直都存在我的腦子裡，她在一九八四年告訴我這件事，但是，這樣的想法早就存在我的腦子裡一段時間了。

從來沒有讚美聲。當我要去參加晚宴時，他會說：「不會吧！又是那件衣服。」類似那樣的話。這十年中，我最勇敢的一次是我們去參加卡蜜拉的姊姊四十歲生日。沒有人期待我會出現，但是，有一個聲音在我的心裡響起：「管他的。」所以，我強打起精神裝扮自己。我也決定好我決不親吻她，我只要跟她握握手就行了。我覺得自己勇敢得可怕，也很頑固。我告訴自己，要爲自己而戰。到漢姆廣場(Ham Common)的路上，他不斷的問：「妳爲什麼要來呢？」這話很傷人，但我並沒有生氣。只是，我內心隱藏的壓抑，似乎就快氾濫潰決。

總之，我們到了會場，我伸出手去，第一次，我握了她的手。我心想：呼！我終於做到了。然後，我們都坐下，我環視會場，他們都是我丈夫那個年

自白

紀的人，我是這裡最年輕的。但是，我決定要盡我最大的能力留下一些影響。

晚餐過後，我們都到樓上去，我正跟別人聊天聊到渾然忘我的時候，忽然發現我丈夫跟卡蜜拉都不見了。這件事讓我很生氣，所以，我決定到樓下去。我也知道將面臨怎樣的狀況，大家都試著要阻止我下樓去。「喔！黛安娜，不要下樓。」「我只是要去找我先生，我想要見他。」我上樓已經一個半小時了，我很想到樓下去找他。到了樓下，那裡有三個人聊得正起勁。那是卡蜜拉、查理，跟另一個人。所以，我心想：這可眞是個好時機。於是，我就加入他們的談話，好像我們四個是好朋友似的。那個我不認識的男人說：「我想，我們應該到樓上去吧！」然後我們都起身預備離去，我說：「卡蜜拉，如果妳不介意，我想要跟妳說幾句話。」她看起來很不自在的把頭低了下去。所以，我轉過身去對男士們說：「男士們，我有一些話想跟卡蜜拉說，我很快就會上樓去。」然後，他們像隻縮頭烏龜般的走上樓去，我可以感覺到樓上所有的人都在議論紛紛：「她要做什麼呢？」

我對卡蜜拉說：「你要坐下嗎？」我們坐下後，其實我很害怕。但我還是說了：「卡蜜拉，我很清楚妳跟查理之間的關係，我並不是個小孩子。」這時，有人試圖想下來解除危機。很明顯的，樓上的人大概是覺得，我們一定在樓下吵架了。但是，我們沒有吵架，反而平靜的一片死寂。我又繼續對卡蜜拉說：「我很抱歉我擋在你們的中間，相信這對你們來說，必定很難受。但是，不要以爲我是個三歲小孩，我很明白你們之間的關係。」然後我就上樓了，上

面的人已經漸作鳥獸散了。在回家的路上，我的先生讓我全身不舒服，我哭得像這輩子從沒哭過一樣，將這七年來累積的所有憤怒情緒，全部都發洩出來。我不斷的哭，不斷的哭，那晚，我沒有睡。第二天早上，我覺得自己有一個大幅度的改變。我已經說了我該說的，做了我該做的，我的心裡仍然殘留著那些原有的嫉妒跟生氣的情緒，但是，那些情緒已經不會壓抑的讓我想窒息了。那個周末，也就是那件事發生的三天後，我對他說：「親愛的，我想你一定很想知道我對卡蜜拉說了些什麼。這不是什麼秘密，你可以問她，我只是告訴她──我愛你，而這並沒有錯。」我說：「這就是我告訴她的，我沒有什麼好隱瞞的，我是你的妻子，也是你孩子的母親。」

就是這樣，這對我來說是邁出了一大步。

我很想知道她是怎麼對查理說的，當然我是不可能知道的。他告訴所有的人，我們的婚姻之所以破碎，是因爲我一直不斷的貪食。他們從未自省他們到底對我作了什麼。

（黛安娜的姊姊）珍一直都很堅定的支持我。假如我打電話給她，告訴她發生了什麼事，她也會感同身受的爲我難過。而我的姊姊莎拉會替我捏一把冷汗，說：「可憐的黛，怎麼會發生這種事。」我的父親則是說：「妳只要記得，我們是永遠愛妳的。」

但是那年（一九八八）夏天，我亂成一團。到了秋天，我到了蘇格蘭，冷靜的對自己說：「黛安娜，這樣是不對的。妳必須要改變這種公衆的形象，妳

自白

必須要長大，爲自己負責；妳必須要了解，妳不能跟其他二十六歲的人做的事一樣；妳已經決定了自己的角色，就必須接受，並且停止這些抗爭。」當我情緒需要平復的時候，我都會坐在河邊。我也很清楚的記得和內心的對話。

史帝芬・丁（一個治療師）在某一次來看我的時候說：「不管別人怎麼想妳都不關妳的事。」這句話一直跟著我。有一次有人跟我說一些話，讓我覺得我該到巴爾摩洛去，他說：「唉！妳必須要跟他們和平相處，他們也必須要學會跟你和平相處。」但有一股莫名的情緒讓我討厭巴爾摩洛——我喜歡蘇格蘭。但是，那裡又有一種氣氛會讓我窒息。然而，堅強如我，已經遠離鄙視所有事情的階段，因爲那樣的心境只會搾乾我、讓我暴露出所有不好的情緒。蘇格蘭也有一些值得欣賞的部份，除了假日的吵雜之外，我喜歡整天待在戶外。

我現在比較快樂了。我無法說我很興高采烈，但至少我覺得比較滿足。我曾經跌到谷底，在谷底掙扎，但現在我又爬起來了。現在，我很喜歡跟人談話，跟他們談太極，人們會說：「太極？妳懂什麼叫太極嗎？」我說：「太極是一種能量的流動。」當我說了類似這樣的話之後，他們會說：「她應該是個喜歡整日逛街買衣服的女孩，她不應該懂這些精神層面的東西。」

上週(一九九一年七月)跟布希太太(Mrs. Bush)在愛滋病房的經驗對我來說，又是跨出另一大步。我一直都想要在病房裡擁抱那些病人。這個男人病得很重，當我坐在他的病床邊時，他開始哭泣。我心想：黛安娜，做啊！做啊！所以，我給了他一個大擁抱。我的舉動讓他破涕爲笑，我想，那是最令人感動

的時刻。

在房間的另一端有一個很年輕的男人，我只能用俊俏來形容他。他躺在床上告訴我，他大概會在耶誕節前後過世。他的愛人，年紀比他大些，坐在旁邊的一張椅子上，哭到雙眼紅腫。我將手放在他的肩上對他說：「我知道這一切並不容易，你心裡一定是很懊惱的吧！」他說：「是的，爲什麼是他不是我。」我說：「這是件更糟的事呀！不管我走到哪裡，都會碰到像你們這樣的人，坐在旁邊的椅子上，要經歷這種令人痛苦的過程。但是，也往往只有你們，他們才能走得平靜。」他說：「我並不知道是這樣的狀況。」我說：「是眞的，你並不是唯一有這種經歷的人。你能夠待在他的旁邊實在是太好了。你將可以從你的朋友那裡學到許多的事。」他哭得很傷心，抓住我的手，但我覺得很安適。我甚至不願被帶離那裡。

很多的人走進我的生活，老人、神學人士、針灸家，這些人在我脫離貪食症後都相繼走進我的生命。

當我到白金漢宮參加野餐或是元首會議時，我變成一個不一樣的人了。我可以達到別人對這個角色所賦予的期望，他們無法在我面前找出我的錯誤。我達到了被期望的責任，對於他們在我背後所說的任何事，就與我無關了。但當我回到我自己的地方，在深夜熄燈後，我知道我已經竭盡我所能了。

新生活的價值 *New Age values*

她（故史賓塞公爵夫人，也是黛安娜的祖母）一直在天上保佑我，我知道的。以前，總是陪我住在公園街(Park House)的房子裡。她非常的親切、美好、和藹跟與衆不同。極好的一個人。

我有一堆的書疊在那裡，我是很渴望想要抓住這些知識。因爲，我有很多需要學習的。

我從來沒有跟任何人講過這些，他們一定會覺得我是個呆子。有幾次，我對我的保鑣說到「精神病」這個詞，他們嚇都嚇壞了。

我有很多次的那種經驗（神遊），我到我以前去過的地方，看到曾經遇過的人。

我認識她黛比．法蘭克(Debbie Frank)（她的星象學家）將近三年了。她人很好。她替人排命盤也做諮商。她並不會給你建議，她只是告訴你，在星象圖上看到的東西。我會聽，但並不完全相信。那只是一個方向跟建議，但並不表示一定會發生。她一直很親切，尤其在兩年前，我正經歷那段最艱難的日子時，她只是告訴我要撐下去，因爲事情會愈變愈好。但是，她從來沒有強迫我接收這些訊息。

當我去找她替我通靈時，我的祖母第一個進來，很強的一股力量；然後是我叔叔；然後是貝里(Barry)（馬拿奇Mannakee，是她的前任保鑣）。我不太敢問她有關貝里的問題，因爲……我不知道，我就是猶豫。但是，對於他的死，我一直都存疑。

王妃跟其他的人 *The Princess and the people*

我希望他們能夠知道我喜歡小孩跟小人物，我想這是可以同步的。我對他們（我的小孩）就是極端熱愛，而我想，這是很正常，而且可以理解的。「天上的父」(Top of the Pops)，「加冕街」(Coronation Street)這些肥皀劇我都看，我看這些電視劇並不是因爲我喜歡，而是，當我出去時，不管我到白金漢宮、利物浦(Liverpool)、或是多薩(Dorset)，我都可以打開電視，知道人民現在的生活狀況。由於大家都在看，所以當我和他們交談時，會因爲知道他們的知識領域，而容易跟他們親近。讓他們感覺到：妳不是王妃，他們也不是一般的平民，我們是處於相同的地位。

我最喜歡的工作就是那些「離開的日子」。我到伯明罕(Bermingham)、利物浦、曼徹斯特(Manchester)，這樣就不會有人說我從不離開倫敦了。一直待在同一個地方的好處是很方便，到遠處去很辛苦，但是也很值得。由於自我的改變，所以我可以到處拜訪醫院、愛滋病人和癌症病人。我整日都在做這些工作，但我並不覺得很累。

我以前總覺得人們只注意到我的衣服，而我急於讓我的另一面顯現出來，且可以被接受。但是，我並不知道怎麼做。

我必須要改變女皇在聖誕節的談話——這是列在我名單中的第一條。這耗費了我很多的心力，讓我很沮喪；跟我沒有關係，我爲什麼要改？我爲殘障朋

友在白金漢宮辦了一個野餐，那些人從來沒進過皇宮，讓他們可以接觸這些綠草。但是，他們不准有太多的輪椅進來，因爲這樣會傷害草坪。

那些人群，我希望這樣不會讓我自己看起來像個明星，很多人感謝我將歡樂帶到他們的生活。「謝謝您來，謝謝您的努力，謝謝妳做的那些事」。即使是幾句短短的言語，也足以令人愉悅一整天。以前我從不敢奢求，能得到這樣振奮人心的讚美。現在，當我聽到這些話時，我比較自在了。不管那些是不是眞的，至少我可以將這些話，做爲我努力的原動力。從前，因爲我每天對大家微笑，所以大家都以爲我過得很好。他們選擇那樣想，也許也是因爲那樣可以讓他們覺得比較愉快。

威廉和哈利王子 *Princes William and Harry*

我知道我們有兩個男孩一定是有原因的。我們是這個家族中，唯一有兩個男孩的夫妻，其他人都是一男一女，我們是第一個改變的。我知道命運在此佈下陷阱——哈利是個很好的候補，威廉早就處於現在的位置了。

我希望他們能在一個有充分安全感的環境中成長，而不是抱著一個希望長大，這樣，他們將永遠失望，這是個比較好的方式。我會守著他們到死。每晚，我陪著他們上床，擁抱他們，親吻他們，然後我會問他們：「這個世界上誰最愛你們？」他們會說：「媽咪。」永遠都給他們愛跟關懷，這很重要。

（給威廉王子心理準備）我一直在提醒他這一點，但是，是用很婉轉的方式。人民並不會感覺到，但是我感覺到了。在這個君主體制下，我是不會逾越我的職權，而侵佔他們的領域。因爲，當我想到我的婆婆已經身處於這樣的環境四十年時，我有什麼資格就這樣改變？因爲我和查理的關係，威廉學到了一些他將來可能會面臨到的事。他將不會是位垂簾聽政的君王。

未來 *The future*

我想我要走一條跟別人不一樣的路。我將要打破這道限制，走出去幫助那些需要幫忙的人。我討厭人們跟我說：「是的，夫人。」這聽起來很虛假。但我相信自己離那樣的虛假愈來愈遠了。我不再喜歡那些亮麗的宴會，那樣的場合讓我覺得很不舒服。我寧可跟那些生病的人在一起，那裡讓我覺得比較自在。

有一段時期，我曾經對未來很樂觀。但是，我相信還有很多的問題存在。尤其是當我自主的空間愈來愈擁擠。還有，當我看到我的朋友們都在享受快樂，而我們從沒有過。

我相信我是很不同的。我只是擺錯了位置。同時，我也知道我的人生將會曲折難行。

自從我學會有自信後，只要我搖擺不定時，我會讓自己靜下來，澄清思慮

後再做決定。

假如有一股很堅定的感覺告訴我，確定不要的話，我會說：「不，謝謝。」而且，至今還沒有人反駁我。

假如我可以自己寫我人生的腳本的話，我會希望我的丈夫可以離開，跟他的女人走得遠遠的，去把事情解決清楚，留我跟孩子們在這裡繼續保有這個威爾斯的名字，直到威廉可以繼承這個位置。也許，這樣我就不會擋到他們的路了，我做起這份工作來也會比較的容易，而不會覺得自己被陷住。

我想要去看歌劇、芭蕾跟電影。我希望日子可以愈平凡愈好。走在人行道上讓我覺得極端的滿足。我並不是討厭我的生活，只是我需要自由，可以讓我隨意來去，像是到巴黎渡一個週末，我想那將會是很棒的事。但是，現在還不到時候。我知道有一天，假如我善盡人生的職責，那樣的生活即將來到，而且會更顯其不平凡；因著年齡的關係，我更能珍惜那種得來不易的感覺。

我不希望我的朋友感到被傷害，覺得被拋棄了。我只是沒有時間坐下來跟他們閒聊，因爲我有很多的事情要做，但時間又很珍貴。

我喜歡鄉村生活，我住在倫敦是因爲這裡有安全的保護。但我希望有一天我可以住在國外。不知道我怎麼會有這想法，但是，我想住在法國或義大利那種生活步調較舒緩的地方。不過，還不到時候。去年八月，我的朋友告訴我，我可能會再嫁給一個富有異國氣息的外國人。我總覺得那樣很有趣。但我確信我會再嫁，住到不一樣的地方去。

1

I Was supposed To Be a Boy

恨未生爲男兒身

恨未生為男兒身

I Was supposed To Be a Boy

她永遠忘不了此刻。黛安娜．史賓塞在周遭混亂不已時安靜地坐在諾福克(Norfolk)家中硬冷石階的最底層。她清楚聽見父親將行李塞進後車廂的聲音，接著母親佛蘭西斯(Frances)穿過前院，關上車門，發動引擎，驅車自帕克公館揚長而去；從此與她的生活漸行漸遠。那時黛安娜只有六歲。二十五年後，當時的情景，她不願面對的事實，對身邊種種的不信任，以及父母婚姻破裂所造成的疏離感，都留給她深深的烙痕。

雖然往事已矣，但彼時的情景卻已與黛安娜如影隨形。她腦海中充斥著許多孩提時的點點滴滴：母親終日以淚洗面；父親沈默寡言，一大堆她恨死了的保姆，當父母之間的傳聲筒，弟弟查爾斯(Charles)哽咽著入睡的聲音，以及自己生為女孩所帶來的罪惡感，並強烈感覺自己是個不受歡迎的討厭鬼。雖然她有份漢里斯玩具店(Hamleys toyshop)的型錄，渴望的卻是親吻與擁抱。童年的她，不奢求任何物質享受，只盼能得到情感上的滿足。她的算命師菲力克斯．萊利說：「雖然她背景不凡，但童年卻走得很辛苦。」

恨未生為男兒身

黛安娜生於一九六一年七月一日傍晚，是時年三十七歲的安索普子爵(Viscount Althorp)的三女兒，那時安索普子爵夫人二十五歲。黛安娜出生時重七磅又十二盎司，在她父親爲新生兒安然降臨而欣喜若狂的同時，皇室成員卻也對史賓塞家族引頸盼望許久竟未能得男而感到非常失望。原本黛安娜的父母滿懷歡愉的期待弄璋之喜，怎麼也沒想到，生下的竟是位女娃。一星期後便以史賓塞的女祖先及她母親爲名，稱女嬰爲：「黛安娜・佛蘭西斯之女」。

雖未得到衆人祝福，但安索普子爵，即後來的史賓塞伯爵可是爲女兒倍感驕傲。黛安娜簡直就是他的掌上明珠，她完完全全地遺傳了老爹的健康。她哥哥約翰(John)比她早出生十八個月，這可憐的男孩不但外表畸形，出娘胎十個鐘頭後更不幸夭折。當時這對佳偶的日子眞是極度難熬，而且家族中的長輩都等著看笑話，看看「到底母親有什麼毛病」使小倆口倍感壓力。長輩們想不透佛蘭西斯爲何老是生女娃，彼時年僅二十三歲的安索普子爵夫人被送至位於倫敦哈利街(Harley Street)的診所作內診。由於黛妃的母親自尊心極強，拉不下臉，脾氣又硬，最氣不過的是，即使那時人已知道嬰兒的性別是由男性決定卻仍要她去做檢查，這實在是非常不公平的一大侮辱。據她的兒子小查爾斯，也就是現任史賓塞伯爵道：「那段時期對我的雙親來說，眞是折騰，而且這揮之不去的陰影，很可能是導致他們離婚的淵源。」

雖然當時黛安娜還小，但卻已了解是她讓整個家庭烏煙瘴氣，也覺得她是個不惹人憐的討厭鬼。她把所有的紛擾歸咎自己。甚至她知道她是父母家族大

感失望的癥結所在。

黛安娜三歲時，母親終於不負衆望的生了個弟弟。和黛安娜不同的是，他一出生便在聖德令干教堂受洗爲基督徒，還好他一開始就如庶民般平凡，是教父母眼中的普通人。小查爾斯生下不久後便於西敏寺受洗，英國女皇爲其首席教母。十五世紀時史賓塞家族仍名列歐洲最富有的綿羊貿易商之一，並靠買賣綿羊爲業。雖然後來家道迅速中落，但小查爾斯仍爲其當然繼承者。憑藉之前得來的財富，史賓塞家族自查理一世起便一直擁有伯爵爵位，在北安普頓郡建造安索普城堡，並自皇室授得冑甲及獲頒銘言——「眞理必勝」，並累積了不少藝術品、古董和書籍等等。

接下來三個世紀，史賓塞家族的成員爲肯辛頓宮(Kensington)、白金漢宮及西敏寺等各宮殿，所屬的州立機構及法院效力，如魚得水。當時，若史賓塞成員中，有人無法達成指定的要求，家族中其他人必透過勢力，以其王室權力相約束。當衆人認爲，第三任史賓塞伯爵極可能成爲首相時，史賓塞家族中，除有人受封爲嘉特爵士(Knights of the Garter)，也有人晉升爲英國樞密顧問官、大使及海軍元帥。這些人不但與查理二世有血緣關係，也與馬堡(Marlborough)公爵、德文郡(Devonshire)公爵及艾伯肯(Abercorn)公爵牽上一線。甚至與包括富蘭克林．羅斯福在內的七任美國總統演員漢弗瑞．波加特(Humphrey Bogart)，以及惡棍艾爾．卡邦(Al Capone)都可攀親帶故。

史賓塞家族總是默默地爲大衆服務，此點頗受好評。他們對整個王室的貢

獻，由其位高任重便可探知一二。史賓塞家族的子孫後裔，曾在英國宮廷擔任宮務大臣，皇族侍衛官，宮女及其它職務。黛安娜的祖母史賓塞伯爵夫人是伊莉莎白女王的宮女，而外婆魯絲，也就是福摩夫人，更服侍皇太后近三十年。黛安娜的父親則任國王喬治六世及當今女皇伊莉莎白的皇族侍衛官。

然而，她幼時在諾福克的家，也就是帕克公館，是黛安娜母親那源自愛爾蘭並與美國息息相關的福摩家族掙來的。基於與黛安娜外公摩瑞斯(Maurice)（福摩男爵四世）次子，也就是約克公爵（後爲喬治六世）的交情，喬治五世答應將帕克公館，這幢原爲容納聖德令干公館的工作人員，及川流不息的賓客而建的華麗建築，租予摩瑞斯。

福摩家族自然成爲此地區的話題。摩瑞斯．福摩與蘇格蘭籍妻子結爲連理時，成爲金斯林(King, s Lynn)地區的英國國會保守派黨員。她的妻子爲與他成婚，辭去了鋼琴演奏家的鐵飯碗。他們在金斯林藝術音樂嘉年華中邂逅。此嘉年華創始於一九五一年，這些年來吸引不少享譽全球的音樂家，如約翰．巴比羅里爵士(Sir John Barbirolli)及葉胡迪．美奴辛(Yehudi Mehuhim)等。

對年輕的黛安娜．史賓塞來說，這歷史悠久的貴族傳承史，烙印下極深刻的印象。她對造訪安索普故居很感冒，那兒有太多令人毛骨悚然的角落以及掛著多張先人肖像的陰暗長廊，總覺得，祖先們看得她快要崩潰。據她弟弟追溯，那地方就像有一大堆時鐘滴答不停的老人俱樂部，像在催促人下黃泉一

般。對一個啥事都不曉得的孩子而言，那兒就似夢魘之谷，他們根本不會想回到故居。

黛安娜那脾氣倔強古怪的祖父傑克(Jack)，也就是伯爵七世與他兒子強尼．安索普(Johnnie Althorp)之間一觸即發的關係，對於驅逐心中的可怕感覺，幾乎無所幫助。多年來他們彼此嗤之以鼻，不屑與對方交談。雖然黛安娜的祖父爲人魯莽，但卻非常愛惜安索普家族的名望。他對故居裡一事一物，甚至所有照片的故事皆瞭若指掌，因此贏得「伯爵館長」的封號。他對故居感到驕傲，常常拿根雞毛撢子跟在參觀者後頭。尤其有一次曾在圖書館裡，從溫斯頓．邱吉爾(Winston Churchill)的口中奪下雪茄。這男人暴躁的假象下隱藏著氣質與品味，像英國鄉間紳士般愛好傳統戶外活動，這些都與他兒子放任不羈的生活方式，形成明顯對比。

黛安娜對祖母史賓塞伯爵夫人的尊崇，與對祖父的敬畏簡直大相逕庭。黛安娜形容「祖母」——「很貼心，能幹，且非常特別，根本就是神的化身。」伯爵夫人最爲人津津樂道的是，時常探訪病患及體弱者，並且不吝給予關懷及問候。因此，黛安娜不但承襲了母親的堅毅，而其體貼、富憐恤心更是祖母賜她的最佳禮物。

黛安娜居住的帕克公館雖雜亂無章卻異常溫暖。與安索普城堡所表現出的神秘詭譎相差十萬八千里，那擁有不起眼的職工宿舍，多間車庫，戶外泳池，網球場，地上甚至還可找到蟋蟀洞，包括廚師，僕役長及管家在內共有六位全

職員工。透過夾道的樹木和灌木叢，公館看來佔地極大，可惜外觀骯髒，再加上牆壁以砂磚砌成，顯得孤獨而荒涼。但史賓塞家的孩子們可不把房子的外觀當一回事，他們仍舊喜愛這個豬窩。他們在祖父，也就是伯爵七世於一九七五年逝世後便搬至安索普城堡。那時，弟弟查爾斯還向每個房間道別。後來此故居成爲翠禧(Cheshire)殘障家庭旅館。黛安娜出巡至聖德令干時，偶爾會過去參觀。

帕克公館充滿了家庭的溫暖，且頗具特色。一樓有石板砌成的廚房，暗綠色的洗衣間，一隻左右黛安娜喜怒的黃色貓咪，名喚「桔子醬」(Marmalade)。書房是管家傑特魯·愛倫(Miss Gertrude Allen)——通常大家都稱她「愛莉」，教女孩子們讀書寫字的地方。隔壁的房間被孩子們稱做「披頭四房」，貼滿了引人遐思的海報、照片及其它六〇年代流行巨星的紀念品。在戰後的日子裏，能爭取到這樣的待遇已屬不易。屋內其它地方則是英國上流社會的縮影，處處掛著正式的家族合照及團體照，還有一些金屬板飾、照片及善行表揚證書等。

自住進二樓苗圃內的房間後，黛安娜便非常喜歡在滿佈著凋萎的松樹、銀樺及紫杉木的田野與公園間牧牛，草原上常可見到兔子、狐狸等出沒於森林中的動物。而由她窗前可遠眺浪花的潮來潮往，便知諾福克海岸就近在六哩外。

這是學齡孩童們的天堂，他們在聖德令干公館內的湖泊餵鱒魚、溜滑梯，帶著獵犬吉兒(Jill)散步，在花園裡捉迷藏，聽風穿過樹梢，四處偷鴿蛋，夏

日時在戶外溫水游泳池游泳，找尋青蛙和水蛭，在布蘭凱斯特(Brancaster)小屋附近的海灘上野餐，並在完全屬於他們的樹屋內玩耍。還有，就像艾尼德・布利頓(Enid Blyton)在其所著童書「最有名的五個人」中提到的，「薑汁啤酒總是源源不絕，廚房也不時飄出烤東西的香味。」

和姐姐們一樣，黛安娜三歲時就會騎馬，尤其對於小動物有憐憫之心。她的寵物多的幾乎是任何可以放進小籠子的動物都有，如兔子、天竺鼠之類的，還有小查爾斯與珍(Jane)恨之入骨的貓咪桔子醬。每當寵物死亡，她必定慎重其事的舉行葬禮。除了金魚死時會被沖進馬桶之外，她通常將已死的寵物置於紙製鞋盒內，讓牠們在草坪上的西洋杉木叢中安息，並立上十字架。

墓地讓人既害怕又好奇。小查爾斯理與黛安娜常造訪哥哥約翰位於聖德令干教區的墓園，並想著他可能的狀況，若他安然存活下來的話，他倆還會來到這世上嗎？小查爾斯覺得是黛安娜使得父母的生命完整；然而黛安娜卻不這麼想。她寧願未曾降生，這樣的想法無盡又無解。據她日後回憶，當時哥哥的墓誌銘只有簡單的「永存心中」幾字，是否也代表著——我是個本應是男孩的女孩。

她的童年簡直就和一九三〇年代童話書中描繪的一模一樣，黛安娜的成長史反映出那時的價值觀。她有個從小將她帶大的保姆茱蒂斯・帕奈爾(Judith Parnell)，是肯特郡(Kent)人。茱蒂斯總愛帶她散步，陪她又跑又跳。事實上，黛安娜最初的記憶就是散步時，那種溫暖無比的感覺。這個成長中的小女

恨未生為男兒身

孩無法如她所願，常常見到母親，與父親見面的機會自然更少。當她出生時，大她六歲及四歲的姐姐莎拉及珍已需每天清晨到樓下上課；好不容易當黛安娜可以加入時，二位姐姐卻已開始背著書包上學了。

保姆是黛安娜餐桌上的伴。每天的飲食都很簡單：早餐吃燕麥，午餐吃肉餅和青蔬，每星期五固定吃魚。她的父母非常和藹可親，可惜不常在家，直到小查爾斯七歲時才開始到樓下餐廳與父親共餐。孩子們的童年受限，拘束頗多，生活方式完全就是雙親童年的翻版。小查爾斯回憶：「雖然我們姐弟年紀不同，但同樣在這種和雙親保持距離的特權下成長，我不知道還有誰是這樣養育小孩的，母親這個角色根本形同虛設。」

史賓塞家的孩子們很小時就給人有禮、誠實及「以人格評人，而不以職位評人」的印象，而不講特權。小查爾斯說：「我們根本不了解所謂的頭銜，直到我上預備學校時，接到寫有『可敬的查爾斯』的信，我才知道原來我也有頭銜。接著我開始思考頭銜所代表的意義，我們姐弟四人根本不知享有特權，我們的童年和一般孩童無所差異。」

他們與同樣是貴族的鄰居也只是泛泛之交，這些點頭之交也僅止於皇后土地經理人的孩子查理斯(Charles)與愛麗珊德拉．羅伊德(Alexandra Loyd)、教區牧師的女兒佩妮羅普．艾許頓(Penelope Ashton)、還有威廉(William)與安娜貝爾．福克斯(Annabel Fox)，這二人是黛安娜教母的心肝寶貝。皇族之間極少社交往來，主要是帕克公館在這佔地二萬畝的聖德令干，

只能算是小兒科。某星期日，當安妮公主參加完教會的例行禮拜後宣布，將走訪帕克公館時，這難得一見的罕事。這也讓史賓塞家族著實驚惶了好一陣子。由於黛安娜的父親並不飲酒，家中所有成員翻遍櫥櫃，只為找款待皇族貴賓的佳釀。最後他們找出了瓶擱了好久，在教堂義賣會上贏來的廉價雪莉酒。

有時瑪格麗特公主的兒子林利子爵、安德魯王子及愛德華王子會於午後到此玩耍，但這樣的機會通常寥寥無幾。事實上，史賓塞家族的孩子們對於受邀至女皇的冬季別館心懷恐懼，在家庭劇院看完迪士尼影片「乒乒乓乓」(Chitty Chitty Bang Bang)後，劇中一個名為「孩童剋星」(Children Catcher)的角色搞得小查爾斯惡夢連連。黛安娜痛恨聖德令干本身的「怪異」氣氛，正由於如此，她根本不願過去。除非她老爸說，不過去會顯得不禮貌。否則，她即使哭鬧也不願輕易就範。若當時有人說「妳日後將成為皇室一員」，她一定立刻拔腿就跑，不見人影。

假如聖德令干的氣氛讓人覺得不舒服，那麼對小黛安娜而言，帕克公館更是難以形容的窒礙難捱，無法忍受。一九六七年九月莎拉和珍至肯特郡的寄宿學校，西希斯(West Heath)就讀，也是個巧合吧，此時安索普伉儷維持了十四年的婚姻亦開始動搖。

那年夏天這對怨偶決定分居。對小查爾斯來說，這消息有如晴天霹靂，也震驚了當時男女雙方的家庭及整個縣境。即使對本身便充滿戲劇性的皇族世家來說，這仍是出乎意料的。他們還記得一九五四年時，他們的婚姻被形容為

「年度名流聯姻」，再加上女皇及皇太后皆出席，爲婚禮增色不少。其實強尼・史賓塞仍單身時，便已是全縣焦點。他除了是史賓塞家族的土地及不動產繼承人之外，他也在二次世界大戰時擔任皇家蘇格蘭軍隊隊長，當過女皇的皇族侍衛官，婚禮舉行前還曾伴隨女皇及菲利浦王子，參加短期的澳洲歷史之旅。

如此世故的歷練，對小他十二歲的佛蘭西斯・羅琪(Frances Roche)，也就是福摩男爵四世的小女兒來說，簡直無可抗拒。他倆初見時她才十八歲，這體態輕盈，個性活潑，熱愛運動的佛蘭西斯，當場便把這年輕人迷得團團轉。當中雖曾遭到首相雷諾・法古森(Ronald Ferguson)，莎拉之父及約克公爵夫人的阻撓，然而強尼・史賓塞仍突破重圍贏得佳人芳心。經過短暫的追求後，小倆口在一九五四年六月於西敏寺完婚。

日後應驗了諾維克(Norwich)主教的婚禮祝詞：「你們的家庭將增加一位新成員，他將是所有子民的希望及福祉。」九個月後長女莎拉誕生，他們開始過著平淡的鄉村生活。強尼就讀於位在塞倫西斯德(Cirencester)的皇家農業學院，但由於安索普城堡的氣氛實在讓人不舒服，他們便遷至帕克公館。接著幾年內，他們開闢了佔地六百五十畝的農田，非常廣闊，是土地原繼承人佛蘭西斯花了二萬英磅買來的。

好景不常，和諧的家庭只是個假象，私底下暗潮洶湧、火藥味濃厚。結婚後一直有生個男繼承人的壓力存在；再加上佛蘭西斯意識到，小時候她雖能感

受鄉野之美，但今日的她實已無法忍受乏味的田園生活。現任史賓塞伯爵曾道：「我倆這十四年來眞的快樂嗎？直至仳離那一刻，我仍在思考。不如趁我們未陷進泥沼前，及早抽身也好。」

在虛假的婚姻崩潰後，帕克公館跌入愁雲慘霧之中。強尼・史賓塞伉儷在公衆面前仍強顏歡笑，人後便截然不同。一言不發的冷戰，尖銳挖苦的用辭。如此，加諸於小孩的負面影響，立即可見。黛安娜還清晰記得，當時她從畫室門後，偷窺父母大吵特吵的情形。

導致黛安娜母親出軌的男主角，是當時剛賣掉位於澳洲的綿羊場後回國的一位富商，彼得・山・凱(Peter Shand Kydd)。安索普伉儷第一次與這位性格外向，擁有大學學歷的企業家及其妻子珍妮・蒙羅・克爾(Janet Munro Kerr)碰面，是在倫敦的某個晚宴上。接著，一家人又於假日一同到瑞士滑雪，這次出遊竟成彼此生涯的轉捩點。彼得，這個有著波希米亞族人輪廓的紈袴子弟，似乎擁有一切強尼所缺乏的特質，小他十一歲的安索普夫人在婚外情中，並未注意到彼得的沮喪及進退維谷，已有山雨欲來之勢。

那次假日之旅後，年值四十二歲的彼得搬出他位於倫敦的家，置他的妻子與三個孩子於不顧，同時，他開始到倫敦中部南肯辛頓宮的某地秘訪佛蘭西斯。當安索普伉儷決定分居時，黛安娜的母親搬出了帕克公館，遷至位於貝爾格拉維亞(Belgaravia)嘉多根(Cadogan Place)的一幢出租公寓，這便是「雷霆」之始。佛蘭西斯爲了所愛的另一個男人，離開了她的丈夫和四名子女，扮

恨未生為男兒身

演劇中遭人唾棄的角色，她的丈夫則成了無辜的受害者。事實上，當安索普夫人離家時便已安排好要接小查爾斯與黛安娜到倫敦與她同住。黛安娜就讀於日間女子學校，小查爾斯則安置於附近的幼稚園。

當佛蘭西斯抵達新家後，幾個星期內，她的寶貝們和保姆也接連來到。她竭力盼望兒女們不會受他們婚姻觸礁所影響，尤其是在寄宿學校唸書的莎拉與珍。學期中，較年幼的孩子們每週末回一次帕克公館。而安索普子爵來到倫敦時，便待在貝爾格拉維亞陪伴孩子們。但每次會面氣氛都不佳。小查爾斯最早的記憶是，母親坐在床邊飲泣，他無聲地坐在地板上玩著組合的火車遊戲，而父親無助地對他微笑，企圖說服兒子沒事了。這破碎的家庭曾又在帕克公館復合了半個學期，而聖誕時也曾再享過一次天倫之樂。但就如黛安娜的母親日後所言：「那是我在那度過的最後一個聖誕節，反正事實也很明顯，這段婚姻是徹徹底底失敗了。」

某日安索普子爵再度造訪黛安娜母親的公寓，父親這次來訪，對孩子們來說一點也不好玩。安索普子爵不顧太太極力反對，堅持孩子們應該回帕克公館長住，並至金斯林西爾費德學校(Silfield School)繼續未完的學業。「他不願讓他們在新年時回到倫敦。」她說。

當離婚案開始判決時，孩子們就變成這場慘烈戰役中的犧牲品。安索普夫人控告夫婿，極力爭取孩子們的監護權。一般來說，由於女方通常會贏，她充滿勝算。除非男方出身貴族，那麼以他的頭銜與地位就可取得優先監護權。

這訴訟案於一九六八年六月爆發，由於安索普夫人在二個月前被指爲山・凱離婚事件中的第三者；更加上她的親生母親魯絲窩裏反，讓她永遠無法饒恕這生命中最難以承受的背叛。安索普夫婦的離異於一九六九年四月生效，孩子歸男方。一個月後，也就是五月二日，彼得・山・凱與安索普夫人到登記處註冊結婚，並在西薩西克斯(West Sussex)岸邊買了幢房子，如此他便可從事最愛的航海活動。

離婚戰中受傷的不止是大人而已，無論孩子的雙親或其他家庭成員如何盡力安撫，孩子們幼小的心靈所受到的傷害仍難以彌補。於是，家人的朋友們及傳記作者試著盡量將影響降到最低。他們對外宣稱莎拉與珍由於負笈在外，離婚對她們的影響微乎其微；四歲的查爾斯還太小，不知何謂離婚；七歲的黛安娜年幼懵懂，甚至還覺得離婚「非常新奇又刺激」。

但事實眞相比外界所知更爲慘不忍睹。可以確定的是有一段時間莎拉和珍飽受飲食不定，神經性厭食症與食慾過剩（食慾異常亢進，往往是神經性厭食症的症狀之一）之苦，主要都是由於母女關係變得複雜。就像黛安娜所說的：「父母忙著從紛亂中整理出頭緒，我總看見母親哭泣，父親從不解釋爲什麼，我們也從不過問，這段期間換了好幾個保姆，整個事情只能以一團糟來形容。」

黛安娜好不容易恢復以往的笑臉迎人。這個伶俐的小女孩閒不下來，每當夜幕低垂，確定所有的窗簾都放下後，就開始在屋內跑來跑去，並將擱在她床

邊毛絨絨的小動物叫醒——這些小寵物們總是與她相依為伴。她也會騎著藍色三輪車假裝在車道上和牠們比賽，或是散步時帶著洋娃娃；這樣溫暖又具母性呵護的情懷為她長大後的人格奠下了基礎。她也比以前更常去探望祖父母及其他親戚，史賓塞伯爵夫人總是待在帕克公館，而同時福摩夫人魯絲便教小鬼頭們玩紙牌。黛安娜形容那「雖只是諾福克的小小一角，但像貝爾格拉維亞公寓般溫暖」。

夜晚降臨時是最糟糕的，因為黛安娜和小查爾斯怕黑，所以堅持房內一定要留一盞燈或蠟燭。對孩子們而言，穿過樹梢的颼颼風聲、夜梟及其它動物的夜啼，在在都讓帕克公館像一座會吃人的城堡。某晚，當父親漫不經心提到附近曾發生謀殺案，孩子們竟驚駭得無法成眠，只顧傾聽黑暗屋內傳入耳中的每個聲音。黛安娜將她常抱的那隻綠河馬眼睛塗上螢光漆，這樣一來，河馬就像是守護神般在身旁陪伴她。

每當在眾多玩偶簇擁下準備就寢時，黛安娜總聽見弟弟嗚咽著要找媽媽。有時她會過去安慰他，有時她的母性仍不敵對黑夜的畏懼，當小查爾斯哭喊著要媽媽時，也只敢待在自己的房內，或是將頭埋進枕內哭泣，她回憶道：「我總提不起勇氣下床，這記憶至今仍縈繞不去。」

帕克公館保姆的流動率很大，素質良莠不齊。所以，她對保姆沒信心。某次有位保姆在二位姐姐的食物中加入瀉藥作為懲罰，當場遭黛安娜的母親逮住，並立刻被炒魷魚。眞相大白後，黛安娜的母親才了解二個女兒常叫胃痛的

原因。另一位保姆，只要黛安娜不乖時，就用木杓敲她的頭，要不就是把小查爾斯和黛安娜的頭給纏在一起。小查爾斯記得，他因莫須有之罪被關進臥房反省時，盛怒之下把門給敲出個洞。他解釋道：「孩子們也有判斷是非的本能，若蒙受不白之冤，定會站出來洗刷罪名。」其餘的保姆，例如莎莉・波席佛(Sally Percival)便心地善良，直到現在，她每年仍收到這些「孩子們」寄的聖誕卡。

然而孩子們涉世未深，總感覺保姆會取代媽咪的位置。新來的保姆，由於孩子們容易心情不好，工作愈顯困難繁重。越漂亮的保姆，越令黛安娜存疑。她和小查爾斯把大頭針釘在她們的椅子上，將其衣物丟出窗外，還把她們反鎖在浴室裡。由於自己走過一遭，小查爾斯下定決心，以後絕不雇保姆照顧自個兒的小孩。

父親有時會與他們一起在花圃喝下午茶，據前任保姆瑪麗・克拉克(Mary Clarke)回憶：「那些日子，他與孩子們並非那麼親近，親子關係不是很好。」強尼整日埋首於工作，在北安普頓郡省議會，國立童子軍協會及他自己的農地間奔忙。小查爾斯回憶道：「父親離婚後真的是糟透了，基本上來說已經是形銷骨毀。他總坐在書桌前讀自己的書。印象中他陪我在草原上鬥蟋蟀的次數少之又少，用手指都算得出來，但那已是很奢侈的玩樂了。」

學業也是個很大的問題，小查爾斯和黛安娜「與眾不同」，他們自己也知道。他們是西爾費德學校內唯一父母仳離的學童，這讓他們一開始便與其他學

生產生隔閡。黛安娜之前的訓育組長黛麗莎・妮漢(Delissa Needham)特別強調：「在社會大衆根本沒聽過離婚這二個字的年代，她是我知道唯一父母離異的學生。」

但學校本身的氣氛非常溫暖友善。當時的女校長名爲珍・蘿(Jane Lowe)，在來自單親家庭的學童身旁扮演安索普子爵，也就是黛安娜父親的角色，使家庭溫暖重現。教學採小班制，老師們對於那些在閱讀、寫作及繪畫方面表現好的學生給予小屋貼紙和金色星星以資鼓勵。教室外是網球場、沙坑和一片供玩耍落網球（一種女子球戲，繫網於杜頂的網圈上，投球進網始能得分）的草坪，以及一個花園般的圓形棒球場，每週在此舉辦一次尋寶遊戲。不適應喧囂學校生活的黛安娜，雖然與愛麗珊德拉・羅伊德交情不錯，但仍安靜害羞。

雖然黛安娜的字跡端正，朗讀流利，但她覺得要得到好成績並非易事。黛安娜讓蘿小姐印象深刻的並非學業上的表現，而是她對年齡較小的學童們很和善，愛護動物及悲天憫人的心腸。她的藝術天份亦是有目共睹，但朋友們無法理解爲何她在某個晴朗的午後，竟於繪畫課上無故缺席，只記得她將每張畫都命名爲「媽咪與爹地」。

當她抱著她的「圓桌武士」（她的玩具娃娃們），或讀著「珍妮與約翰」之類的故事書時，她便愈加羨慕她印象中雖「嚴肅」卻有教養的弟弟。「我希望校內的成績能像他一樣好，」她說道。她和弟弟很容易打架，較壯較高大的黛

安娜通常都是贏家。不久，小查爾斯了解要報復姐姐就是狠狠地用言語來刺激、傷害她。連雙親都告誡小查爾斯不准再用「豬頭」（「豬頭」是一齣頗受歡迎的兒童電視節目名「神奇的旋轉木馬」中一隻呆頭呆腦的蝸牛暱稱）稱呼黛安娜。

託教區牧師太太的福，他的報復意外地順利。小查爾斯愉快地回憶：「我不知心理學家是否將這種情形稱爲離婚後創傷症候群。但黛安娜總喜歡加油添醋，要讓她口吐眞言實在不容易。某日上學的途中牧師太太把車停下來道：『黛安娜．史賓塞，妳若再扯謊就給我滾下車走回家。』當然，我贏了……她不情不願地咕噥了幾句。」

手足間互相比較是成長中無法避免的過程，不論是否有意，最令人難以釋懷的，便是父母間愈發激烈的敵對狀態。尤其佛蘭西斯與強尼彼此競爭，只爲贏得孩子們的青睞。可惜，無論雙親買下多昂貴的禮物，仍抵不過孩子們寄託情感的玩偶與擁吻。當時，黛安娜的父親已因設計「市民之夜」當晚施放的煙火節目而在當地聲名大噪。還在七歲生日時爲她辦了場派對。爲了午後的派對事宜，他向達得利動物園借了隻名爲伯特的單峰駱駝，並高興地看著小朋友們欣喜的在草地上騎著駱駝。

相形之下，過聖誕節就更是極盡奢侈之能事。小查爾斯與黛安娜在這個大日子到來前，就已拿到西倫敦漢里斯大型玩具店的型錄，並向爸爸指明聖誕節想要的禮物。果然，他們的夢想成眞，當天掛在床腳的長襪裡裝滿了希望得到

的東西。「這會讓你更傾向唯物主義」小查爾斯說道。其中某樣禮物爲黛安娜的年輕歲月譜了段不大愉快的插曲。一九六九年她應邀參加表姐妹伊莉莎白・維克渥克(Eliazabeth Wake-Walker)與安東尼・達克渥茲查德(Anthony Duckworth-Chad)於聖詹姆士皮卡迪利(Piccadilly)舉行的婚禮。黛安娜的父親在彩排時送她一件合身的白色禮服，而她母親則身穿同款式綠色禮服。「我現在早不記得當天到底穿的是哪一件，只記得穿上它會搶走新娘的風采，讓我緊張又難忘。」

每週末當小查爾斯與黛安娜同保姆坐火車從諾福克到倫敦利物浦車站見母親時，他們的心情就似走鋼索般忐忑不安。到達母親位於貝爾格拉維亞的公寓後不久，接下來就會看見母親泣不成聲。然後二個小鬼頭同聲問：「媽咪，妳怎麼了？」答案永遠一成不變：「多希望你們明天別走。」這固定的戲碼讓姐弟倆覺得疑惑又罪惡。被雙親拉來扯去的假日，只有殘酷一詞得以形容。

一九六九年當彼得・山・凱正式成爲他們家庭一員後，生活便過得輕鬆些，也較無憂無慮。當他們依慣例自諾福克搭乘星期五的特快車來到倫敦時，便在利物浦的車站月台上與彼得首次會面。而在與這個帥氣，面帶微笑，穿著得體的男人打照面的同時，母親以迅雷不及掩耳的速度告知姊弟倆，他們已於當天早上結爲夫妻。

彼得的財源來自家族壁紙企業，是個待人有禮，民主並且好相處的繼父。在白金漢郡短暫住過一陣子後，這對新婚夫婦搬到意奇諾爾(Itchnor)（位在

薩西克斯海岸西方）蘋果海岸旁一幢簡樸的郊區小屋，而彼得這位皇家海軍退役軍人便帶著孩子們航海出遊。他讓小查爾斯戴起海軍上將的帽子，這也是查爾斯小名「上將」的由來。他將黛安娜授爲「女公爵」，至今她的友伴們仍以此相稱。據小查爾斯道：「若要深究黛安娜爲何一點都不嬌生慣養，我想，是我們如此極端的生活方式；讓我們早就適應了平民化的生活。我們住的地方並非皇宮，我母親的公寓也只是個很普通的平民住宅，而每到假日我們總待在那兒，所以很自然地也跟著平民化了。」

三年後，也就是一九七二年，山．凱在阿及爾郡(Argyllshire)的歐班(Oban)南端，也就是塞里島(isle of Seli)購入佔地千畝的農地，此處也是黛安娜母親目前的住所。小鬼頭到此渡假時，如同過著「燕子與亞馬遜河」這首田園詩中描寫的生活，整個假期就是捕鯖魚，網龍蝦，在海上乘風破浪，天氣晴朗時在沙灘上烤肉，黛安娜甚至還擁有一匹專屬的雪特小馬，名爲「蛋奶酥」。

黛安娜曾從馬背上摔下並跌斷手臂，導致她以後騎馬時總會慌張。那時她騎在名喚羅蜜莉(Romilly)的馬上馳騁，當馬在安索普公園失足摔倒時，黛安娜也摔了下來。當時雖然很痛，但卻看不出任何斷臂的跡象。二天後她又前往瑞士滑雪，由於手臂不聽使喚，於是她到瑞士當地的醫院照X光，診斷結果是青枝骨折（Greenstick fracture，佝僂病骨骼的骨折，狀如青枝折斷），成因是由於孩童們的骨頭極具伸縮性，所以骨頭只呈彎曲，並未斷裂。醫生爲她固

定手臂，但當她稍後再嘗試騎馬時，她完全無法掌握，並再度跌下馬背。黛安娜成人後雖繼續騎馬，但卻較喜歡游泳或打網球的運動方式。這二種運動也較適合於倫敦中部的生活形態。

黛安娜也擅長游泳與跳舞，父親將她轉學至距帕克公館約二小時車程，位於里德渥茲的學校。在那令她受益頗多。她學到必須要愛自己的學校，對校內的女學生而言，學校就是她們的第二個家。然而，黛安娜深深覺得父親不了解她，他將她送到離家千百哩遠的地方，並和弟弟相隔甚遠的作法，讓她不甚諒解父親。即使父親苦口婆心的勸說，她仍然任性的說：「你若愛我就不會把我送到這兒來。」她帶著花生米在安索普寵物比賽中贏得鳥獸組冠軍，「也許因爲牠是唯一的參賽者吧」她說得有些心虛。稍後她又贏得新學校的「寵物競賽棕櫚盃」。

父親也說她將會交到很多朋友，愛麗珊德拉．羅伊德以及表姐妹黛安娜．維克渥克(Diana Wake-Walker)，教母莎拉．普拉特(Sarah Pratt)的女兒克蕾兒．普拉特(Claire Pratt)也都在諾福克迪斯(Diss)附近的女子寄宿學校就讀。然而，當黛安娜擁著她心愛的綠色河馬和花生米，坐著父親的車到學校時，才發現女學生在床上只能放一隻玩偶。強烈的失落感隨即襲捲而來。

有位技術頂尖的業餘攝影師，在黛安娜離家前爲她拍了張照片，照片中的女孩穿著學校制服——暗紅色的夾克，灰色摺裙，笑容甜美羞赧，但氣質卻如陽光般燦爛。接下來，他仍每天捕捉鏡頭，而這個日後充滿天份並克服萬難的小女孩則透過「每日電報」告知他課業上的挫折。

雖然她轉學後的第一學期表現得嫻靜端莊，但她可不死板。她愛笑，並以開放明朗的心態面對一切。可是好不容易突破心防變得聒噪不已的黛安娜，卻因不願成爲衆人注目的焦點而刻意與同學保持距離。她上課時決不主動回答問題，班上或學校開會時也拒絕自願朗誦。她在入學後第一次答應演出的角色是沒有台詞的荷蘭娃娃。

在宿舍裡和同學們嘰嘰呱呱的黛安娜，在班上話卻不多。她人緣頗佳，但有時也會覺得被排擠。此時黛安娜感覺生活該做些改變，並不是因爲雙親的離異，而是自知絕不會是繼承人。這樣的直覺說明了她的生活將會是，如她所說的「必定波折不斷，我老覺得與他人距離重重。我知道我會開創出一條不同的路，這些日子以來我一直被假象所蒙蔽。」

然而她仍興致勃勃地參與校內各項活動。黛安娜不但在家中是個好女兒，社工服務也表現得可圈可點，游泳及落網球賽的成績更是出類拔萃，並竭力進修她最愛的跳舞。校慶將至時，她的內心爲了即將盛裝打扮而起伏蕩漾。「我扮演衆多朝聖者之一。」她快樂回憶道。

雖然她很尊敬善體人意的珍，但她更當大姐莎拉是女神般的崇拜。每當莎拉從西希斯學校回家時，黛安娜就自願幫她提手提箱、放洗澡水、整理房間。安索普子爵的僕役長亞伯特·貝茲(Albert Betts)記得她會熨自己的牛仔褲，她的理家能力是有目共睹的。而她里德渥茲學校的女校長伊莉莎白·瑞茲戴兒

(Elizabeth Ridsdale)——學生們通常稱她瑞蒂(Riddy),也因黛安娜心思縝密而頒雷加特(Legatt)獎給她。

史賓塞伯爵夫人自黛安娜雙親離異後,便對孫女疼愛有加,黛安娜獲獎使她笑得合不攏嘴。這心有靈犀的關懷使黛安娜倍感窩心,所以當祖母於一九七二年死於腦瘤時,她整個心都碎了。她與皇太后及瑪格麗特公主一同參加於聖詹姆士宮舉行的喪禮,史賓塞伯爵夫人在黛安娜心中的地位是無可取代的。她相信祖母會在另一個世界照顧她、守候她。這樣的寄託,使她後來參加會考並進入二個姐姐所就讀的西希斯學校時,有了比較實際的想法。學校位於肯特郡西弗諾克(Sevenoaks)外圍,有著佔地三十二畝的公園及林地,基於宗教理念於西元一八六五年創立。創校宗旨首重「人格與自信」,強調二者與學問一樣重要。

然而姐姐莎拉似乎對女校長露絲・若吉(Ruth Rudge)愛慕得太過火。莎拉是個不可小覷的對手,六科雖全部低空掠過,但除了加入位於希克斯提(Hickstead)的自由車校隊,還參與業餘劇團的策劃及演出,並為游泳校隊爭光。她力爭上游不服輸的個性也說明她是最易怒、最叛逆、也是校內最難馴服的一匹野馬。某校友回憶道:「她要讓自己事事奪魁,成為第一。」不過祖母魯絲,也就是福摩夫人原諒了這桀驁不馴的小女生,竟趁她外出時騎著她的馬前往帕克公館。若吉女士也感覺這小女孩的生活本應如此多采多姿,後來莎拉向她抱怨「好無趣」,於是若吉女士允許她打包回家,休學一學期。

珍是校內長曲棍球（盛行於北美之一種戶外遊戲，進行時以一帶網之曲棍球棒捕球，持球和擲球）隊隊長，和莎拉簡直判若二人。憑藉她的善解人意、聰明資質，她的成績不但全都及格，有些更拿到A。當黛安娜成為新鮮人時，珍已是六年級學長。

教師們在休息室內總免不了討論應讓莎拉還是珍作爲史賓塞家族生力軍。黛安娜對大姐心懷敬意，她與珍變得較親近是後來的事。他們年紀還小時，珍較常督導小查爾斯，對其愛之深責之切的程度也較黛安娜爲甚，無怪乎黛安娜以莎拉爲模仿對象。她進學校的首個星期非常活潑、調皮搗蛋。由於太過仿效莎拉的一言一行，她還差點被逐出校門。

某晚她的同學拜託黛安娜從另一位朋友處帶點東西回來，黛安娜鼓足了勇氣才答應這件事。當她走在夾道樹蔭，燈光昏暗的道路時，她試著趕走心頭對夜的恐懼。好不容易走到校門口後卻發現空無一人，於是只好等待，此時，二部警車快速穿越校門，她隱身牆後，接著她發現校園內霎時燈光通明，被發現了的念頭一閃而過。最後她忐忑不安地回到宿舍，倒不是怕偷溜的事被發現，而是怕空手而回被同學責怪。巧的是，宿舍裡剛好有位學生得了盲腸炎，當衆人過來察看時，老師發現她並不在床位上。於是，不只黛安娜要接受處罰，她的雙親也受到牽連。他們被若吉校長約談，心中驚異莫名，沒想到他們平日溫馴的女兒，也會有這種舉動。她母親後來表示：「這樣的特質不是每個人都有的。」

即使這件事讓她不能再為所欲為，隨處狂歡，但她仍會偷跑出去。她最愛出去找吃的，有個笑話流傳：「要黛安娜吃下三條醃鯡魚及六片麵包不成問題。」校友道。「她真的吃得下。」而她「貪吃鬼」的封號便由此而來。有次她生日，朋友們合資買了條刻有「D」的項鍊作為禮物。當時睡黛安娜隔壁床，後來與她合租一間公寓的卡洛琳・普萊德(Carolyn Pride)說：「她印象中的黛安娜是『性格剛烈，大膽而多話』。」「珍的人緣極佳，非常謙卑，行事中庸。總之，黛安娜的生活多采多姿，一刻也閒不住。」由於彼此的雙親都離異，卡洛琳與黛安娜一開始就是好友。他們回憶道：「父母離婚並未對我們造成打擊，我們從未縮在角落暗自啜泣。」雖然黛安娜在其他學生的眼中仍是個「非常神秘，性格壓抑」的女孩，單由她的表情，沒人猜得透她的心思，但卡洛琳仍如此形容黛安娜。而她最愛誇耀的是梳粧台上那二張她最愛的寵物照片。

然而，她常為自己學業成績平平而大感困擾，要跟上姐姐並非易事，而當時在北安普頓郡梅維爾學舍(Maidwell Hall)就讀的弟弟課業表現一級棒，日後還因此成為牛津大學的一份子。這個總是故意不讓自己看來太過出衆的小女孩，盼望功課能像弟弟一樣出衆。她感覺非常失敗並心生嫉妒。「我沒有一樣事情是擅長的，我感覺失望，好像被判出局。」她說。

黛安娜的數理成績很差，但她在人文方面的科目上就如魚得水，尤其是對於都鐸王朝(Tudors)及斯圖雅特王朝(Stuarts)就像她喜歡「傲慢與偏見」和

「遠離塵囂」這二本她最愛的書一般，深深吸引著她。不過，她並未就此將芭芭拉．卡特蘭(Barbara Cartland)這個將成爲她繼祖母的人的言情小說列爲拒絕往來戶。黛安娜不停地從事散文創作，作品中可見其判斷敏銳，圓滑成熟的筆觸，「文章就自然不斷自筆尖流瀉而出」她說。但會考結束時，她整個人都傻了；她所修的科目包括英國文學，歷史，地理及藝術成績通通是「D」，也就是沒過的意思。

好不容易在她學校生涯的春天終於來臨了，但這實在是個意外。西希斯學校鼓勵女孩子們「做個好公民」，要如何表現呢？就是去探視老人、病患及心智殘障者。每週黛安娜與另一位女孩至西弗諾克探望一位老太太，她們邊用茶點邊閒談，清理老太太的房子，爲她購足生活必需品。同時當地的自願服務單位正規劃達倫斯(Darenth Park)之旅，是達特佛(Dartford)附近一間大型心理醫療機構。許多自願的青少年，在星期二晚間搭上公車出發。而活動主要是與心智障礙及肢障的病人共舞。

其他年輕人則藉由一些亦是重度傷殘的朋友，來鼓勵病患跨越心理障礙，面對陽光。「由於大部份的時候，她都採低姿態與病人親近，也就是這樣的環境使她學會如何放下身段與人打成一片。」活動協辦人摩瑞．史提芬(Muriel Stevens)說道。許多新加入的校內自願者對於要到醫院，常會擔心不知道會是怎樣的情形，然而黛安娜發現她非常熱愛這份工作。自然而然地，她和多位病人都相處得極融洽。我想，她的成功來自當時的付出，也使她更尊敬及肯定

自己。

同時她也是個全能運動員，入學四年來的游泳與潛水獎盃皆由黛安娜榮獲。她的「史賓塞獨門絕技」讓她潛水時水面幾乎毫無漣漪，總吸引牽動著觀衆的目光。黛安娜不但是落網球隊隊長，也是網球箇中好手。但她永遠跳不出運動細胞發達的姐姐所帶來的陰影，而「十項全能」的母親也爲她帶來不少的壓力；母親原本可以參加溫布頓青年盃的比賽，無奈因盲腸炎取消出賽。

當黛安娜開始學鋼琴時，她的成就總無法和祖母福摩夫人相提並論；祖母曾在皇家亞伯特音樂廳當著英國女皇的面演奏，至於姐姐莎拉則在完成西希斯的學業後便又立刻飛往維也納某音樂學校學鋼琴。總之，她只有社工這方面的經驗讓全家人望其項背，黛安娜倒覺得不錯，畢竟這總是個令人滿意的開始。

舞蹈讓她日後大放異彩。她非常喜歡芭蕾與踢踏舞，並希望當個芭蕾舞者；怎奈她的夢想礙於五呎十吋半（約一七八公分）的身高宣告破滅。當學校帶隊至倫敦的科里西姆(Coliseum)或塞勒斯威爾思(Sadler's Wells)戲院時，她起碼看了四次最愛的芭蕾舞劇——天鵝湖。每當她一跳舞便渾然忘我，經常在夜深人靜時，偷偷溜到學校禮堂內練習，隨著錄音機裡流瀉出的舞曲就可練上好幾個鐘頭。「跳舞讓我的頭腦不再緊繃。」她說。一九七六年第二學期末，她贏得學校舉辦的舞蹈賽，多日來的苦練終於得到回報。日後當世紀婚禮進入籌備期時，她仍邀請之前的舞蹈老師溫蒂．米雪兒(Wendy Mitchell)及鋼琴家莉麗·史尼普(Lily Snipp)至白金漢宮，以再圓舞夢的行爲，就可以解釋她對舞蹈的熱愛。對黛安娜而言，這短短一個鐘頭的練舞時間，竟足夠把即將扮演新角色的壓力與緊繃，暫拋九霄雲外。

當整個家族於一九七五年搬至安索普城堡時，那兒就是她最棒的演藝廳。她可以在夏日靠著屋內的砂岩欄杆練習一腳直立，另一腳向後伸直的芭蕾舞姿。當賓客離去時，她便在鋪有黑白相間的大理石宴客廳跳起來。廳內掛著祖先們的照片，每一位都成就非凡，其正式名稱爲渥頓廳(Wootton Hall)。但是，照片中的主角可不是黛安娜僅有的觀眾，雖然黛安娜總不願在眾人面前展現舞技，然而當她穿著黑色緊身舞衣盡情翩舞時，弟弟和其他家庭成員便都透過鑰匙孔偷偷欣賞。「我們都看得如痴如醉」弟弟查爾斯道。

史賓塞家族在一九七五年六月九日，也就是黛安娜的祖父史賓塞伯爵七世逝世後，遷至安索普城堡。當時史賓塞伯爵雖年已八十三，但仍精神抖擻，卻在住院短短幾天後竟傳來猝死於肺炎的消息，著實令人震驚不已，更是措手不及。一時間，家族中的女孩們成爲女士，當時年僅十一歲的小查爾斯成爲安索普子爵，而父親搖身一變成爲伯爵八世，成爲安索普城堡的繼承人。安索普城堡本身不只是個皇族居所，根本就是舒適生活的代名詞——囊括北安普頓一萬三千畝的農地、農莊毗鄰超過百戶、價值不菲的收藏畫作，其中有些是約書亞·雷諾公爵(Sir Joshua Reynolde)的眞跡、珍貴的書籍、十七世紀的瓷

器、家具、銀器以及馬堡珍藏品。

新任伯爵亦繼承了英磅二百二十五萬的遺產稅及每年高達八萬英磅的固定支出。雖然如此，但他仍為假日時閒得發慌的子女們蓋了座游泳池。光是游泳、散步、騎海灘車、還有跳舞，這些活動就把黛安娜的時間排得滿滿的，所有的人都寵愛她。因為，人們發覺她極和善、謙遜，而且非常喜歡巧克力、甜食及芭芭拉・卡特蘭的言情小說。

她焦急地等待莎拉從倫敦帶回一大堆見過世面的朋友，莎拉看來睿智明快，尤其當她父親於一九七三年在諾福克一個名為高昇堡(Castle Rising)的諾爾曼城堡中舉辦盛大的派對後，她更成了朋友口中的四季公主。賓客們乘馬車到現場，通往燈光通明的城堡道路，這場盛宴讓人們至今仍津津樂道，她的舞伴與她眞是登對，大家都看好她與大不列顛最富有的貴族，也就是西敏郡伯爵傑羅葛羅斯溫拿(Gerald Grosvenor)步上紅毯。是故後來當莎拉發現他竟變心時，她的震驚不下於其他人。

黛安娜對姐姐的光采覺得與有榮焉。莎拉在倫敦的室友羅心妲・葛瑞格・哈維(Lucinda Craig Harvey)當時曾以每小時一英磅的代價雇用黛安娜為清潔工，她第一次與這位清潔女傭會面是在安索普的鬥蟋蟀會上，那時黛安娜給她的第一印象並不好，因為她的扮相像穿著蘿拉・艾希里(Laura Ashley)孕婦裝的大塊頭，把羅心妲給嚇了一跳。她說：「黛安娜非常、非常靦腆，很容易臉紅，極具妹妹的特質。而且很清純，是塊未受污染的璞玉。」不過，黛安

娜對於舞會、烤肉及定期的鬥蟋蟀會都卯足了勁湊上一腳，這些官邸與鄉鎮之間的運動競賽，直到後來某位女主角出現才不再舉辦。

據極具家族意義的賓客簽名簿記載：「阮茵退出政壇。」阮茵．史賓塞(Raine Spencer)，後來的張布倫伯爵夫人(Countess de Chambrun)，說她是個人物還不如說是個引人注目的奇蹟來得貼切。她奇特的髮型，精心配戴的羽毛，動人的美貌及明朗的微笑，簡直就是幅伯爵夫人的反諷。阮茵是直言坦率的言情小說家芭芭拉．卡特蘭之女，「影響力」雜誌在她與強尼．史賓塞見面前就曾以半頁的篇幅報導這位女性。原本她被稱為羅威珊女士(Lady Lewisham)，一九六二年成爲達特摩伯爵夫人(Countess of Dartmouth)。此人在倫敦政壇上頗具爭議性，她本身擔任倫敦縣議會議員，其豐富的意見表達方式讓她的舞台更寬闊，當然也成爲八卦新聞的常客。

一九六〇年代，她變得像胡鬧的保守黨員一樣專制，所提政見就像她的髮型一樣僵硬。當她應邀至倫敦經濟學校演講時，她說：「每當我到保守黨議會時都心裡有數，他們總是臨時抱佛腳，做些緩不濟急的事。」此爲導致她下台的一大錯誤言論。

然而，她開放的言論，令人無法抗拒的嬌媚實是包藏禍心，後來的情勢自此完全不同。她與史賓塞伯爵著手爲大倫敦議會寫本名爲「我們的繼承人該做些什麼？」的書，不久二人便發現彼此間有太多的共同點。阮茵當時四十六歲，嫁到達特摩家已二十八個年頭。她有四個小孩：威廉(William)，路伯特

恨未生為男兒身

(Rupert)，夏綠蒂(Charlotte)及亨利(Henry)，當他們還是伊頓(Eton)學校的學生時，強尼．史賓塞與達特摩伯爵是好朋友。

阮茵以她凡人無法擋的魅力，同時迷倒了史家的父親和兒子，並讓史賓塞伯爵（黛安娜之父）和老伯爵（黛安娜之祖父）在老伯爵將死的前幾年間維持某種程度的妥協。老伯爵迷戀她，尤其每當他生日或聖誕節來臨時，她總會買隻拐杖供他收藏，讓他窩心得不得了。

孩子們對她就不予苟同了。她第一次與孩子們見面是在一九七〇年代早期，那時她正蓄勢待發。事實上，當初她現身高昇堡，也就是莎拉的成年派對時便已惹來諾福克上流士紳的閒言閒語。在金斯林公爵首席旅館內一頓「食之無味」的晚餐是小查爾斯與黛安娜首次有機會打量父親的新女伴。表面上設宴是為慶祝議會審核通過新的家庭節稅方案。事實上，是想讓小查爾斯與黛安娜看看他們的繼母。「我們並不怎麼喜歡她。」小查爾斯道。孩子們說，若父親將她娶進門便與他脫離父子關係。一九七六年，當時十二歲的小查爾斯，寫了封不堪入目的信給阮茵抒發他的感受，同時黛安娜也慫恿校內某位朋友用有毒墨水寫信給她的準繼母。黛安娜發現祖父逝世前不久，阮茵寫信給父親，表示她對安索普城堡的規劃想法。這兩兄妹觀察到她在信中提出的意見，以及她對祖父表裏不一的態度，便決定如此報復。

由於這樁婚事遭到所有家庭成員的反對，阮茵和強尼於一九七七年七月十四日悄悄至卡克斯頓廳(Caxton Hall)註冊處登記結婚。孩子們全未被告知，

恨未生為男兒身

小查爾斯竟還是從預備學校的校長那兒才得知他有了個繼母。

當新女主人決定將安索普城堡作爲搖錢樹，以使新伯爵繳納的稅有所回報的同時，整個家庭立刻產生巨大的變化。僕人及員工們的薪水大幅減少，而爲了開放城堡給予付費的民衆參觀，原本的長廊變成了休息室和禮品區。那些年內，爲數頗多的畫作，古董及其它藝品皆被買走，而孩子們卻希望房子能夠恢復原貌。怎奈史賓塞伯爵總站在妻子這邊，他覺得老婆對於房地產的管理非常有一套，對孩子們的要求只淡淡回答：「重建房子所費不貲。」

然而阮茵與孩子間的關係仍然僵持，她接受報紙專欄作家珍・魯克(Jean Rook)訪問時便公然批評：「我無法再忍受『巫婆後母』這個封號了，我在社會大衆的眼裡根本就不是個人，每個人都覺得我很惡劣。但我也曾困頓過呀！好不容易現在日子過得好些了。但莎拉痛恨我，即使我倆坐在餐桌前共餐，她也不將我放在眼裡，逕自使喚僕人；珍已二年未和我交談，即使在走道上碰面亦視而不見；倒是黛安娜很乖，總是做自己份內的事。」

事實上，黛安娜對阮茵的不滿隱忍在心已有多年，直到一九八九年在弟弟與名模維多利亞・洛克伍(Victoria Lockwood)於教堂舉行的婚禮彩排上才爆發。即使當天二個女人坐在同一排，阮茵在教堂內亦拒絕與黛安娜的母親交談。阮茵一句「妳不知道這個女人讓妳父親受了多少苦」，這使得黛安娜十年來積壓在內心的委屈一股腦完全爆發。黛安娜後來承認她從未如此憤怒過；當時我立刻予以反擊：「痛苦？哈！我說阮茵，妳還不配說這個字呢！我的工作

2

Just Call Me "Sir"

稱我「爵爺」即可

Just Call Me "Sir"

稱我「爵爺」即可

以任何標準來看，這都是一段不尋常的羅曼史。一直到黛安娜．史賓塞女士正式和威爾斯王子殿下訂婚，她才得到允許，稱他爲「查理」(Charles)。在此之前，她尊稱他爲「爵爺」。他則叫她的名字——黛安娜。在查理王子的社交圈內，這被視爲一種標準。黛安娜的姐姐——莎拉與查理王子長達九個月的交往中，她已很合乎禮儀了。「一切似乎是這麼地自然」。「我想，這樣做是對的，因爲我從未被糾正過。」她回想。

在她姐姐的這段羅曼史期間，黛安娜第一次與那時世界上最有價値的單身漢碰面。在一九七七年十一月，那次歷史性的會面似乎不是很順利。黛安娜在週末離開了西希斯學校(West Heath School)，前往位於安索普(Althorp)莊園，靠近諾拔托森林(Nobottle Wood)的一塊田地中央，在一次狩獵中介紹給王子認識。王子帶著他最忠實的拉布拉多獵犬——聖德令干．哈維(Sandringham Harvey)，因爲他是全國公認最好的射手之一。所以在那個陰

冷的午後，他專注於狩獵而很少交談。黛安娜的穿著打扮並不突出，一件方格襯衫，她姐姐的連帽防風夾克，燈心絨長褲，還有一雙威靈頓長靴。她了解自己只是配角，姐姐才是主角。但對莎拉而言，在妹妹和王子之間，自己好似在扮演「愛神邱比特」的角色時。她也許有點惡作劇吧！

如果在那個主導命運的週末，黛安娜給查理的第一印象是「一個非常幽默、有趣、吸引人的十六歲女孩」，那就不必感謝她姐姐了。那時候對莎拉而言，查理是屬於她的。而且這位充滿活力的紅髮女孩，對她生命中的男人運用了競爭的本能，她不歡迎任何入侵者。無論如何，莎拉的皇室男友對黛安娜並沒有很深的印象。「多憂傷的人啊！」她回想。史賓塞家在週末爲王子舉行了一場舞會，而且很明顯地，莎拉以行動表現出了她的熱情。後來黛安娜告訴朋友：「我一直不參與他們。因爲，我記得自己是個肥胖、邋遢、沒有化粧、不聰明的女孩。但是我製造出各種聲響，意外地，他卻喜歡那樣。」

當晚餐結束時，他要求黛安娜帶他去參觀一百一十五呎長的畫廊，那兒收納了歐洲最棒的私人藝術收藏品。但莎拉想帶他去看家族的「銅版畫」，黛安娜得到姊姊的暗示，於是，選擇退出。

雖然莎拉表現出的行爲，幾乎不算是一個稱職的邱比特，但是查理對她妹妹產生興趣，留給黛安娜許多值得思考的事。畢竟，他是她姐姐的男朋友。查理和莎拉於西元一九七七年六月在艾斯科村(Ascot)相遇，當時莎拉已結束與威斯敏斯特公爵(Duke of Westminster)的戀情，正在療傷中。那時她正患有

神經性厭食症，這是一種減肥病。她的朋友們相信此病是由於戀情的挫敗所引發的。她的一位友人曾指出：「莎拉總是在各方面都要成爲最好的。節食是她競爭本質的一部分，她想要比其他人更瘦。」

雖然那個事件可能會誘發此病，但飲食失調專家們注意到，此病存在家族遺傳中。大部份病人都是有強烈個性的年輕女孩，她們皆擁有複雜的家庭背景，並將食物視爲一種方法，可以用來控制身體以及對生活所感受的混亂。厭食症患者會用盡一切的藉口避免進食，常常因變得太瘦了，而導致她們停經，最終會無法懷孕。嚴重時，十人中有四人因此死亡。

當莎拉瘦得只剩下皮包骨時，她在內衣裡放了一張自己的照片。那時是一九七〇年代中期，她認爲她太胖了。相較之下現在她了解那時她病得有多重了。她的家人擔心她的健康，用盡各種可能的方法鼓勵她吃東西。舉例來說，如果她增加了二磅，就允許她和查理王子通電話。一九七七年，她決定前往位於攝政公園(Regent's Park)的一家療養院，由莫理斯・里斯基醫生(Dr. Maurice Lipsedge)治療她，他是一位精神科醫生。巧合地是，十年後當黛安娜決心與貪食症戰鬥時，也是由他來照顧她。

當莎拉嘗試著克服疾病時，她常常看到查理王子。一九七七年的夏天，她看到他位於溫莎(Windsor)的史密斯草地(Smith's Lawn)上打馬球，一九七八年二月，他邀請她參加在瑞士克羅斯特的滑雪聚會。此時有許多關於她可能成爲英格蘭未來皇后的推測便散佈開來。莎拉出盡風頭，而忽略了身爲皇室的

女友所應表現出的謹慎。她接受了一家雜誌的訪問，影響了查理王子迷人、獵艷聖手的形象。「我們的關係是完全柏拉圖式的。」她聲明。「我視他爲大哥一般。」她又說：「我不會嫁給一個我不愛的人，不論他是個清潔工人或是英格蘭的國王。如果他向我求婚，我會拒絕他。」

一九七八年十一月，雖然他們的戀情冷卻了下來，查理還是邀請莎拉到白金漢宮參加他三十歲的生日宴會。令莎拉驚訝的是，黛安娜也被邀請了。

黛安娜在生日舞會中玩得非常盡興，一點也不會挫了她姐姐的銳氣。而且，她對查理王子的羅曼史一點也不感興趣。當然她也從不認爲自己可以和女演員蘇珊・喬治(Susan George)競爭，那天晚上蘇珊是他的舞伴。無論如何，生活過得太愉快，以致於沒有考慮過固定的男朋友。她從瑞士女子社交禮儀學校回來後，渴望在倫敦開始獨立的生活。但是，她雙親的反應並不那麼熱烈。

她沒有資格証明書，也沒有特殊技能，只有一個模糊的概念，那就是她想要和孩子們一起工作。雖然黛安娜似乎註定了要從事不需技能且報酬低的工作，但和那些與她相同背景的女孩們相比，並不算很異常的。貴族家庭很傳統地將較多的心力投注於教育男孩子。女兒們在完成了烹飪或藝術課程的正式教育後，便會走入婚姻生活。在女王統治之初，這項倫敦季節的特徵，仍然在白金漢宮形成了一種形式，初入社交界的女子會有一連串的歡迎舞會。而黛安娜的雙親的確於一九五三年四月，在她母親的歡迎舞會中相遇。雖然在她的日子

左圖：黛安娜在寫日記，這是她青少年時代一直持續做的事。她也牢記要寫感謝卡給別人，這是她父親從小就灌輸給她的習慣。

下圖：某個秋天攝於公園路的家。查爾斯、珍和黛安娜攝於高爾夫球場。

夏天，黛安娜每天都會在公園路房子外的游泳池游泳，當她的父親史賓塞伯爵搬到安索普後，他第一件事就是幫孩子們建一個游泳池。

左圖：即使不施胭脂，身上只有一條濕毛巾，年輕的黛安娜在鏡頭前仍然展現她自信的標誌。

下圖：黛安娜跟她的同學卡洛琳·哈伯·翰墨（Caroline Harbord-Hammond）在學校到巴黎旅行時所攝。

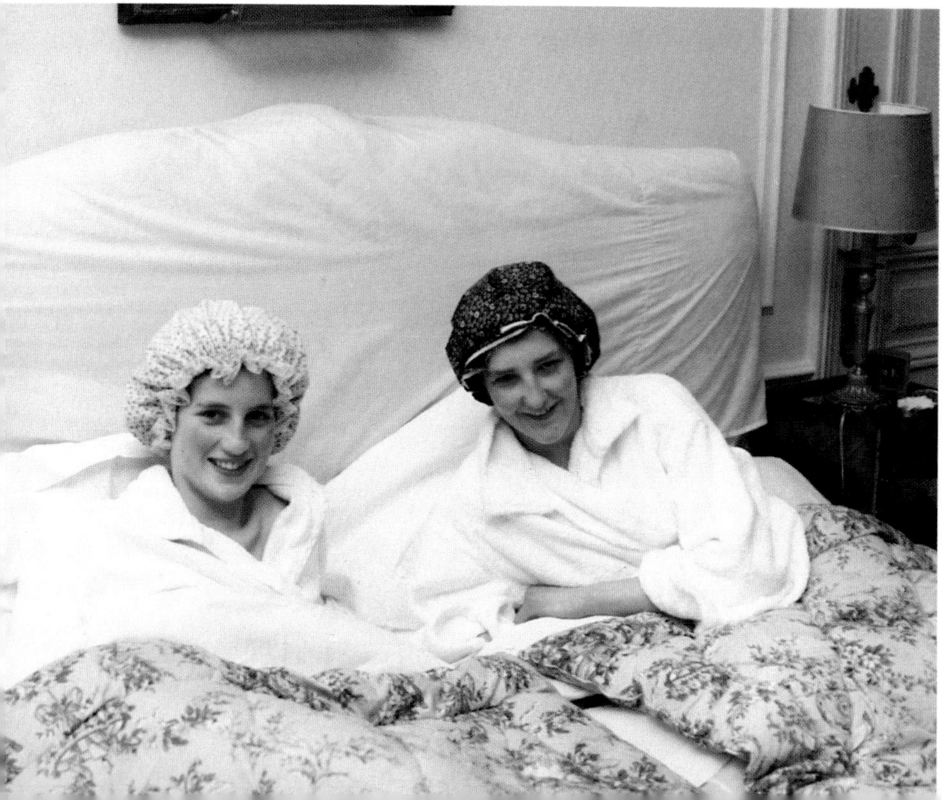

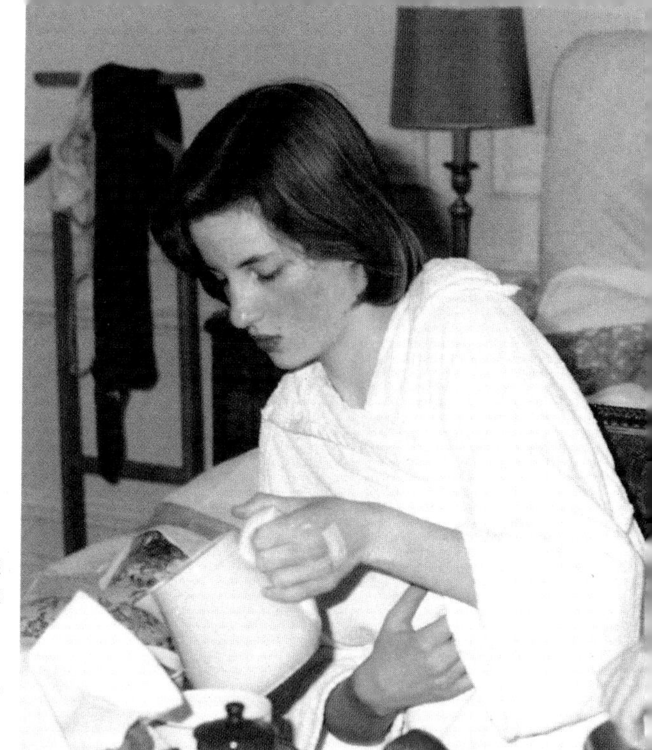

右圖：扮演母親角色的黛安娜，攝於倫敦的蘭加絲 (Lancaster) 旅社。黛安娜在倒茶。

下圖：黛安娜跟她的同學卡洛琳・哈伯・翰墨在河邊所攝。之後，她們又去參觀了法國著名的愛菲爾鐵塔 (Eiffel Tower)。

前頁：青少年期的黛安娜靠在安索普的欄杆上。

左圖：在公園路的房子，黛安娜靠在生鏽的欄杆上，她跟他的弟弟查爾斯常常喜歡從那裡溜下來，但他們的父母卻不喜歡他們這樣的行為。

下圖：當黛安娜還是西希斯學校的學生時，她學過鋼琴。她的祖母福摩夫人魯絲是個小有名氣的鋼琴家。她曾經在皇家亞伯特廳開過演奏會，而伊麗莎白女皇及其母親都到場了。

前頁：黛安娜攝於安索普。她一直想成爲一個舞蹈家，因爲身高過高而幻滅。她手上戴著刻有字母「D」的金鐲子，是西希斯的同學送的禮物。

右上：正值青春時期，擺出滑稽姿勢的黛安娜。

右下：黛安娜及她的姐姐攝於陽光下。遇到比較敏感的問題時，黛安娜常會詢求姐姐的意見。

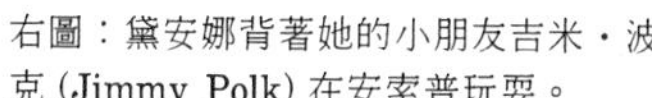

右圖：黛安娜背著她的小朋友吉米·波克(Jimmy Polk)在安索普玩耍。

下圖：黛安娜及亞歷桑卓一起合拍的可愛畫面。當時她在傑瑞米(Jeremy)首長及菲麗帕·懷泰克(Philippa Whitaker)家中當了三個月的保姆。

左圖：黛安娜跟莎拉。攝於在安索普跟一個當地村莊的球隊比賽。

下圖：比賽過後，板球隊員詹姆士・肯恩 (James Cain) 抱著黛安娜跑過球場。

上圖：黛安娜跟她的室友維吉尼亞・皮得曼 (Virginia Pitman) 坐在她買於一九七九年的福斯冠軍車。但是，這輛車不久就撞壞了。在她跟查理王子談戀愛時，她又買了一輛小金龜車，當時，在英國成為最受歡迎的車種。

右圖：黛安娜常常都去觀賞板球賽，因為她的姊姊莎拉組織了一個週末半正式的社團活動。這是在某次的聚會中，莎拉的朋友開始注意到黛安娜從一個小女孩發育成一個小姑娘。

右圖：黛安娜攝於安索普。她正在入口處的大理石柱上練習芭蕾。

下圖：一九七九年聖誕節攝於安索普家中。那年聖誕因爲厄爾·史賓塞 (Earl Spencer) 中風住院而缺少歡樂的氣氛。坐在黛安娜旁邊的是史賓塞伯爵夫人的女兒，夏綠蒂·萊格 (Charlotte Legge)。

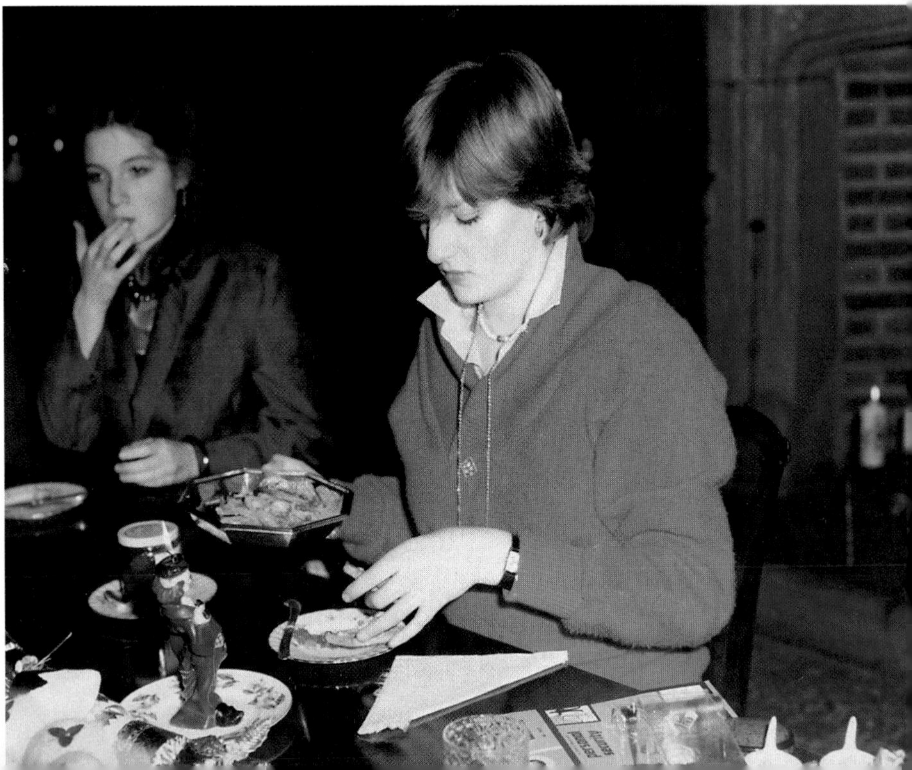

右上：黛安娜接受本書的訪問後，攝於肯辛頓宮的畫房。牆上的畫，出自羅伯・罕得 (Robert Heindel)，黛安娜最喜歡的一位美國畫家，以畫芭蕾舞者著名。

右下：一九九〇年，黛安娜於艾薩斯 (Essex) 的警察武器訓練中心，進行槍靶射擊的情景。

右圖及下圖及後面幾張圖：王妃與她的兩個兒子——威廉王子及哈利王子攝於海格洛夫的家。這兩張照片是由王妃最喜歡的攝影師之一——派屈克・迪馬夏 (Patrick Demarchelier) 所拍攝。不論是中規中矩的姿勢，或是悠閒的與兒子在一起，這位國際著名的法國攝影師總能將王妃最好的一面表現出來。

右圖：受邀前往考卓公園(Cowdray Park)觀賞馬球後，黛安娜與查理王子的羅曼史便開始。當時，黛安娜受邀住在卡曼達・羅伯 (Commander Robert) 及菲麗帕・得・帕斯 (Philippa de Pass) 的家中，查理王子則是他們的榮譽貴賓。

下圖：查理王子在一場馬球比賽後，與卡蜜拉・帕克・鮑爾相談甚歡。*(Rex Features)*

右圖：蜜月期間黛安娜造訪了威斯敏斯特公爵，他們在釣完魚後拍下這張照片。照片中的黛安娜因為貪食症而造成體重減少的情況非常明顯。

下圖：黛安娜與查理王子前往瑞士克羅斯特滑雪時，輕鬆的坐在一間餐廳裡。她的毛衣上寫著：「我很奢侈，很少人付得起」，她的朋友休，在一次意外中於此地喪生後，黛安娜便不曾回到這個度假聖地。

右圖：嚴肅的黛安娜在看電視。

下圖：在少女時代，黛安娜很喜歡看她的繼祖母，愛情小說家芭芭拉・卡特蘭 (Barbara Cartland) 的小說。每次她到安索普來看黛安娜時，她就會帶一些她的小說過來。

圖跟右圖：當黛安娜自西希斯學校畢業她到瑞士的阿爾卑維德滿學院唸書。然她看起來很愉快的跟同學們相處在一但她不斷的寫信給她的父母，求他們她回家。

圖：十六歲兩頰豐潤的黛安娜被同學取爲愛吃鬼。

右圖：就像很多的青少年一樣，黛安娜也愛看電視。「天上的父」(Top of the Pops) 跟「加冕街」(Coronation Street) 這兩部片都是她的最愛。

下圖：黛安娜跟她的朋友瑪莉安・史都華・理查森 (Mary-Ann Stewart-Richardson)。

左圖：黛安娜專注的看著板球賽。她身上穿的藍色牛仔褲跟她姊姊莎拉的一模一樣。黛安娜在少年時期十分崇拜莎拉。

下圖：黛安娜穿的V字領毛衣，後來漸漸成爲查理王子愛穿的形式。跟她的朋友蘇菲·金柏（Sophia Kimball），哈利·飛士達·霍華（Harry Fitzalan-Howard）（左邊），和愛德華·安德魯（Edward Arundel）。

左圖：史賓塞家的小孩合影留念，她們的
親替她們在安索普的玫瑰花園所攝。

下圖：黛安娜跟她的同學，還有她的繼母
賓塞伯爵夫人。

在學校時，黛安娜在游泳跟跳水上有很好的聲譽。她在西希斯學校贏得了很多的獎盃跟獎牌。她特殊的史賓塞跳水法，總是吸引了很多的群眾。

右圖：黛安娜及弟弟查爾斯請父親拍的照片。

下圖：黛安娜及後來成爲克里斯蒂 (Christe's) 拍賣商的海夫・伯冷 (Humphrey Butler)。

娜在安索普的畫室。下面是倫敦日報，上面的日期是一九七九
秋天。

裡，沙布朗伯爵夫人(Countess de Chambrun)被選爲「年度風雲少女」(Deb of the Year)。

當黛安娜從瑞士回來時，她的腦子裡充滿了結婚的念頭。她在姐姐珍的婚禮中擔任伴娘，新郎羅伯特．費洛斯，是女王在聖德令干的地產管理人的兒子，現在則是她的私人秘書。婚禮於一九七八年四月在葛斯教堂(Guards Chapel)舉行。雖然她的家人並沒有給她壓力，只希望她從事一個好職業。但是他們相當不願意讓她自己在倫敦生活。如同她的瑞士女校長葉爾欣夫人(Madame Yersin)所說：「她才十六歲，太年輕了點。」她的雙親認爲，在一間都是女孩的學校生活，幾乎沒有足夠的準備能在大城市中生存。他們告訴她，要到她十八歲的時候才能擁有自己的公寓。

她寄住在家人的朋友梅傑．傑瑞米．惠特克那兒，他是一位攝影師，和他的妻子菲麗帕住在漢普夏的海德里．波頓。她在他們那裡待了三個月，並照顧他們的女兒亞歷桑卓，還有打掃和作飯。但是她仍渴望能移居到大都會區，便一直要求她的雙親，直到達成妥協。她的母親允許她待在凱德根區(Cadogan Square)的公寓。當山．凱太太(Mrs. Shand Kydd)長年待在蘇格蘭時，這兒實際上就是她自己所擁有的地方。這個家她住了一年，最初與一個老校友蘿拉．貴格(Laura Greig)同住，之後是她的一個侍女，以及一位國會保守黨議員馬寇斯．金柏(Marcus Kimball)的女兒蘇菲．金柏(Sophie Kimball)。

爲了得到她的支持，黛安娜加入了她現在會輕視地稱爲「天鵝絨髮帶」隊

的階級。這些上流社會的女士們適合於一套寬鬆的樣板，包括價值觀、流行、教養以及心態方面，她們一般以「絲瓏漫遊者」(Sloane Rangers)爲人所知。她加入了二間職業介紹所：「解決你的問題」以及「騎士橋保姆」。而且在私人聚會中作女侍，以及做雜役女傭的工作。在駕駛課程上，她考了二次才通過測驗。她需要爲她那些姐姐的已婚朋友們，當一個臨時保姆，而且莎拉也常找她當晚宴中的配角。她在倫敦的生活很平凡。她不抽煙，也從不喝酒，在閒暇時喜歡閱讀、看電視、拜訪朋友或外出到樸素的小餐館吃晚飯。吵雜的夜總會、瘋狂的舞會或煙霧瀰漫的酒吧，都不在她的活動範圍內。「迪斯可黛」(Disco Di)只存在於那些重視頭銜的標題作家腦中。事實上，依照黛安娜的性向和習慣來說，她是一個獨來獨往的人。

她的週末都和父親一起在安索普，她姐姐珍的鄉間小屋中渡過，或是參加她朋友辦的別墅宴會。她的朋友們來自諾福克郡(Norfolk)和西希斯學校，有亞歷桑卓．洛依德(Alexandra Loyd)、卡洛琳．哈伯漢孟(Caroline Harbord-Hammond)、瑟費德公爵(Lord Suffield)的女兒、泰瑞莎．莫布雷(Theresa Mowbray)、佛蘭西斯．山．凱(Frances Shand Kydd)的教女和瑪麗安．史都華理查生(Mary-Ann Stewart-Richardson)等等。她們現在都住在倫敦，而且形成了她生活圈的中心。

於一九七八年九月的一個週末，當她和卡洛琳待在她父母的諾福克郡家中時，她有一個不安的預感。當她被問到她父親的健康狀況時，她的回答震驚了

在座的每一個人。她發現自己說，她感覺到她父親將會以某種方式「倒下」。「如果他死了，他會立刻死去，否則他就會活下來了。」她說。第二天，電話響了。黛安娜知道這與她父親有關。的確如此，史賓塞伯爵因大量的腦出血，在安索普家中的庭院倒下，而且已緊急送往北安普頓綜合醫院(Northampton General Hospital)。黛安娜打包好行李，與她的姐姐們和從伊頓趕來的弟弟查爾斯會合。

治療結果是殘酷的。史賓塞伯爵被診斷無法撐過那個晚上。根據他的兒子查爾斯所說，伯爵夫人是很實際的。他記得她告訴他的姊夫說：「早上我要做的第一件事就是搬出安索普。」阮茵的統治似乎結束了。當他們的父親緊抓著生命不放時，孩子們也在醫院的候診室留了二天。在醫生宣佈還有一線希望時，阮茵組了一個私人救護團，將他送往位於倫敦中心(Central London)的皇后區(Queen Square)，一家專治神經系統疾病的國立醫院(National Hospital for Nervous Diseases)，他在那兒躺了好幾個月，一直處於昏迷狀態中。當家人在守候等待時，孩子們非常清楚地看到了他們繼母固執的決心。她試著去阻止孩子們來看他們病重的父親。當史賓塞無助地躺在私人病房中，護士被告知不准他們去看他。因爲阮茵曾說：「我是個倖存者，而人們卻忘記了這點。只要我挺著脊樑，沒有人能毀滅我，也沒有人可以毀滅強尼(Johnnie)。只要我在他身旁，我的生命便會和他結合一體，他家中的人休想阻止我。」

在這段危急的時間內，阮茵和孩子們之間不友善的感覺沸騰開來，相互交惡。在史賓塞的靈魂內也有固執堅毅的性格存在，憤怒的莎拉·史賓塞女士和伯爵夫人間，撕裂式的爭吵聲，迴盪在無數的醫院走廊內。

十一月史賓塞伯爵的病再度發作，被移往南肯辛頓(South Kensington)的布羅摩頓醫(Brompton Hospital)。他的生命再一次陷入危險狀態中。當他的醫生都很悲觀的時候，阮茵的意志力克服了一切困難。她聽說有一種德國藥叫阿斯羅西林(Aslocillin)，她認爲這會有用，這種藥在英國並沒有執照，但是卻阻止不了她。最終還是及時得到了這個神奇的藥，而且奇蹟似地救了他。一天下午，當他張開眼睛，又「重新活回來」的時候，她一如往常般待在病床旁看護著他。一九七九年一月他終於脫離了醫院，與阮茵住進了在公園路上的多徹斯特旅館，作了爲期一個月的昂貴休養。

在這次事件的過程中，家人的關係變得緊張。雖然阮茵的敵意使原本就充滿不安的情況更複雜化，但莎拉住在布羅摩頓醫院附近，所以常常去探望她的父親。當阮茵不在時，充滿同情心的護士會讓黛安娜和珍進去看他，但隨著厄爾·史賓塞漂泊於意識的有無之間，他從未感覺到他的孩子們出現在他面前。即使他醒來了，但是有一條餵食管在他的喉嚨裡，他根本無法開口說話。黛安娜回想：「他不能開口問他的孩子們在那裡。沒有人告訴他，也不知道他怎麼想的。」她在父親中風前幾天參加的烹飪課，她根本無法專心上課。三個月來她都搭地鐵前往伊莉莎白·羅素在溫布頓的房子，多年來她在那兒教導騎士、

公爵和伯爵的女兒們調味汁、海綿蛋糕和蛋白牛奶酥。對黛安娜而言，這只不過是另一個「天鵝絨髮帶」隊。雖然她一點也不覺得有趣，但她父母堅持要她參加這個課程。不過，這似乎比置身於打字機後還要好。通常黛安娜在吃的方面比較行，而且她常因爲將手指浸入盛著黏稠醬汁的鍋中而被責罵。她完成了課程，也增加了幾磅重，並且因爲她的努力而得到了一張獎狀。

當她的父親開始努力恢復健康的時候，黛安娜的母親參與指導她的職業。她寫信給貝蒂．瓦可妮小姐(Miss Betty Vacani)，她教授三代皇室子弟，是一位著名的舞蹈老師，並詢問她是否有個二級兒童芭蕾老師的空缺。結果的確有缺額。黛安娜通過了面試，並於春季的學期開始在布羅摩頓路(Brompton Road)的瓦可妮舞蹈教學中心工作，完美地將她對小孩子的喜愛和舞蹈的快樂結合在一起。可惜只持續了三個月，但是，這並不是她的錯。

三月，她的朋友瑪麗安．史都華理查生邀請她加入她們全家在法國阿爾卑斯山的滑雪假期。黛安娜在滑雪坡上摔得很嚴重，撕裂了左腳踝的肌腱。因爲腳腱的復原緩慢，她有三個月的時間都完全打著石膏。這使她想當一個舞蹈老師的志願劃下了句點。

儘管發生了這件意外，黛安娜仍然覺得，那次到瓦爾克拉瑞特(Val Claret)的旅行，是她生命中最愉快且逍遙的假期之一。也在此結識了她今生對她忠實且支持她的朋友們。當黛安娜加入史都華理查生一家人時，他們正好陷入一場家庭悲劇中。她很自然地感覺不適合待在他們的小屋內，便接受了一

位富裕酒商的兒子賽門・貝利(Simon Berry)的邀請，而加入他的小屋宴會。

貝利和其他三位昔日的伊頓中學學生，詹姆士・波頓(James Bolton)、亞歷克斯・萊爾(Alex Lyle)、克里斯丁・羅德比尼爾(Christian de Botbiniere)，是「雪車」旅遊幕後的老闆。這是一間公司，以伊頓中學的舍監鮑伯・貝爾德(Bob Baird)的名字來命名，由於他們發現因爲太年輕無法預訂假期時，公司就此成立了。因此這些年輕的企業家開始了他們的公司，而且在這個主要由昔日的伊頓中學學生所組成的、二十歲左右的團體中，最大的榮譽就是被稱爲「鮑伯」。

黛安娜很快就鮑伯、鮑伯、鮑伯個沒完。當她很危險地接近團體成員的後面時，「你們正溜在薄冰上面」她大喊著。她加入了枕頭仗、猜字遊戲和諷刺性的歌唱會。黛安娜無情的嘲笑查理王子的相片，這是他在一九六九年的授與式中所拍攝的，掛在她學校的宿舍裡。「無罪」她說。這是一項送給學校的禮物。當她待在貝利小屋時，她睡在起居室沙發上。她睡得並不多。因爲，醫學系學生詹姆士・柯爾瑟斯特(James Colthurst)，喜歡以馬丁・路德・金恩(Martin Luther King)「我做了一個夢」的有名演說，或用他那不好笑的墨索里尼扮演等，這些不受歡迎的清晨演出，來招待睡眠中的人們。

前任首相史丹利・鮑爾溫(Stanley Baldwin)，現在是多薩(Dorset)的鹿場主人。他的曾孫亞當・羅素(Adam Russell)在黛安娜首次加入時，對她的印象並沒有特別深刻。他回想：「當她抵達時，她作了個粗魯的評論，接著便

傻笑了起來。我想：『哦，老天！一個傻姑娘。』但其實她是冷靜的。但是當她應該更有自信時，她卻缺乏自信；當她活潑的笑著，卻不會令人覺得她無知。」當他也受到傷害時，他們互相陪伴在一起；而在他們說話的時候，他看到了從她個性反映出較悲傷的一面。他說：「她從表面上看起來似乎是個快樂的人，但在她心中卻深深地被她父母的離婚所影響。」她姐姐莎拉那時為一位首屈一指的房地產經紀人沙維爾斯(Savills)工作，為她找到了日後成為英國最有名的住址，寇爾赫尼巷(Coleherne Court)六十號的一幢位於華宅區內的三房公寓，是黛安娜的父母送給她的成年禮物。一九七九年七月她遷入這幢價值五萬英磅的公寓，並立刻開始裝潢房間，使其呈現出一種溫暖但簡單的居住風格。白色的牆壁以柔和的深淺色調重漆，起居室成為淡櫻草黃色，而浴室則是閃亮的鮮紅櫻桃色。黛安娜以前答應過她的同學卡洛琳．巴索羅美，當她擁有她自己的一幢公寓時，會為她預留一個房間。她遵守了她的承諾。蘇菲．金柏(Sophie Kimball)和菲麗帕．寇克爾(Philippa Coaker)都在那兒待了一陣子。但是在八月時，同樣為沙維爾斯工作的安．波爾頓(Anne Bolton)以及四人中年紀最大的成員維吉妮亞．皮特曼(Virginia Pitman)加入黛安娜和卡洛琳。在她與查理王子戀愛時，這三人始終陪著她。

黛安娜後來將這段在寇爾赫尼巷的日子，視為她生命中最快樂的時光。那麼地年輕、天眞、單純、充滿了樂趣。「我在那兒眞是快樂極了」她說，而唯一的陰影就是，她的公寓被賊闖入並偷走了她大部分的珠寶。作為一個女房

東，她向其他人收取一星期十八英磅的租金，並安排清掃名單。她自然是擁有最大的房間及雙人床。因此沒有人會忘記她的地位，「女首領」的字樣就裝飾在她臥房的門上。「當她咯咯地笑著說這地方時，她總是戴著橡皮手套，」卡洛琳回想。「但這是她的房子，當這是屬於你自己的時候，你自然會非常地以此為傲。」

維吉妮亞和黛安娜曾完成了昂貴的藍飾帶(cordon blue)課程。但她們很少煮飯，所以黛安娜從來不必擔心成堆待洗的髒碟子與杯子。黛安娜的二項拿手菜是巧克力捲和俄式羅宋湯，朋友們常要求她做，然後再帶回她們的公寓去。通常女孩們會在將巧克力捲帶離寇爾赫尼巷前就吃完了。要不然她們就以哈維克朗奇麥麩片和巧克力為主食。「我們一直都很豐滿」卡洛琳說道。

這個熱中於家庭裝飾的年輕女孩也釐清了她的職業。在她遷入自己的公寓後不久，她就找到了一個真正讓她能如魚得水的工作。一星期中有幾個下午她會到維多利亞・威爾森(Victoria Wilson)和凱伊・塞特史密斯(Kay Seth-Smith)在平利科(Pimlico)的聖基督教堂(St Saviour's church)所經營的少年英格蘭(Young England)幼稚園去工作。她教導孩子們繪畫、素描和舞蹈並加入他們發明的遊戲。維多利亞和凱伊對她和孩子們的相處印象深刻，於是他們要求她早上也來工作。在每個星期二和星期四，她照顧一個美國石油行政官的兒子派屈克・羅賓森(Patrick Robinson)。她非常「熱愛」這份工作。

在她工作之餘仍然有些空閒時間，因此她姐姐莎拉雇用她來打掃位於卻爾

西(Chelsea)榆樹公園巷(Elm Park Lane)的房子。莎拉的室友羅心妲・葛瑞格・哈維(LucindaCraig Harvey)回想：「黛安娜把她當英雄般的崇拜，但是莎拉卻視她爲擦鞋墊。她還告訴我不要不好意思叫黛安娜做那些洗滌的事情等等。」黛安娜用吸塵器打掃、拂拭灰塵、燙衣服還有洗衣服，做這許多工作，一小時才付一英磅，但她卻滿足於這些勞動。當她與查理王子訂婚時，對於羅心妲寄來的恭賀信，黛安娜在回信中提到了她的打掃工作。「那些與吸塵器爲伍的日子終於過去了。哎呀！我還會再看到他們嗎？」

唯有當她回到了自己的公寓時，才能擺脫她姐姐銳利的監視。黛安娜和卡洛琳定期打電話給電話簿上那些有著可笑名字的人，以消磨掉一個寧靜的夜晚。相較於她姊姊開的無聊玩笑，這會使她感到快樂的多。另一個她們喜愛的消遣，是計畫去突擊她們的朋友所擁有的各式各樣的公寓及汽車。卡洛琳回想：「我們習慣去從事午夜行動，我們總是用黛安娜的車掠過倫敦秘密地活動。」

那些得罪了女孩們的人，她們會連本帶利的報復回去。例如：門鈴會在寂靜的夜裡響起，大清早就鈴聲大作，朋友們的車鎖被貼上膠帶。那時正在維多利亞(Victoria)的一家租車公司工作的詹姆士・吉爾貝(James Gilbey)，有一天他醒來時發現，他那台一流的愛快羅蜜歐跑車上覆蓋了一層蛋與麵粉的凝固物。由於某原因，他曾在一次約會中使黛安娜失望，所以她和卡洛琳才以此來復仇。

並不全都是單方面這樣做。有一晚，詹姆士．柯爾瑟斯特和亞當．羅素秘密地在黛安娜的喜美車前後，綁上二塊巨大的「L」形金屬板。她設法將它們拔下來，但是當她開上街時，她聽到了綁在保險桿上的錫罐發出刺耳的聲音。黛安娜和卡洛琳再一次地使用了蛋和麵粉，生氣地回敬了他們。

的確，在她與查理王子的羅曼史中，持續著這種無邪、天眞的樂趣。「我們總是扮演著愛傻笑的女孩子，但在某處仍閃耀著成熟的光芒」卡洛琳說。假使可以的話，那些持續不斷的年輕男孩們，當然是來要求聊天喝茶的，或者剛好都是男性朋友帶女孩們在晚上外出。黛安娜大部分的護花使者，都是昔日伊頓中學的學生，那些人是她在溜冰或別的地方所認識的。女王的賽馬經理人喀納芬伯爵(the Earl of Carnarvon)的兒子哈利．赫伯特(Harry Herbert)、冷河護衛隊(Coldstream Guards)的上尉詹姆士．波費(James Boughey)、在她訂婚那天邀她去看芭蕾舞的農夫的兒子喬治．普朗普特(George Plumptre)，藝術家馬寇斯．梅(Marcus May)以及皇家蘇格蘭護衛隊(Royal Scots Guards)中一位威風的上尉洛伊．史考特(Rory Scott)，連同賽門．貝利、亞當．羅素和詹姆士．柯爾瑟斯特，都常常打電話來。「我們大家在一起就像朋友一般」賽門．貝利回想。

在她生命中的男子都是整潔、高尚、可靠、謙虛而且好相處的。「黛安娜是一個住家女孩，她從未喜歡過鬧區男子。」洛伊．史考特提到。她爲那些被莎拉拒絕的人感到難過，而且常被他們邀請，但都沒成功。

因此，她幫莎拉以前的一位男朋友威廉·史特勞班利(William van Straubenzee)洗衣服。還有燙洛伊·史考特的襯衫，黛安娜固定於週末待在他父母的農場，那兒靠近西薩西克斯郡(West Sussex)的派特渥斯(Petworth)。她在談皇室戀愛時，仍然繼續照料他所有的衣服，爲了躲避新聞界，曾經將一疊剛洗好的襯衫，從洛伊值班的聖詹姆士宮的後門送進去。詹姆士·波費是另一個帶她去餐廳和戲院的軍人。當賽門·貝利和亞當·羅素在牛津(Oxford)大學唸書時，黛安娜到他們在布倫亨(Blenheim)所租的房子去拜訪他們。

她有許多男性朋友，但沒有一個人成爲她的情人。黛安娜從很年輕的時候就感受到一種宿命感，雖然她不自覺，但這卻表現在她與異性的關係上。她說：「我知道爲了未來的某事，我必須使自己保持純潔。」

如同卡洛琳提到的：「我並不是一個非常有宗教信仰的人，但是我相信她是注定要做她現在正在做的事，而且她的確如此相信著。她被金色氣息所圍繞著，這阻止了男子對她做更進一步的行動，不論他們願意或不願意，這從未發生過。她被一種完美光芒以某種方式所保護。」

她以前的男性朋友們注意到了這項特質。洛伊·史考特淘氣地說：「她非常性感迷人，而且以我而言，我們的關係並不是那種柏拉圖式的，但是情形一直維持那樣子。她總是有一點疏遠，你總是覺得她有許多是你永遠無法了解的。」一九七九年夏天，另一個男性朋友亞當·羅素完成了他在牛津的語言學

位，並決定花一年的時間去旅行。也沒有對黛安娜說明，就離開了。其實他希望在他回來後，他們二人之間的關係能重新恢復並繼續發展下去。但當他一年後回來時，已經太晚了。一位朋友告訴他：「你已經有了另一位對手，那就是查理王子。」

那年冬天，黛安娜的命星開始移入皇室家庭的軌道內。她收到一份意外的耶誕節禮物，邀請她參加一個皇家宴會，於二月在聖德令干度過一個狩獵週末。羅心妲・葛瑞格・哈維所有的朋友都叫她白麗兒(Beryl)，她還記得黛安娜的興奮及隨之而來的諷刺對話。當黛安娜像灰姑娘般跪著清理廚房地板時，她們聊到那個週末。黛安娜說：「我要到聖德令干去過一個狩獵週末了。」羅心妲回答：「天啊，也許你將會成爲下一任英國皇后。」黛安娜開玩笑說：「白麗兒，我很懷疑。你可以看到我戴著小羊皮手套、穿著大禮服到處閒逛嗎？」

當黛安娜生活朝向一個新方向時，她的姐姐莎拉正陷於不幸中。她和一位前冷河護衛隊軍官尼爾・麥克寇戴爾(Neil McCorquodale)突然將他們早已計畫好在二月舉行的婚禮延期。在典型的史賓塞風格中，「當然沒有一個家族是膽小的」，有著生氣的話語以及在感興趣的團體間信件的交換。於一九八〇年五月，當莎拉試著理清這團混亂時，他們終於在靠近安索普的聖瑪麗(St Mary)教堂中結婚了——黛安娜玩得很開心。這是她第一次加入一個屬於「成年人」的社交場合。對黛安娜來說，這一點才是那次聖德令干週末令她最滿足

之處，而不是她有親近查理王子的機會。她仍然很敬畏他，她對他的關心全然由於深切的同情心，王子的「榮譽的祖父」蒙特貝坦伯爵（Earl Mountbatten)在六個月前被愛爾蘭共和軍(IRA)刺殺了。無論如何，接下來的那個星期一，這位貴族的灰姑娘都試圖捏著自己，以確定那個週末並不是個無聊的幻想。

雖然她腦中有小小的聲音告訴她自己的命運，但是理智宣判說王子已經有一大堆潛在的追求者了。她旅行到金斯林(King's Lynn)，然後再和被殺的厄爾的孫女阿曼達・納屈布爾(Amanda Knatchbull)一起去聖德令干。蒙特貝坦伯爵曾努力地促成他的孫女，不僅是去追求查理王子，也必須討好皇室家族。畢竟，他曾經不顧喬治六世的預訂，爲了伊莉莎白公主和他的侄子菲利浦王子的結合，幫了很大的忙。

雖然評論家們不認爲她是一個重要的競爭者，但是那些與王子一起親密地工作以及直接看到蒙特貝坦的策劃的人，都相信查理王子與阿曼達・納屈布爾的婚姻已是確定的事實了。瀏覽一下一九七九年他的工作日誌，可以看出查理王子有多常待在蒙特貝坦家族所在地——布羅蘭，表面上是來釣魚及度狩獵週末。阿曼達經常陪伴著他，而且根據那些爲王子工作的人所說，當他發現了她和一位外交官的朋友關係，這一對便無法再更進一步發展下去。在一九七九年八月蒙特貝坦被殺事件的餘波中，查理與阿曼達的友誼開始發展，而且他花了整個週末的時間陪著她，他們試著與他們的痛苦達成妥協。如果非正式的「皇

后製造者」蒙特貝坦還活著，阿曼達的朋友關係就不會被發現，皇室歷史可能也將就此改寫。

儘管阿曼達可能被視爲「正式的候選人」，她的教養和背景使得她大大地被宮廷所接受。但是，王子同時也正經營著另一段與安娜．華麗斯(Anna Wallace)的關係。她是一個蘇格蘭地主的女兒，在一九七九年十一月的一次狩獵活動中與他相遇。出現在他的羅曼史範圍內的女子，大部分是來自貴族階級中的精英。她是他的女朋友們中最新的一個。無論如何，安娜的個性激烈、任性、容易衝動，性格上不適合於皇室規律的規範。她以「鞭子華麗斯而出名」查理王子承認自己很容易陷入愛情中，即使他的忠告者們告訴他，她有其他許多的男朋友，他依然追求她。

他們的關係變得如此認眞，以致於他跟她求婚。據說遭到拒絕，但是並沒有減低他的熱情。五月時，記者在女王的地產上一條笛河(Dee)旁，發現他們一起躺在毯子上。對於他私人的生活被打擾，王子非常地生氣，便授權他那也參加了野餐的朋友特萊昂伯爵，對相關記者大罵三字經。六月中旬時，他們戀情的結尾就像一場大風暴。當他在溫莎城堡的一場慶祝女王八十大壽的舞會上，忽略了她，她便怒聲斥責：「不要再一次像那樣子忽略我。從小到大沒有人這樣對我，也沒有人敢那樣對待我，即使是你也不能。」在他們下一次公開出現時，他依然還是如此地對待她。在威斯第伯爵(LordVestey)所有的格洛斯特郡(Gloucestershire)地產上的史托威爾公園(Stowell Park)舉行的舞會

上，她憤怒地看著他整晚都與卡蜜拉・帕克・鮑爾(Camilla Parker-Bowles)跳舞。他是如此地渴望與卡蜜拉在一起，以致於他甚至沒有請女主人威斯第女士(Lady Vestey)跳舞。最後安娜借了威斯第女士的寶馬轎車，對於她被公開地冷落感到生氣且丟臉，駛車離去而消失在夜色中。一個月內，她嫁給了海斯凱斯伯爵(Lord Hesketh)的小兒子強尼・海斯凱斯(Johnny Hesketh)。

這件事後令人不禁想問，她是對王子還是對那個擄獲了他的女人卡蜜拉・帕克・鮑爾生氣。如果查理王子對於和安娜結婚這件事是認眞的，那麼她這個絕頂聰明的二十五歲女人，就會察覺到他與卡蜜拉的朋友關係。她會知道卡蜜拉對查理的女朋友們所做的調查，與其說是評估她們成爲一位皇室新婚的可能性，倒不如說是看看她們對她和查理王子的關係有多少威脅性。

她可能也只是厭煩屈居於王子的那些娛樂之後。在他單身的那些年來，和他的婚姻生活中，他的伴侶似乎只是穿梭於調和他的生活。當他在玩馬球、釣魚或狩獵狐狸時，她們是感興趣的觀衆；當他招待她們來晚餐時，她們會到他在白金漢宮的房間去遊覽一下；他的幕僚們安排音樂會或歌劇的座位，甚至記得送花給他所有的女友們。「一個迷人的男性沙文主義者」這是他的一位朋友形容他的話。如同一位維多利亞時期的憲法學者華特・班吉哈特(Walter Bagehot)早在一百年前所提到的，他的行爲顯現出王子們的特性。他寫著：「全世界及所有的榮耀，最吸引，最誘惑人的一切，總是會被呈獻在那一代的威爾斯王子的面前，而且永遠將會是如此。在人類生活中最脆弱的時候，誘惑總會以最難抗拒的形態出現，這時期望最好的品格是不理智的。」

一九八〇年的夏天，查理王子是個有著固定的習慣及遵循常規的人。一位以前的家庭成員回顧了威爾斯家族婚姻的瓦解後，執著地相信如果他有選擇權的話，他會維持單身。他回想：「他的單身生活非常快樂，所以他寧可選擇不結婚。他完全的享受著單身的自由、愜意。如果你在早上六點叫醒他，並說：『好了，閣下，我們要離開了。』然後我們就離開。」卡蜜拉・帕克・鮑爾渴望將自己的生活，改寫入他的日記中。因此他和她的朋友關係維繫密切，且與他的生活風格相配合。

不幸地，查理的頭銜爲他帶來了責任的束縛，同樣地也給了他特權。他的責任是結婚，並生下王位繼承人。這是蒙特貝坦伯爵在白金漢宮與女王喝下午茶時，不停地與她討論的話題，雖然菲利浦王子知道關於他兒子對婚姻不負責任的提議，他已經變得沒有耐心了。溫莎公爵的鬼魂糾纏著整個家族，他們清楚地知道，他年紀愈大，就愈難找到一位信仰新教的貴族處女來作爲他的新娘。

他正在尋求一位妻子的事，發展成了一項全國消遣。年近三十三歲的王子，由於宣稱三十歲是合適安定下來的年齡，而使自己成爲命運的傀儡。他公開讓大家知道，要找到一位合適的新娘有些困難。「婚姻是一件比戀愛重要的事。我認爲一個人要專心於婚姻上，彼此相愛及尊重是個必要的條件……基本上你們必須是好朋友，而且我可以肯定，愛情是從友誼中發展出來的。我身負

一種特別的責任要確保我作的決定是正確的。最後一件我可能接受的事情是離婚。」

另外有一次，他宣稱婚姻是一種合夥關係，他的妻子不只是嫁給一個人，而且也要適應他的生活方式。如同他所說的：「如果我決定了那位要和我一起生活的人，那必定是我用心所做下的決定。」因此在他的眼中，婚姻主要是用來履行他對家庭和國家的責任，及一項藉著契約不變的本質使得一切更束縛的任務。在他找尋一位能符合這個角色的伴侶時，愛情和幸福就成爲次要的考量了。

造成查理王子和黛安娜．史賓塞女士前往聖保羅大教堂(St Paul's Cathedral)的聚會，是一九八〇年七月在菲利浦親王的一位朋友羅伯特．德帕斯爵士(CommanderRobert de Pass)和他那現任女王侍女的妻子菲麗帕的家中舉辦。他們的兒子菲利浦邀請黛安娜留下來，待在他們那幢位於西薩西克斯郡派特渥斯的房子內。「你是一個年輕的貴族」他告訴她：「你可能可以討他的歡心。」

在那個週末，她開車去考卓公園(Cowdray Park)附近，看王子打馬球。比賽結束後，一大群人回到派特渥斯，在德帕斯的鄉村小屋的草地上烤肉。黛安娜坐在查理的隔壁，玩笑開完後，話題轉移到蒙特貝坦伯爵的死亡，以及在西敏寺(WestminsterAbbey)的葬禮。在黛安娜之後對朋友回想的那段對話中，她告訴他：「在蒙特貝坦伯爵的葬禮中，當你走上教堂通道時，你看起來

稱我「爵爺」即可

是那麼地悲傷。這是我所看過最悲慘的事情。當我看到時，我的心也為你而痛苦。我想：『這是不對的，你是這麼地寂寞，應該要有一個人在你身邊照顧你』。」

她的話觸動了一個沈寂的心弦。查理以全新的眼光來看黛安娜。如同她後來告訴朋友們的話，她突然間發現她自己被他熱誠的慇懃所擊敗。黛安娜對這個大她十二歲的男人所產生的感情，覺得滿足、興奮和困惑。他們一直聊到很晚才結束。王子在白金漢宮還有很重要的文書工作要做，他邀請她隔天和他一起開車回去。她拒絕了，因為這樣會對主人很失禮。

從那時候，他們的關係就開始發展了。她的公寓室友卡洛琳．巴索羅美回想：「查理王子靜靜地出現。她的心中一定有一個特別的地方是留給他的。」他邀請她到皇家亞伯特廳(Royal Albert Hall)，去聽韋瓦第的安魂曲的演奏，這是她最喜歡的作品之一。她的祖母魯絲女士作為他們的監護人，跟著他們一起去，當他們回到白金漢宮吃晚餐時，也陪伴著他們。他給侍從的便條上，詳細列出了那次皇家約會所要安排的事項。上面寫著：「在出去打獵前請打電話給安東尼．阿斯奎斯隊長(Captain Anthony Asquith)（一位前侍從官），並告訴他星期天晚上我已經邀請黛安娜．史賓塞女士（福摩女士的孫女）到亞伯特廳，之後在白金漢宮晚餐。請詢問他是否可以做個安排，她將會和她的祖母一起抵達亞伯特廳。如果都安排好了，請他午餐時回個電話，那時我們會在房子內。查．」（房子指的是白金漢宮）。

這個邀請一定是來得很晚，因爲卡洛琳回想起來：「我在大約六點鐘時進屋，就聽到黛安娜大叫：『快點，快點，我在二十分鐘內要準備好去見查理。』然後，我們度過了一段最可笑的時光：洗頭髮，吹頭髮，找衣服，衣服不知道弄到那裏去了。我們在二十分鐘內準時弄好。但是我的意思是，他怎麼能這麼晚才邀請她。」

在他邀請她一起到皇家遊艇上之前，她幾乎無法從那個忙亂的晚上恢復冷靜。這艘皇家遊艇是皇家海軍(Royal Navy)中最久的一艘船，許多年來在八月船賽中，它是索倫特海峽(the Solent)的海面上最熟悉的船艇。而且菲利浦王子是一個隊伍的主人，這個隊伍包括了他的德國親戚們，還有亞歷桑卓公主(Princess Alexandra)、她的丈夫安格斯・奧立佛男爵閣下(Honourable Sir Angus Oilvy)以及衆多駕駛遊艇的朋友們。

瑪格麗特公主的女兒莎拉・阿姆斯壯・瓊斯女士(Lady SaraArmstrong-Jones)以及後來成爲隆納德・費格森少校(Major Ronald Ferguson)的第二任妻子蘇珊・得特福(Susan Deptford)在那個週末陪伴著黛安娜。當查理王子在作風浪板運動時；她在滑水。有傳聞說她快樂地將他的板子弄翻了，這並不正確，因爲黛安娜非常敬畏他。的確，她對在皇家遊艇甲板上的氣氛感到「非常害怕」。不但是他的朋友們比她年長很多，而且他們似乎很清楚查理王子對她的計畫。她發現他們太友善，顯得有點狡黠。「他們就像不舒服的疹子一樣，遍佈全身。」她告訴她的朋友們。對於一個喜歡一切都在控制中的女孩而

言，這眞的會令她驚慌失措。

沒有時間去證明這些暗示，因爲查理王子已經邀請她九月到巴爾摩洛來度週末。女王位於佔地四萬英畝的高地城堡，那兒有松雞獵場，獵場上種有石南，實際上就是溫莎家族的所在地。自從維多利亞女王在一八四八年買下這塊地產以來，皇室家族對它就有一份特別的情感。累積多年的家族傳統會使新來的人感到恐懼。「別坐在那裏」他們異口同聲地對這個不幸的訪客說。她愚蠢地試坐在會客室的一張椅子上，而原來使用那張椅子的人是維多利亞女王。這些成功地通過這塊社交重地的人，才會被皇家所接受，而這個過程一般稱爲「巴爾摩洛測試」。那些失敗者則會就此消失，如同高地的霧一般消散。

因此，希望能待在巴爾摩洛的期盼，強烈地出現在她的心中。她「嚇壞了」，拼命地想要表現出合宜的禮節。她比待在主屋還要幸運，她能夠和她的姐姐珍以及也是皇家成員之一的姐夫羅伯特·費洛斯待在該地一個優美的別墅裏。查理王子每天都打電話給她，約她一起散步或烤肉。

這是一段「棒極了」的日子，直到笛河對岸一副雙筒望遠鏡的閃光出現，才破壞了他們的浪漫生活。這副望遠鏡是皇家記者詹姆斯·惠特克(James Whitaker)所有的，他偵察到查理王子在河岸上釣魚。獵人反而變成獵物。黛安娜立刻告訴查理她會自己躲開，因此當他繼續釣魚時，她在一棵樹後躲了半個小時，徒然地希望記者們自己走開。在他們試著拍下她的照片時。她很聰明地利用粉盒內的鏡子，來觀察那三位厲害的記者——詹姆斯·惠特克以及二位攝影師同事肯恩·藍儂克斯(Ken Lennox)和亞瑟·愛德華斯(Arthur Edwards)。她躲避了他們的追蹤，冷

索也沒有。

靜地通過松樹林，她以頭巾和平頂帽遮住她的頭，使新聞界對她的身分一點線索也沒有。

但他們很快地查到了她的行跡，而且從那時起，她的私人生活就完全結束了。記者們日夜等在她公寓的外面，而攝影記者則在她工作的少年英格蘭幼稚園糾纏她。有一次她同意擺姿勢讓攝影記者們照相，條件是拍完後能讓她單獨離去。不幸地，在拍照的時候，是從她背後打光，使得她的棉裙看起來有點透明，將她的腿顯露在全世界前。「我知道你的腿很不錯，但是我不了解它們爲何如此引人注目」「還有，你眞的需要秀給每個人看嗎？」據報導查理王子如此評論道。

雖然查理王子還能承擔得起被消遣，但是，黛安娜很快就發現到，要談一段皇家戀史是要付出極大代價的。她在一大清早就被電話吵醒，問一些關於報紙上報導的事，但她卻不敢將話筒拿起來，怕驚擾了家人的生活。每一次她開著她那特殊的紅色車子出門時，總是尾隨著一隊新聞界的人，但是，她從未失控。關於她與王子那些無止盡的問題，總是回予他們客氣但含糊的回答。她那有魅力的笑容，令人著迷的態度和完美的舉止，很快地就得到了群衆的喜愛。她的室友卡洛琳．巴索羅美說：「她表現得很對。她並沒有在報紙上誇耀這件事，她姐姐就是因爲如此，才毀了自己的機會。黛安娜很清楚，如果有特別的事情需要培養，應該是在沒有任何來自媒體的壓力下才會發生的。」

儘管如此，壓力卻一直試探她愼言的限度。唯有在她的公寓中，她才能夠

稱我「爵爺」即可

表現出眞實的感覺。「我對著牆壁像個嬰兒般大哭，我只是無法應付過去」她回想。查理王子從未給她協助，而且當她在絕望中與白金漢宮的新聞部連繫時，他們告訴她要靠自己。他們極力的去阻絕任何麻煩，黛安娜深究內心的應變能力，靠她直覺的判斷掙扎著生存下去。

使這一切更糟的是，查理王子對於她所處困境的關心，似乎少於他的朋友卡蜜拉．帕克．鮑爾。當他打電話給黛安娜時，他常常以一種同情的語調談到卡蜜拉所經歷的難熬時光，只是因爲有三或四個記者守在她家外面。黛安娜咬著嘴唇，什麼也沒說，從未提及她事實上也生活在記者們的包圍之下。她不認爲這是她的身份所能做的事，而且她也不想這種事成爲她所愛的男人的負擔。

因爲這段戀情累積了推進力，黛安娜開始對她的新朋友卡蜜拉．帕克．鮑爾心生懷疑。她似乎知道黛安娜和查理相處時所討論的一切事情，而且懂得如何掌控查理王子。即使黛安娜在戀愛規則中，是個不折不扣的初學者，但這一切不都是値得懷疑的嗎？一開始她和查理從來沒有單獨在一起。她第一次到巴爾摩洛時，是和姐姐珍待在一起，當時帕克．鮑爾在滿屋訪客中甚爲突出。當查理邀請她到白金漢宮晚餐時，帕克．鮑爾或她的溜冰同伴們，查理和派蒂．帕莫．湯金森(Patti Palmer-Tomkinson)總是在場。

在一九八〇年十月二十四日那天，當黛安娜從倫敦開車到盧德婁(Ludlow)去看在爲業餘騎師舉辦的克朗障礙賽(Clun Handicap)中，查理王子騎著他的馬亞歷巴爾(Allibar)的比賽情況時，他們與帕克．鮑爾在威特夏郡

(Wiltshire)的包爾海德莊園(BolehydeManor)度過週末。第二天當卡蜜拉和黛安娜一起渡過早晨時，查理與安德魯·帕克·鮑爾(Andrew Parker-Bowles)帶著波福獵犬一起出去了。接下來的那個週末，他們又到包爾海德莊園做一次回敬的拜訪。

在第一個週末，查理王子帶著她參觀海格洛夫，這是他七月在格洛斯特郡買的一塊三百五十三英畝的家園，他在同一個月份開始追求她。當他帶著她參觀這幢有八間臥房的華宅時，王子要求她設計室內裝潢。他喜歡她的品味，但她覺得這是一個「最不妥當」的建議，因爲他們還沒有訂婚。

因此，當星期日鏡報(Sunday Mirror)這份報紙上第一面的報導宣稱，在十一月五日黛安娜從倫敦開車，去赴查理王子在威特夏郡的秘密約會時，她深深地苦惱著。這次白金漢宮向她伸出了援手，女王示意她的新聞秘書收回這項報導。編輯鮑伯·愛德華斯(Bob Edwards)在同一天以另一篇關於查理王子因公飛往印度(India)及尼泊爾(Nepal)的報導，來交換那個版面。黛安娜堅稱她是在自己的公寓中，在她和查理王子去參加晚上在麗池酒店所舉行的瑪格麗特公主五十歲生日舞會之後，就已經筋疲力盡了。「這整件事情已經失去控制了，與其說我厭倦了，倒不如說我很痛苦，」黛安娜對一個有同情心的鄰居吐露心聲，恰好那個人是個記者。

她的母親佛蘭西絲·山·凱(Frances Shand Kydd)代表她的小女兒，也抓到機會加入了這場爭論。十二月初，她寫了一封信給英國泰晤士報(The

Times)，抱怨自從這段戀情公開以來，黛安娜所承受的謊言和騷擾。

「我可以請教一下新聞界的編輯們，爲了完成他們的工作，是否他們認爲每天從清晨一直到天黑，來騷擾我的女兒是必要或合理的？要求任何一個人在什麼情況下都被如此對待，這樣公平嗎？」雖然她的信引起了六十位國會議員的注意，使得他們發起一項「爲媒體對待黛安娜．史賓塞女士的方式感到遺憾」的活動，而且引導了編輯與新聞議會間的會面，但是記者對寇爾赫尼巷的包圍仍繼續著。

皇室家族冬天的要塞是聖德令干，也同樣被媒體包圍著。溫莎家族有警察、新聞秘書和廣大的土地保護著，但卻表現得比史賓塞家族還要激動。女王對一群記者大吼：「爲什麼你們不滾遠一點？」查理王子則數落他們：「一個快樂的新年，希望你們這些編輯有個不討厭的新年！」據說愛德華王子曾對每日鏡報(Daily Mirror)的攝影記者開槍，子彈掠過他的頭頂。

回到寇爾赫尼巷，這幢被包圍的要塞決定，當有事發生時，要智取敵人。有一次，當黛安娜預定和查理王子待在布羅德蘭斯時，她將床單撕成一條一條的綁成繩子，用它將她的行李從廚房的窗子送到下面的街道上，避免被外面等待的記者們獵取。另外有一次，她爬過屋外用垃圾桶，從一家商店的火災救生出口通過，而且她和卡洛琳曾拋棄了她的車子，跳上了一輛紅色的雙層巴士以躲開攝影記者。當巴士卡在車陣中時，她們匆匆下車，跑進附近一家鞋店。「那眞是有趣極了！」卡洛琳說：「就好像在倫敦市內進行拖延戰術一樣。」

他們計畫了一項誘捕行動，卡洛琳開著黛安娜的車，引誘開她那些記者，然後黛安娜從寇爾赫尼巷出來，往另一個方向走了。她的祖母魯絲女士也加入了這個騙局。黛安娜在安索普度過一九八〇年的耶誕節後，回到了倫敦與她的室友一起度過新年除夕。第二天她開車去聖德令干，但是，她首先將車子留在肯辛頓宮，她祖母的銀色車子等在那兒。她開著那輛銀色車子走，將記者們拋在腦後。

因爲這些歇斯底里的媒體記者們將查理王子和黛安娜推上了祭壇，使得她必須試著與自己對查理王子的感覺和想法達成協議。這並不容易。她以前從未有過一個眞正的男朋友，因此她沒有一個標準可以來衡量比較查理的行爲。在他們這段不尋常的追求期間內，她像一隻樂於配合他的小狗，只要他一吹口哨，她就會跟在他的腳邊。這就是他所期望的。作爲一個威爾斯的王子，他習慣於成爲大家矚目、奉承和讚美的焦點。他叫她黛安娜，而她稱他爲「爵爺」。

他激起了她母性的本能。當她和王子約會完回來時，她會對他充滿了同情，常常說一些像「他們太過分勞動他」或「他們驅使他的方式太可怕」等等的話。在她的眼中，他是一個憂傷、寂寞的男人，需要人照顧。而且她無可救藥地完全迷戀著他。他是那個她想要終生與之爲伴的人，而且她願意克服一切障礙來贏得他。黛安娜常常要求她的室友給她一些意見，建議她如何處理她的戀情。卡洛琳回想：「這對女孩而言，是個非常正常的過程。有一些我不能

說，有一些則是『確定你做了這個或那個。』這就像一場遊戲。」

當她沐浴在初戀的溫暖光輝時，她有時會因懷疑的陰影而不安。出乎意料的，第一個提醒她小心的人是她的祖母。她的祖母並不鼓勵這樁婚姻，而且提醒她嫁入皇家的艱難。「你必須了解，他們的幽默感及生活風格是不一樣的。」她警告她。「我不認爲這適合妳。」

黛安娜也被其他憂慮所困擾。查理王子那群善於奉承的朋友太諂媚、太恭維了。她本能地覺得，這種慇懃對他並不好。還有那位每次都出現的帕克·鮑爾女士，她似乎在他們做什麼事之前就知道了一切。在他們談戀愛的時期內，黛安娜曾問過他關於他以前女朋友的事。他坦率地告訴她，她們都是結了婚的女人，用他的話來說，因爲「她們比較安全」；她們必須顧慮到她們的丈夫。但由於他在她面前的表現，令她深信他是愛她的。同時，她無法釋懷那段期間內，他與安娜·華麗斯、阿曼達·納屈布爾和她自己的關係，任何一個都可能是他結婚的對象。

這些懷疑在她接到一通電話後都消失了，那時查理王子正在瑞士的克羅斯特度滑雪假期。這通電話來自查理及派蒂·帕莫·湯金森所在的小屋，在電話中他說他回來後，有一些重要的事情要問她。本能告訴她「一些事」是什麼事，她與室友們討論她該怎麼做，一直談到深夜。她在戀愛中，至少，她認爲他們是相愛的。但她擔心可能有另一個女人的存在。

他在一九八一年二月返回英國，看起來健康，皮膚也曬黑了。那個星期

四，他登上了皇家海軍的最新航空母艦，參加了大規模的戰略演習，然後返回倫敦，晚上留在白金漢宮。他計畫隔天，也就是二月六日星期五，到溫莎堡去看黛安娜。也就是在這兒，查理王子正式向黛安娜・史賓塞女士求婚。

求婚當晚，發生在溫莎堡的育兒室內。他向她傾訴滑雪時是多麼想念她，然後向她求婚。剛開始她以輕鬆的方式面對他的請求，發出一陣淡淡的輕笑。王子則非常認眞的提醒她，有一天她會成爲皇后，來強調他的求婚是眞誠的。當她腦中交戰著：「她會不會成爲皇后？或可能擁有的是一段艱辛的宮廷生活」時，她卻發現自己接受了他的求婚，並一直重覆地訴說著她有多愛他。「不論愛情的意義是什麼？」他問。在他們正式訂婚被媒體訪問時，他又再度引用了這句話。

他留下她，走上樓去打電話給在聖德令干的女王，告訴她令人歡喜的結果。儘管她笑著，但同時她也正仔細思索著她的命運。此外，她對查理王子無庸置疑的愛、她的責任感和她深切的渴望扮演一個有用的角色，是決定她命運很重要的因素。

那晚當她回到她的公寓時，她的朋友們急切地想知道詳情。她叭搭一聲躺在床上，並宣布：「猜猜看？」她們一起大叫：「他向你求婚了。」黛安娜回答：「沒錯，而我說：『好。』」在一陣子恭賀的擁抱、淚水和親吻後，他們開了一瓶香檳，然後他們開車繞著倫敦兜風。

第二天她告訴了她的父母。他們當然很激動，但是在母親位於倫敦的公寓中，當她告訴弟弟查爾斯她的結婚計畫時，他俏皮地說：「嫁給誰呀？」他回想：「當我到那兒時，我還記得她眞是欣喜若狂。因爲她看起來是那麼的快樂，春風滿面。」那時，他還在想她到底與誰在戀愛呢？「從那次媒體讓她體驗到困擾以來，她知道她也可以掌握這個角色了。她看起來是這麼地快樂，那是我從未在她臉上看到過的。這是眞實的，因爲沒有人可以在心懷不眞誠的動機下，看起來還能如此快樂。這不是贏了頭獎的人的表情，而是發自內心深處的滿足。」

她的姐姐莎拉，長久以來一直是大家注目的史賓塞女孩，現在必須讓賢給黛安娜了。雖然她爲她的小妹妹感到高興，但她也承認有點羨慕黛安娜得到的名氣。這花了她一些時間去適應她的新頭銜，也就是未來的威爾斯王妃的姐姐。珍採取了更實際的方法。雖然她也感染到了新婚的幸福感，但是身爲女王私人助理秘書的妻子，她不得不關心黛安娜要如何應付皇室生活。

二天後，黛安娜她最後一次當個小市民的機會。她和母親還有繼父飛到澳洲(Australia)，一起旅行到他在新南威爾斯(New South Wales)的雅斯(Yass)所擁有的牧羊站。他們待在一個朋友的海灘小屋內，並享受了十天的平靜和隱居。

當黛安娜和她的母親開始計畫客人名單、必需的服裝、和其他關於這項年度婚禮的細節時，媒體仍企圖找出她們的藏身之處。而唯一知道的人是查理王子。日子一天天地過去，黛安娜思念她的王子，但他從未打過電話來。而她卻

爲他的沈默辯護，是因爲他的皇家責任壓力的關係。最後，她打電話給他，卻發現他不在白金漢宮的房間裏。之後，他就馬上回了通電話給她。那一通電話安撫了黛安娜。當她回到寇爾赫尼巷時，她那被激起的驕傲一下子就平息下來了。此刻有人敲門，是一位幕僚捧著一大束花站在門外。但是，上面並沒有她未來丈夫的隻字片語，而她則難過地下了個結論，這只是他部屬圓滑的手腕罷了。

幾天後，當黛安娜早上起來，旅行到查理的訓練師尼克・蓋瑟里(Nick Gaselee)在藍波姆(Lambourn)的屋子，看他騎他那匹馬亞歷巴爾時，她也隨之忘卻了這些憂慮。當黛安娜和他的探員觀看王子溜馬時，她強烈地預感到另一項災禍。她說，亞歷巴爾將會心臟病發作而死。就在她說這些話的幾秒內，十一歲的亞歷巴爾揚起頭來，由於嚴重的冠狀動脈血栓而倒在地上。黛安娜跳出吉普車，快跑到查理身邊。他們待在馬旁邊，當時，沒有人能爲牠做些什麼事。直到一位獸醫正式地宣告了牠的死亡。爲了躲避那些等待的攝影記者，黛安娜用一件外套蓋在頭上，坐在吉普車的後面離開了那兒。

雖然這是個不幸的時刻，但是卻沒有時間反應這個悲劇。由於查理王子的皇家責任，使他不得不回到威爾斯，留下黛安娜以電話來表達她的同情。很快地他們就會永遠在一起，結束掉那些藉口及欺騙。差不多是時候讓世界知道他們的秘密了。

宣布訂婚是在一九八一年二月二十四日，而在前一晚，她打包了一個袋

子，擁抱了她忠誠的朋友們，並永遠地離開了寇爾赫尼巷。由一個武裝的蘇格蘭警察的護衛陪伴她，警察巡官保羅(Paul)是一個研究哲學的警官，對於盧恩字母、神秘論和來世十分著迷。當她準備向她的私人生活說再見時，他告訴她：「我只是想讓妳知道，在妳接下來的生活中，這是妳最後一個自由的夜晚，所以儘量享受吧！」

那些話使她當場愣了一下——「就好像有一把匕首插入了我的心中」。

3

Such Hope in My Heart

內心深處的希望

Such Hope in My Heart

內心深處的希望

英俊王子的尋愛已然完成。他找到了美麗的公主，宛如童話故事在世人眼中重現。然而在那白色的城堡裏，灰姑娘並不快樂，從此與朋友、家庭、以及外面的世界隔離。當外界正歡慶著王子的幸福時，宛如置身監獄般的陰霾卻無情地籠罩著黛安娜。

雖有著貴族的血統，這位純真的幼稚園老師對白金漢宮裏的階級禮儀卻是茫然無知。婚禮的前三個月黛安娜常以淚洗面，並對未來心生恐懼。她的體重直線下降，腰圍由訂婚時的二十九吋，減到婚禮前的二十三吋半。她日後費了十年時間才治癒的貪食症也就是在這段難熬的日子裡患上的。黛安娜於克蘭詩別宮送朋友離去時曾說「看上帝的份上，打電話給我，我需要你們」，顯然這是她的肺俯之言。

黛安娜的朋友，卡洛琳·巴索羅美，回憶黛安娜於訂婚期間日漸消瘦的情景時說道：「她一住進白金漢宮，便開始了哭泣的日子，她變得骨瘦如柴，我眞爲她擔心。她顯然並不快樂，被這突然的壓力襲擊，簡直就是一場惡夢。四

面而來的砲轟令她昏眩。那是一段暴風期，她整個人顯得灰沉而沮喪。」

她住進女皇位於倫敦克蘭詩別宮的第一個晚上，可說是暴風雨前的寧靜。她抵達時，赫然發現沒有半個皇室裏的人出現，甚至連未來的丈夫也不聞不問，讓她一人自行料理一切。大家想像中的情節應是女皇會在黛安娜的身邊，教導她宮廷禮儀；而女皇的資深參謀蘇珊赫西則會傳授她皇族歷史。殘酷的事實是，黛安娜所受的指導，遠比一個超級市場作業員所受的訓練還來得少。

一位僕人引領黛安娜來到她位於一樓的寢室，床上放著一封信，是卡蜜拉．帕克．鮑爾於官方宣佈訂婚數天前寫的。信中卡蜜拉邀請黛安娜午餐，黛安娜後來才自覺，就是在那次會面中，卡蜜拉安排與查理王子在澳洲及紐西蘭之行中的巧遇。餐中，卡蜜拉不斷詢問當她搬到高原時會不會去打獵。黛安娜被這突如其來的問題問倒，只回答不會。後來黛安娜才明白，卡蜜拉深知查理王子酷愛狩獵，並以此做爲維繫雙方情誼的途徑。

然而當時一切都未明朗。黛安娜很快的住進了白金漢宮，她及母親，還有一小組人員開始爲籌備婚禮及黛安娜的衣著而忙碌。黛安娜欣喜的發現，皇室唯一接受改變的便是服裝。有鑑於一年有三種季節，且因場合不同，一天常須更換四套正式服裝，黛安娜僅有的一套洋裝、絲襯衫及一雙鞋，根本就上不了檯面。她與查理交往時，常常襲捲朋友們的衣櫥，才得以亮麗出門。當她的母親一面幫她挑選那件藍色的訂婚套裝，她則一面向姐姐的朋友，當時擔任時尚雜誌編輯的安娜哈維，請教穿著的藝術。

黛安娜開始發現，她的服裝不但要能帶動流行，還得迎合皇室的品味及擾人的攝影記者，以及端莊形象的顧慮。慢慢地，她抓到了訣竅，例如在裙邊加重以防被風吹起。她並迅速地找到一些服裝設計師作爲她的軍師，包括凱薩琳・渥克(Catherine Walker)、大衛・沙宣(David Sassoon)及維克多・艾德史坦(Victor Edelstein)。

一開始，純粹只是藉助周圍的友人，或透過時尚雜誌的朋友介紹，並未經過特別計劃。黛安娜從中選了兩位年輕的設計師，大衛(David)及伊莉莎白艾米(Elizabeth)，來負責她的結婚禮服。因爲她曾參觀過他們的工作室，並深深喜愛他們的作品。她於正式的訂婚宴中所穿的晚禮服，亦是出自他們之手。這件晚禮服所造成的轟動，幾乎可與幾個月後在倫敦舉行的聖保羅教堂詠讚會的盛況相比擬。

這是一件黑色開襟的低胸露背晚禮服。黛安娜以爲黑色是最萬無一失的顏色，查理王子對此禮服卻頗不以爲然。當她穿著禮服在他書房出現時，他面露不悅地說，只有參加喪禮的人才穿黑色的。黛安娜以她尚未過門之理由反駁。何況，她也沒有其它更適合的衣服可穿。

然而她的反駁並未爲她帶來信心，尤其是必須面對等候在大廳外的成群記者。她並未被教導要如何表現出王室的高雅得體，深怕稍一不愼就會令她的未婚夫難堪。「那眞是一個令人恐慌的場合」她事後對朋友如此說道。就在當天下午，黛安娜首次見到了她最景仰的摩洛哥王妃葛麗絲(Grace)。

葛麗絲王妃察覺了黛安娜的不安，無視於其他賓客仍評論著黛安娜的禮服，將黛安娜拉到化妝室並表達了關懷。黛安娜將心中對交際場合的恐慌、疏離感，及對未來的不安一一傾吐出來，葛麗絲王妃開玩笑道「別擔心，將來還會更糟呢！」

到了三月底，查理王子要飛往澳洲作五天的訪問。當他要上飛機前，他摟著她的肩膀，並親吻她的雙頰，當她望著他的座機離去時，傷心地哭了。也正因為她柔弱的一面，拉近了她與大眾的距離。然而她哭泣的原因並非短暫的分離。而是在前往機場的前幾分鐘，查理王子仍在白金漢宮處理公文，黛安娜正在與他交談時，突然電話鈴響，是卡蜜拉打來的。黛安娜不知是該繼續坐在那兒，還是該離開好？最後她的善良驅使她選擇離開，好讓他們能私下道別。但這件事著實使她心碎。

如今她寂寞地待在象牙塔裏。和以前吵雜混亂的女子公寓比起來，白金漢宮沒有一絲家的溫暖。黛安娜覺得宮裏死氣沉沉，且對朝廷弄臣的虛與委蛇感到鄙視，尤其當她問及查理王子與卡蜜拉之間的關係時，他們總是模稜兩可，顧左右而言他。寂寞與自憐心作祟，黛安娜總會從二樓房間晃到廚房來與工作人員閒聊。有一次，她甚至光著腳丫穿著牛仔褲，為一個受寵若驚的僕人塗奶油麵包。

她邀請西希斯(West Heath)學校的鋼琴師——莉麗．史尼普(Lily Snipp)及溫蒂．米雪兒(Wendy Michell)到白金漢宮教她舞蹈，並在舞蹈中得到些許

的慰藉。在這每次四十分鐘的課程中，黛安娜穿著黑色的緊身衣，規律地跳著芭蕾及交際舞。

史尼普小姐將這段日子的點滴寫在日記裏。而黛安娜．史賓塞因婚禮將近而愈發感到不安的心情亦可從此日記裏看出端倪。日記的第一天，一九八五年六月五日星期五，詳細記載著第一天上課的情形。史尼普小姐寫道：「到白金漢宮教黛安娜跳舞，大家都非常認眞，不浪費一分鐘。當課程結束時，黛安娜頑皮的說道：『我想史尼普小姐待會一定是直衝福利街（Fleet Street倫敦報社街）。』她很有幽默感，而這對她的未來是非常重要的。」

最後一次也是最沉痛的一個事件在婚禮前幾天發生了。黛安娜的思緒正逐漸的改變。史尼普小姐如此記載著：黛安娜在數夜的練習之後，顯得非常疲倦。我代表西希斯送她一個十分美麗的銀製鹽罐。黛安娜細數著自己還剩下多少自由自在的日子。這恐怕是不爲外人所知的吧！我們希望能於十月時，繼續舞蹈課程，而黛安娜卻說：「十二天後，我就不能再如此爲所欲爲了。」

當她如此說著時，黛安娜想必已了解到，一旦進入了王室，就等於告別了過去的純眞年代。訂婚後的幾個星期，黛安娜逐漸建立起自信心，她的幽默感亦時有所見。曾任黛安娜的清潔工，且見過她數面的露西達回憶道：「她總是與人保持距離，讓人不敢親近她」；詹姆斯．吉爾貝亦頗有同感的說：「大家都以爲她非常嚴肅。其實，她總是很容易被感動，意志力堅強，且就事論事，不易受人動搖。」這些特質隨時都表露無遺。

內心深處的希望

雖然她敬畏查理王子，事事遵從他的決定，但黛安娜並沒有被這樣的環境打敗。暗地裡，她也許非常恐慌，卻表現的非常輕鬆冷靜，似乎已準備好迎接各種挑戰。黛安娜在安德魯王子於溫莎堡舉行的二十一歲生日宴上，自在地穿梭於賓客之間。當安德魯王子詢問她西敏寺女公爵(Duchess of Westminster)英國最富有的貴族夫人在那兒時，她開玩笑道：「安德魯，別點名了。」她的機敏應答，簡短卻不含惡意，就連當時擔任社會工作者的姐姐莎拉都讚嘆不已。

婚禮前兩天，黛安娜向女皇、查理王子及其他王室成員，介紹亞當．盧梭(Adam Russell)時，開玩笑道：「別板著臉，這不是在處理公事。」她似乎適應良好，且仍能不失幽默。事實上，一點也看不出來，就在幾個小時前，她還曾一度崩潰的想要取消一切。

導致她失控的主因，是幾日前有一個包裹被送來她和查理王子的財務顧問麥可．柯博恩(Michael Colbourne)共用的辦公室。不顧麥可的反對，黛安娜堅持要打開這個包裹。包裹裡是一只鑲有藍色琺瑯的黃金手鐲，上面刻有互相纏繞著的兩個字母「F」及「G」。黛安娜早已從朋友那得知，「F」代表「Fred」；「G」代表「Gladys」。是查理王子與卡蜜拉互稱的暱名。

當黛安娜發現未來的丈夫，竟然準備了這樣的禮物時，已無法再忍氣吞聲。然而，查理王子卻無視於黛安娜的抗議與淚水，堅持要將禮物送給那個使他們婚姻蒙上陰影的女人。查理王子毫不掩飾的背叛，在聖保羅教堂預演婚禮

內心深處的希望

當天，深深地擊垮了她，當攝影機燈光閃爍的同時，她的眼淚便如決堤般，一發不可收拾。

婚禮前的最後一個週末，黛安娜還曾被發現神情沮喪且目含淚光的離開馬球場。但此時，所有媒體皆已準備就緒，等著轉播這場世紀婚禮。所有的氣氛都已醞釀成熟；群眾們也已在街道兩旁聚集；歡樂的氣氛處處可見。然而，就婚禮的前一天，黛安娜還猶豫著該不該取消這一切。因爲當日午餐時間，查理王子還帶著他的禮物去私會卡蜜拉，甚至不讓他的貼身侍衛隨行。

就在查理王子與卡蜜拉私會的同時，黛安娜與姐妹們一起在白金漢宮用餐，述說著自己進退兩難的困局。她已被一連串的事情擾得心神困惑，不知是否該愼重的考慮取消婚禮。當時的她，似乎已預警到未來這樁婚姻不會幸福。「別說不吉利的話」姐妹們安慰她說：「妳現在已是騎虎難下，無法回頭了。」

縱然她的心神混亂，那晚她與查理王子在白金漢宮款待八百位賓客時，卻沒有任何人看出來。那是一個非常瘋狂的夜晚。瑪格麗特公主竟然在她的寶冠上綁著一顆氣球；安德魯王子的燕尾服被打結；服務生端著名叫「寶座栓」的雞尾酒；洛伊・史考特與黛安娜在首相柴契爾夫人(Prime Minister Margaret Thatcher)面前跳舞，且因常踩到黛安娜的腳而困窘不已；丑角史帕克・米林根(Spike Milligan)不斷對上帝禱告；黛安娜甚至在跳舞時將一條無價的珍珠項鍊交給朋友保管；女皇則穿梭在節目中，語氣呆滯的說：「聽說他們有現場音樂」好似那是什麼新發明一樣。黛安娜的弟弟查爾斯遠從伊頓

（Eton，倫敦以西）而來，深刻的記得自己竟然向一位服務生敬禮。「他的確戴著一枚徽章」，他回想道：「當時有那麼多王室的人在場，我很自然的便恭敬起來。當我向他鞠躬時，他嚇了一跳，接著問我要不要來杯飲料。」

所有的賓客都渡過一個迷夢般的夜晚。亞當・盧梭回憶道：「那眞是一個令人沉醉的夜晚。每個人都爛醉如泥，然後在清晨才搭計程車回家，眞是令人糜爛的快樂。」

婚禮前一夜，黛安娜待在克蘭詩別宮，她的心情因爲收到查爾斯送給她的一枚鑲著代表威爾斯王子徽章的戒指及一張卡片而有所改善。卡片上溫情的寫著：「我爲妳感到驕傲，而明日我將在聖殿等待妳的出現，請不要恐慌。」

雖然這張卡片平復了她些許悲傷的心情，然而過去數月所累積的傷害卻無法完全被抹去。當晚她與珍一起進餐，雖拼命的進食，卻都吐了出來。這或許是由於緊張過度的原因，但也是她後來患上嚴重貪食症的前兆。黛安娜後來自述：「婚禮前一晚，我異常冷靜。覺得自己像是一隻待宰的羔羊，明知死路一條，卻束手無策。」

一九八一年七月二十九日，黛安娜起得很早，顯然在她的窗外，便可看到已聚集多日的歡呼群衆。後來她說自己就是在這種情況下「開始了她一生中最迷惘的一天」。聽著外面的呼喊聲，她堅定的確認了進行這場婚禮的決心。

她的髮型設計師凱文・尙萊(Kevin Shanley)；化妝師芭芭拉・戴力(Barbara Daly)、大衛及伊莉莎白艾米一直隨侍在側，以確定新娘能展現最美

麗的風采。事實證明，他們成功了。黛安娜的弟弟查爾斯談到姐姐的改變時說：「她從來都不適合化妝的，但當時她確實是美極了。我生平第一次覺得黛安娜眞美。她看起來令人驚豔且沉著，雖然有點蒼白，卻看不出任何緊張。她看起來是幸福而平靜的。」

黛安娜的父親與她一起走下克蘭詩別宮時，顫抖地說：「親愛的，我眞爲妳驕傲。」然而就在他們要坐上馬車時，黛安娜卻碰到了幾個小難題。服裝設計師們此時才發現，當初設計這套帶有二十五呎長紗的禮服時，並未考慮到馬車的大小。不論黛安娜如何努力，到聖保羅教堂的這段短途中，禮服已被擠得皺折不堪。

除此之外，黛安娜還必須顧慮到父親因中風後的行動不便。查爾斯·史賓塞爵士說：「我們都很感動他辦到了。」史賓塞伯爵愛極了坐在馬車上向群衆招手的時刻。當他們經過聖馬丁教堂時，群衆熱列的歡呼聲，讓他誤以爲已到了聖保羅大教堂，而準備起身下馬車呢。

當他們終於到達聖保羅教堂時，整個世界都屏息地注視著黛安娜，倚扶著父親緩緩走在紅毯上。爲此，黛安娜有充裕的時間看清左右的賓客，包括卡蜜拉·帕克·鮑爾。當她走在紅毯上時，心中充滿對查理王子的愛慕。透過面紗望向他，她的恐懼頓時煙消雲散，覺得自己是世界上最幸福的女孩。她對未來充滿希望，相信他會不計一切困難愛護她、照顧她。這一刻，有七十個國家，七億五百萬的人共同目睹做見證。此時此刻，就如同坎特伯里大主教

內心深處的希望

(Archbishop of Canterbury)所說的「這一切宛如神話故事再現。」

最關鍵的時刻是她必須向女皇行屈膝禮，爲此她已緊張了好幾天，無時無刻的在腦海中演練。當這位新誕生的威爾斯王妃自聖保羅教堂走向歡呼的群衆時，她的心中滿溢著希望與快樂。她告訴自己，訂婚期間所有的不適，都是因爲對婚禮太緊張的緣故，而那位帕克．鮑爾小姐也將從此成爲歷史。黛安娜後來以自嘲的口吻回憶當時的情景說道：「當時的我，心中充滿希望。」

她一廂情願的想法顯然大錯特錯。查理王子與卡蜜拉的私情甚至延續到今日。這尤其是深植在黛安娜心中十年的痛苦與憤恨。這個無法解決的三角習題中沒有贏家。黛安娜曾在一回憶錄中簡潔的說：「我的婚姻裏有三個主角，這對我來說是太擁擠了。」一位黛安娜與查理王子的朋友，目睹整個事件的過程：「我對這樁悲劇感到遺憾。這三位當事人都是不幸的，而黛安娜尤其應該獲得同情。」

但在婚禮當日，黛安娜亦無法抗拒地沉溺在夾道兩旁群衆的熱情裏。她們隨後便回到白金漢宮享受傳統的皇家婚宴的早膳。此時的黛安娜已經累得神智不清，完全被精力旺盛的熱情群衆所淹沒。

她期待能趕快得到安靜而獨處的時刻，也相信一旦婚禮結束，她又會重新鑽進與王子的甜蜜感情中。新婚蜜月的前三天，這對王室新人選擇在蒙特貝坦爵士位於波特蘭的一處隱密居所，接著乘著皇家不列顛號快艇到直布羅陀海峽，進行地中海之旅。查理王子對婚後的生活有他自己的一套想法。查理王子

不僅將他放在翰普夏的釣具帶來，還帶了六、七個他的朋友以及一本南美的思想及探險家，勞倫斯．波斯特爵士(Sir Laurens van der Post)所寫的書。查理王子提議他們可以一起閱讀這些書籍，然後於用餐時討論波斯特爵士的神秘思想。

這與黛安娜想多點時間了解她丈夫的想法，正好相反。訂婚期間，查理王子總因困於公務繁忙無法與黛安娜多點時間相處。就連在這艘快艇上，都有二十一位官員，二百五十六位賓僕隨行，使他們根本沒有獨處機會。盡是西裝筆挺的官員與他們共進晚餐，並討論著一天的瑣事，海軍樂隊則於鄰室吹奏著音樂。由於緊張的婚禮令這一對新人精疲力竭，大部份的時間他們都在睡覺，黛安娜睡不著，時常會跑到廚房拜訪大廚馬修(Marsh)等。廚師們對黛安娜瘋狂吃冰淇淋，且常於正餐外要求額外甜點的行為感到訝異。

接下來的幾年，王室的人及黛安娜的朋友都對她的好胃口感到不解，因為一直以來她都是骨瘦如柴。在海格洛夫，常有人發現她一下午就可將冰箱裏的食物一掃而空；在溫莎城堡，還被一個僕人撞見她吃掉一整塊牛排及一個派。她的朋友洛伊．史考特記得有一次與黛安娜打橋牌時，親眼看到她吃掉一盒的蛋塔，且又在短時間內吃掉一袋一磅重的餅乾。

事實上，當她成爲威爾斯王妃的那一天起，黛安娜便爲貪食症所苦，這也是爲何她的飲食會如此不尋常的緣故。曾經卡洛琳．巴索羅美極力說服黛安娜求醫就診，「她的貪食症一直未曾痊癒，我很不願意這樣說，但她承受太多壓

力時，這症狀就會暴發出來。」根據近期藥物治療會報(Drug and Therapentics bulletin)的報導，英國有兩成左右的年輕婦女患有貪食症。這些婦女縱容自己暴飲暴食到了失控的地步。她們總是吃得很快導至嘔吐。暗地裡會情緒失控，有時甚至是有計劃的，然後瞬間又變得有罪惡感、沮喪、否認自我，甚至有自殺的傾向。患者通常雖有正常的體重，卻總是認爲自己過胖、臃腫且醜陋。這種對自己身材的厭惡感導致她們的暴飲暴食。患者通常自認失敗，自信心低，且不能自我控制。肌肉酸痛、腎臟不佳，甚至心臟衰竭。這些皆是貪食症患者極易產生的生理疾病。貪食症不像厭食症，它是潛藏性的。由於患者通常不承認自己患上此種疾病而使其更爲複雜。患者總是「裝出」一副很快樂的樣子並竭力幫助他人。然而在陽光的笑容背面潛藏著患者所不敢表露出來的狂暴與憤怒。擔任看護工作的女性，如護士或保姆最容易患上此種疾病。她們認爲自己的需求是一種貪婪的表現，進而覺得關心自己是一種罪惡。她們將這種罪惡感發洩在吃瀉藥或嘔吐上。如同藥物治療會報上所說的「貪食症是一種發生在女性多於男性的長期慢性疾病，雖不易被發覺，有時卻是致命的。」

造成黛安娜貪食的原因，可追溯到她不快樂的童年及破碎的家庭，還有對未來的惶恐。在過去幾個月中，黛安娜的情緒起伏不定，時而要適應即將成爲一公衆人物的生活，時而爲丈夫不明確的感情困擾。她就好像一把已上膛的槍，稍一失控便會走火。有一次，眼看婚禮就要來臨，查理王子摟著黛安娜的

腰評論著她的身材。王子所說的話也許不具有特別意義，卻正好觸發了黛安娜心中的火苗。隨後不久，她就病了。這對她來說，是一種宣洩緊繃情緒及心中不滿的途徑，就某方面來說，她也藉此來證明自己尚有自主的能力。

他們的蜜月過得並不快樂。黛安娜的病況惡化到一天要發作四、五次。黛安娜一直揮不去卡蜜拉在她心中所造成的陰影，處處可見到她的影子。有一次黛安娜與王子交換日記時，兩張卡蜜拉的相片自王子的日記中滑落。強忍著淚水，黛安娜請求王子對她坦白，王子卻充耳不聞。幾天之後，他們邀請埃及總統沙達特(Anwar Sadat)及其夫人至快艇上共進晚餐，當查理王子出現時，黛安娜注意到他戴了一副圖形為兩個「C」纏繞在一起的袖扣。王子雖然承認是卡蜜拉送的，卻推說只是一般朋友的禮物。黛安娜卻不這麼認為。後來她很生氣的向朋友訴苦時表示，她不了解為何查理王子總是有意無意的提醒她卡蜜拉的存在。

然而在大眾面前，黛安娜表現出幸福又快樂的一面。她與船員們在飯廳裏喝酒並高唱「醉酒水手」。一名船員回憶道：「每一個人都喝得醉醺醺的。」還有一次，在一個月光皎潔的夜晚，他們在伊沙卡(Ithaca)的海邊烤肉。所有的食物都由船員一手包辦。餐後，一位皇家海軍風琴手到岸上演奏，大家拿著歌譜齊聲歡唱。就這樣，海邊的晚風夾帶著蘇格蘭民謠的弦律飄向岸邊的小屋。

蜜月結束前的晚宴是此行的最高潮。幾天以來，官員及侍從們不斷為此晚

宴排演。全程共有十五個節目，有爆笑喜劇，也有低俗鬧劇。這對王室新人，後來帶著健美的身材及古銅色的膚色回到了英國，接著便飛到巴爾摩洛與女皇及王室其他成員會合。

然而當地涼爽的氣候並未舒緩黛安娜的情緒。事實上，從八到十月待在巴爾摩洛後，黛安娜和查理王子的日子才眞正要開始。她與其他王室成員一樣，以爲群衆對她的好奇只不過是短暫的，而她的聲望也會隨著婚禮的結束而逐漸退燒。沒有一個人會預料到，黛安娜竟會造成如此大的旋風。讀者們總是看不膩有關黛安娜的報導，她成了各大雜誌的封面人物，她生活裏的每一個細節都被評論著，而她所認識的人也相繼被媒體爭相訪問。

不到一年，黛安娜從一個沒自信的畢業生，變成媒體的超級新寵。她的平凡深受百姓喜愛，日常生活的一舉一動，如自己開車門，買糖果等都被認爲是最平易近人的王妃。每個人，包括當時在巴爾摩洛作客的王室貴賓都被這一股風潮所影響。黛安娜卻深深的迷惑，她不過是和以前一樣自己做著一些日常生活的事罷了。

當她在女皇位於蘇格蘭(Scottish)的別宮與賓客相處時發現，她已不再被視爲一個有感情有思想的血肉之軀，而只是一個頂著「威爾斯王妃」頭銜的職位。這個職位不但將她與大衆隔離，也使她不易進入王室家族的核心。根據官方法令，第一次與她會面時必須尊稱她爲陛下，之後才可以夫人稱呼。黛安娜卻不領情。婚後不久即要求她的朋友「不要叫我夫人，叫我黛西(Duch)。」

但不論她如何努力，她仍然不能改變大眾對她的看法。

她知道大家看她的眼光已不同，宛如一只貴重的瓷器，只可以欣賞卻不能接觸。當她最需要他人眞心的建議與擁抱時，所得到的卻是敬而遠之。黛安娜內心眞正的自我被周遭宛如海浪般的劇變所淹沒，完全失去了方向。相反的，在大家的眼中，她總是笑容滿面，似乎對剛結婚的老公及新的地位甚感滿意。在巴爾摩洛舉行的一次記者會上，黛安娜告訴媒體她「非常推崇」婚姻生活。但當他們一遠離攝影機及麥克風時，這對新人卻是爭吵不休。黛安娜總是在查理王子的舉手投足間猜忌有卡蜜拉的影子，幾近崩潰邊緣。她認爲王子常偷偷跑去見卡蜜拉並和她談論她們的婚姻。黛安娜的一位好朋友便說：「黛安娜一點錯都沒有，是他們一再地向她射出一枝枝的利箭。」

黛安娜仍活在過去的回憶之中。她的嫉妒心來自於對查理王子的熱愛，而查理王子也一直用他自己的方式愛她。他們會一起漫步到山上眺望巴爾摩洛，然後躺在草地上，由查理王子閱讀瑞士心理學家卡爾・強(Carl Jung)或勞倫斯・波斯特的著作。查理王子喜歡這樣的方式，而黛安娜則以王子的滿足爲滿足。他們之間互通的情書便是這一段戀情最好的證明。

然而好景不常，黛安娜隨即被成爲公眾生活的恐慌打敗，焦慮使她的貪食症惡化。她常常病倒，體重亦直線下降。在緊要關頭時，黛安娜找不到一個可以傾吐的對象。她相信女皇及王室成員勢必會站在王子那一邊。對王室成員來說，不論是生性如此或經過長久訓練，都要求自己不會輕易的表露情緒。而他

們也很理所當然的以爲，黛安娜可以在一夕之間變得和他們一樣堅強。

黛安娜不但在夫家尋求不到幫助，也不能向娘家訴苦。她的父母及姐姐雖對她的處境表示同情，卻也只能期望她自己克服此困境。她雖然有朋友，卻又覺得會爲她們帶來麻煩。她也期待和整個世界一樣，希望這段神話能成功。大家對美滿的結局深信不移，使黛安娜無法坦白殘酷的事實。她赤裸裸的暴露在大衆的目光下，內心卻感到無比的寂寞。無可避免的，她的思想漸漸傾向自毀，並不是她存心尋死，而是她迫切需要幫助的表現。

查理王子親自處理此事，並請勞倫斯前來探視黛安娜，但他的援助並未產生多大的效果。於是在十月初，黛安娜被送往倫敦尋求專業的諮詢。她也在白金漢宮裡看過不少的醫生及心理學家。他們開給她各種鎮靜劑以使她恢復理性。然而黛安娜卻強烈的抗拒他們的建議。她清楚自己最需要的不是藥物，而是休息，以及周圍的人對她的關心及諒解。就在衆人異口同聲的說服她服用醫生建議的藥物時，她發現自己懷孕了。「感謝上帝賜給我威廉」黛安娜說，因此，她藉「怕嬰兒成爲畸形兒」的正當理由，拒絕接受那些藥物。

懷孕讓她有了喘息的機會，然而這休息的機會卻是奢侈而短暫的。

4

My Cries for Help

絕境求援的吶喊

絕境求援的吶喊

My Cries for Help

憤怒的叫囂及歇斯底里的哭聲，時而從聖德令干王子夫婦的房間傳出。那是在聖誕節過後不久，然而，在他們兩人身上看不出一絲過節的氣氛。黛安娜當時懷著三個月大的威廉，身體時感不適。她與王子之間的關係亦漸漸的明朗化，王子似乎無法了解或試著去解釋黛安娜的生活爲何會如此混亂。而黛安娜除了每日早晨的害喜外，還不斷擔憂著卡蜜拉．帕克．鮑爾的存在，以及如何適應新的身份及新的家庭。

如同她曾對朋友說過：「前一分鐘我還是一個默默無名的人，後一分鐘我成了威爾斯王妃、母親、媒體的玩偶、及王室的媳婦，一下子來的太快太多，根本無法適應。」她請求或激烈的與王子爭吵，爲的便是想贏得他的幫助。然而一切都徒勞無功。在一九八二年一月，黛安娜首次與王室一起過新年，卻恐嚇要自殺。王子以爲她只是說說罷了，仍準備前往草原騎馬。黛安娜則說到做到，從樓梯上往下跳，整個人跌在地上。

女皇是第一個到現場的人。她被當時的情景嚇到了，渾身顫抖著。一位附近的醫生馬上被叫來，而黛安娜的婦產科醫生喬治．平克(George Pinker)亦

遠從倫敦趕來。查理王子卻無視於她的處境，依舊前去騎馬。幸運的，黛安娜僅在腹部有擦傷，並沒有受到嚴重的傷害。經過完整的檢查後，才確定胎兒並未受到傷害。

這件事不過是他們衆多爭吵中的一次。每一次爭執都加深了彼此的距離。如同她的朋友詹姆斯·吉爾貝對她自殺的看法：「那是她絕望的表現，她以此來表達求救的訊息。」他們婚後的第一年，黛安娜揚言並企圖自殺多次。但這些都不曾眞的危害到她的生命，僅是尋求幫助的單純表現。

有一次，她在肯辛頓宮一邊向一個玻璃櫃撞去，一邊用刀片割破她的手腕。另一次，她用檸檬刨刀割傷自己，還有一次與查理王子激烈的爭吵後，隨即拿起化粧台上的一把小刀，往自己的胸口及大腿刺去。雖然她已滿身是血，查理王子仍無情的責備她，一直以爲她是故意做給他看的。事後不久，黛安娜的姐姐珍發現了她身上的傷痕，並在得知事實的經過後震驚不已。

黛安娜後來向朋友提及此事時說：「那是泣求幫助的吶喊，我只是需要時間來適應這一切。」一位黛安娜的朋友眼看著他們之間的關係，因爲查理王子對黛安娜的漠不關心及毫不尊重而更加惡化。他說：「王子大可以用溫情安撫她的，然而他卻表現得漠不關心，將她推向崩潰的邊緣。但這也不全然是王子的錯，因爲他的一生都在冷漠中度過，卻也造成了王妃的不平。」

王子採取的是強硬的手段。在他們結婚初期，王子也曾試著幫助妻子融入王室的生活。黛安娜的第一個考驗便是於一九八一年至威爾斯拜訪三日，而群

眾表現出對黛安娜的興趣遠勝過查理王子。王子甚至爲僅有一個王妃而道歉。當他們在街上遊行時，群眾一面聚集在王妃的那一側，以窺她的容貌。王子不是滋味的說：「我知道自己是什麼身份，但現在我好像變成了一個捧花的人。」在他們微笑的背後，隱藏著許多的問題。這是群眾們在他們的蜜月之旅後，第一次有機會這麼近看她，而她卻瘦得像變了一個人，群眾們看了都爲之震驚。

可以想像的是，她的體重在婚禮前就已開始在減少了。但王妃依然盡力地在人群中表現的自然。當時的她已懷有兩個月的身孕，身體的狀況遠比她看起來還糟。她所穿的衣服就當日的大雨而言眞是錯誤的選擇。當時的她不但深受害喜所苦，亦被前來觀看她的群眾弄的疲憊不堪。

黛安娜坦言自己對那初次的經驗處理的不好。當他們拜訪各地時，黛安娜常常對王子哭訴她無法面對群眾。她沒有那麼多的精力與精神去應付這麼多的人。好幾次，她都想逃回她以前的公寓，與那些單純的好友在一起。

查理王子雖然同情已淚流滿面的妻子，卻堅持此行拜訪必須繼續下去。王子爲黛安娜即將於威爾西(Welsh)卡地夫市(Cardiff)所做的演講感到憂慮。幸而王妃沉穩的通過了考驗，也使她了解了王室一成不變的作風。不論她做得多好，如何努力，她都不會自丈夫、王室裡的人或官員處得到一點稱讚。對當時脆弱的她來說，一個小小的掌聲就會爲她帶來無比的力量。我記得她說：「她如此努力的想做好一切，只是需要別人給她一點鼓勵。然而這份鼓勵卻一直未曾到來。」黛安娜的一位朋友回憶說：「她每天必需與反胃作戰才能執行公

務。」爲了不讓丈夫及龐大的王室成員失望，縱使她的身體非常不適仍勉強完成。有兩次，她不得已必須取消行程。其它時候，她看起來也是蒼白而虛弱。最後她才發現她這麼做根本就不是在幫她的丈夫。她懷孕的消息終於在一九八一年的十一月五日正式宣佈，她才得以與外界公開討論自己的近況。已疲倦不堪的王妃曾說：「有時候我覺得好可怕，從來沒有人告訴我會變成這個樣子。」有一次她實在是非常想吃培根三明治，便打電話給她的好友莎拉・法古森(Srah Ferguson)——查理王子馬球經理雷諾・法古森(Ronald Ferguson)的女兒。這位急性子的紅髮女孩，時常丟下她倫敦畫廊的工作，到白金漢宮去爲這位未來的王母打氣。

私底下的情況也好不到那去。黛安娜仍以會影響到胎兒爲由拒絕服用任何的藥物。同時她也注意到，王室裡的其他成員都視她爲一個「問題製造者」，在聖德令干及溫莎堡與大家共餐時，她也常因身體不適而突然離開。但她並沒有直接回房休息，她認爲再回到餐桌是她應盡的義務。

日常起居對黛安娜而言已不易應付，執行公務簡直就是一場惡夢。雖然拜訪威爾斯一行頗爲成功，黛安娜已被熱情的觀衆及緊追不捨的媒體所擊垮。她騎虎難下，也不知如何爲自己解脫。剛開始幾個月，她實在害怕自己一個人出席任何的公共場合。如果可以的話，她寧願靜靜的待在查理王子的身旁。當她第一次一個人主持倫敦麗晶街(Regent Street)的耶誕點燈活動時，她緊張得快要痲痺了，快速的作了簡短的致辭，她只期望活動結束後能快點回家。

接下來的日子過得也不輕鬆。對於學生時代就不善言辭的黛安娜現在必須獨自站在鎂光燈下。就她自己說，她花了近六年的時間，才開始能自在地在大衆面前出現。幸運的是，鏡頭下的她深受喜愛，常常成爲各大媒體的封面人物。不論她內心多麼緊張，她所表現出的溫暖的笑容及從容的態度，一直都是攝影者的最愛。透過這些鏡頭，她的美麗雖然表露無遺，卻掩藏著內心眞正脆弱而迷惑的一面。

她能於痛苦中表現出快樂，要歸功於母親的遺傳。當被朋友問及，她如何還能在大衆面前展露出如陽光般的笑容時，她說：「我有著和母親一樣的特質，不管內心如何淌血，都能表現出最快樂的一面。這是我從她那兒學的自我保護方式。」

黛安娜於人前僞裝的快樂，也因爲她患的是貪食症而非厭食症，所以能不被發現。通常貪食症患者仍保有正常的體重，但厭食症患者，則會瘦到幾近皮包骨。同時，黛安娜健康的生活作息如定期運動，遠離酒精，及提早就寢的習慣讓她有充足的精力去執行她的公務。一位研究飲食失調的專家指出，貪食症患者不會承認自己有疾病。他們總是笑容滿面，假裝自己的生活沒任何問題，反而積極地去取悅他人。但他們的內心深處確實有不愉快的一面，卻害怕表達出來。

黛安娜強烈的責任感，促使她持續在大衆面前表現出最美好的一面。她的一位好朋友說：「公衆前的她和私底下的她完全不同。大家都期待神話裡的公

主能來到他們的面前，令他們的美夢成眞，忘卻一切煩惱。他們卻不知道她其實正在犧牲自己內心眞正的感受。」黛安娜，這位全球的媒體寵兒，一步一步地從自己的經驗中學習，沒有得到任何來自王室的訓練、支持或建議。每個經驗都是偶然而片斷的。查理王子的朝臣們已習慣於王子的習性與日常行程。婚禮改變了這一切。當大家在籌備婚禮時，曾傳出王子無法負擔這筆費用。一位前任的管家說：「帳目簡直是一團混亂。」這樣的情況在婚禮後，還持續了一段時間，著實讓大家吃了一驚。雖然額外聘請了許多的臨時人員，黛安娜還親自回覆婚禮中所收到的賀函及禮物。

有時候，她必須掐掐自己，好讓自己接受一切的荒謬。前一分鐘她還在爲生活做清潔的工作，後一分鐘她便收到瑞典國王與王妃送來的燭台，或與某個國家的總統交談。幸運的是，她的良好教養讓她能順利的應付這些情況。這也正符合聯邦政府下的王室所要求每人都能各司其職。

除了忙碌於執行公務外，有兩個官邸等待著這位涉世未深的王妃來佈置。查理王子稱讚她對美與色彩的敏感度，而將這兩個任務交給她。然而，她仍然需要專業的幫助。黛安娜接受了母親的建議，邀請杜德力．波拉克(Dudly Poplak)一位南非籍的室內設計師，來爲她打理此事。他將負責裝潢肯辛頓宮的第八及第九號公寓及位於海格洛夫的別苑。

他巧妙地運用婚禮中所收到的各式禮物來佈置他們的新家。其中包括威靈頓公爵及夫人(Wellington)送的十八世紀的衣櫥；百慕達(Bermuda)人民送

的一對喬治王時代(Georgian)的椅子；還有鄰國泰伯里(Tetbury)所送的鐵製拱門等都只是衆多禮物中的一小部份。

懷孕時的大部份時間，黛安娜都待在白金漢宮，而裝潢的工人則在新家施工。直到威廉王子出生前五個星期，查理王子與王妃才搬到同爲瑪格麗特公主、葛勞斯特公爵(Gloucester)夫婦，麥可王子(Michael)及凱恩公主(Kent)的肯辛頓宮住所。當時的黛安娜已被媒體追得無處可逃，她的一舉一動都被大肆的討論著。黛安娜不知，女皇曾經邀請福利街的記者們到白金漢宮，由她的媒體發言人請求媒體給黛安娜一個喘息的機會。然而，這項要求顯然沒有成功。

當查理王子及王妃於二月飛往巴哈馬(Bahamas)的溫德米爾(Windermere)島時，被兩個英國小報的記者跟蹤。他們拍到黛安娜懷著五個月身孕，穿著比基尼泳裝衝浪的樣子。王子與王妃對媒體發佈這張照片震怒不已，皇宮發言人以「媒體史上最黑暗的一頁」來表達他們的憤怒。王子、王妃及媒體之間的蜜月期從此結束。媒體日夜的追蹤增加了黛安娜身心的負擔。貪食症、害喜、岌岌可危的婚姻，以及對卡蜜拉的嫉妒等等，促使黛安娜的生活變得無可忍受。即使她的婦產科醫生喬治·平克(George Pinker)強調自然生產的重要性，黛安娜仍決定要用人工催生的方式。雖然她清楚的記得母親生下約翰後所承受的傷害，她的直覺告訴她，小孩會沒事的。「他已經發育完全了。」當她與查理王子前往位於倫敦西區帕汀頓市(Paddington)的聖瑪麗(St.

Mary, s)私人醫院前，對朋友說的。

她生產的過程如同懷孕一樣並不順利。黛安娜情況曾經一度很糟，平克醫師及其他醫師差一點就決定要剖腹生產。生產其間，黛安娜體溫變化劇烈的令人對嬰兒的健康擔憂。最後，黛安娜接受了於脊椎下作外膜注射，才在她自己的努力下，順利生產完成。

這份喜悅是無可言喻的。一九八二年六月二十一日晚上九點三分黛安娜產下了令舉國歡騰的皇子。當女皇前來探視他的孫子時，所說的話令人感到驚訝。她看著小嬰兒冷冷的說：「感謝上帝，他沒有像他父親一樣的耳朵。」這個王位繼承第二順位的小嬰兒被稱爲「查理寶寶」，查理王子夫婦討論了好幾天才確定了他的名字。查理王子承認：「我們想到了幾個名字，雖然意見有點不同，但最後一定會達成共識。」查理王子希望以維多利亞女皇夫婿之名命名，他的長子爲「亞瑟」(Arthur)，次子爲「亞伯特」(Albert)。威廉(William)及哈利(Harry)則是黛安娜的意思，而王子喜好的名字則當作兩位王子的偏名。

黛安娜堅持自己對於小孩教育的看法。查理王子認爲應該由他兒時的奶媽梅寶·安德森(Mabel Anderson)來照顧，頭幾年先請來一個私人教師到肯辛頓宮爲王子上課。這正是查理王子被撫養長大的模式，而他也希望他的小孩能遵行同樣的模式。黛安娜卻認爲小孩子的童年應與其他的同伴一起度過。她堅持要讓她的孩子在團體中成長，而不是被關在皇宮的溫室裡。

儘管受限於各種勤務，黛安娜仍盡力以最平凡的方式來教育她的小孩。由於她自己的童年，證明了父母的形象會對小孩子造成深遠的影響。她確定她的孩子將不會像她和她的弟弟查爾斯一樣得不到渴望的關愛。儘管葛蘭寇納(Glenconner's)陛下小孩的奶媽——芭芭拉．巴尼（Barbara Barnes)被聘請來，黛安娜清楚的表示她將親自參與小孩的教育工作。最初她還曾親自哺乳，她和她的姐妹莎拉總是談不膩這件事。

曾經一度，成爲母親的喜樂克服了她飲食不正常的毛病。卡洛琳．巴索羅美曾於威廉王子出生三天後至肯辛頓宮探望黛安娜。她說：「當時的她，因爲新生兒的到來而振奮不已，充滿了滿足感。」而這樣的情緒是會傳染的。查理王子也曾一度出乎人意料地，對孩子的照顧十分熱心。一個星期五的傍晚，王子對他的秘書哈洛德．海伍(Harold Haywood)說：「我希望能挖個洞將自己藏起來，但是地太硬了根本鏟不動，所以我想我寧願變成保姆。」隨著威廉王子的成長，查理王子與威廉一同洗澡，威廉爲父親擦皮鞋，或查理王子縮短行程以早點與家人相處等等的事時有耳聞。

這之中當然也有一些壞消息傳出，如黛安娜患有貪食症；查理王子很擔憂她的健康；以及她開始對朋友及職員們運用她的影響力等。事實上，黛安娜當時飽受貪食症及產後焦慮症的痛苦。前一年所發生的事情已使她精神耗竭，而身體的慢性疾病更使她體力不支。

威廉王子出生後所引發的情緒效應，致使黛安娜極欲漠視有關丈夫與卡蜜

拉之間的私情。黛安娜憶起當查理王子沒有準時回家時，哭著打電話找他的痛苦；以及因爲他不在而失眠的夜。有一次黛安娜於洗澡時，無意中聽到查理王子用行動電話向對方說：「不論發生什麼事情，我都會永遠愛妳。」當時的她深深地受到了打擊。

黛安娜對於小王子的情況顯得非常緊張，常常詢問保姆孩子是否健康，卻無視於自己的困境。那是一段萬分寂寞的日子，她的家庭與朋友已快要與她的新生活脫節。同時她也發現，王室的成員不但視她爲一個製造麻煩的人，更視她爲一個威脅。他們深深擔憂著王子要放棄打獵，並成爲素食者的想法是受了黛安娜的影響。因爲王室在蘇格蘭及諾福克擁有不少的土地，而狩獵及垂釣即爲管理這些土地的要務之一。爲此，他們不得不爲未來感到憂慮。而黛安娜則因爲王子喜好的改變，做了代罪羔羊。

黛安娜認爲自己完全沒有立場能影響查理王子的行爲。幫他換掉衣櫥裡的衣服可能還說得過去，要改變他處理朝政的方式則毫不可能。事實上，查理王子極力推崇素食主義可能是受了貼身侍衛保羅(Paul)的影響，他常常於漫長的行程中與王子談論著素食的美德。

黛安娜也漸漸明瞭自己及姻親親戚之間的關係。王子曾於一次與黛安娜激烈的爭吵時，明示王室的地位不容動搖。而他的父親愛丁堡伯爵(Edingburgh)，也已經同意，如果五年後，他的婚姻不幸失敗，他將離婚恢復單身。姑且不論這些言辭是否在情緒激動的情況說出的，它們已經使黛安娜

絕境求援的吶喊

在和姻親親戚相處時，築起了一道防衛的牆。

她的情緒在巴爾摩洛時顯的更糟。連天氣也未見明朗，一連下了好幾天的雨。媒體拍攝到黛安娜正要離開城堡前往倫敦的照片，妄下結論說黛安娜已厭煩了無聊的生活準備要去逛街。事實上，她是回到肯辛頓宮替她的慢性疾病尋求專業的治療。短時間內，她看了許多的精神治療師及心理醫師，他們也針對她不同的問題給予不同的處方。有的仍建議使用藥物；有的則希望能開啓她內心的世界。

第一個爲他治療的是著名的易雍(Jungian)學派的亞倫・麥克・葛拉山(Allan McGlashan)博士，他也是勞倫斯・波斯特的朋友，個人有一間距離肯辛頓宮很近的諮詢室。他請她將夢想寫在紙上，並企圖分析且與她討論這些夢想背後所隱藏的訊息。黛安娜後來表示，她對這樣的治療方式並不滿意，因此便停止了這段治療。但是查理王子仍舊不定期的拜訪他位於史羅恩(Sloane)街的診所，找他談論一些重要的事情。

另一位醫師大衛・米雪(David Mitchell)，則著重在分析黛安娜與王子間的對話。他每天下午都會前來見黛安娜並請她說說今天所發生的事情。她承認與王子的對話中總是哭泣多於言語；也有其他的諮詢師來診斷過黛安娜，而每一位都有自己的看法及理論，黛安娜卻覺得沒有一位能眞正碰觸到她內心最原始的混亂。

十一月十一日當天，黛安娜的醫師麥可・林南(Michael Linnett)向她的

前任鋼琴師莉麗・史尼普提到他很擔心黛安娜的健康。史尼普小姐在她的日記裏寫道：「黛安娜看起來苗條美麗。（她的醫生希望她能再胖一點，但是她卻沒有胃口）我問及威廉王子的情況，得知他昨晚竟睡了十三小時！黛安娜說她和查理王子是最糊塗的父母，而他們的兒子則是最棒的。」

諷刺的是，當她心情正處在低潮時，群衆也開始不諒解她。她不再是他們心中的白雪公主，而是大肆購物、奢侈的王室人員。黛安娜不但被指控促使王室人員在過去十八個月中拋下他們的勤務，甚至應該爲查理王子疏離朋友，改變飲食及穿著的習慣而負責。即使是女王的媒體發言人也以「喧鬧不堪」來形容他們的關係。當她一度想自殺時，一位專欄作家尼格・丹普斯特(Nigel Dempster)描述她是一個「惡魔與野獸」，雖然這些惡劣的言論與事實不符，黛安娜也只能默默的承受。

後來她的弟弟無意間說出了黛安娜裁員的話，而使得情況變得更糟。他說：「她成功地開除了王子身邊的一些損友。」這段話卻被用來解釋，當時肯辛頓宮及海格洛夫高層人員變動的原因。

在現實生活中，黛安娜幾乎已被周遭的一切所淹沒，根本無暇去重整管理幕僚。對於媒體指稱她是「王宮裏張牙裂嘴的老鼠」時，也只有默默承受。有一次她實在是氣不過去了，便對詹姆士・惠特克說：「我要你知道，我不需要爲裁員的事負責。我不是吃飽沒事只知道裁員的人。」就在她狂怒後不久，從喬治五世起便一直服務於王室的女王私人秘書愛德華・亞當(Edward Adean)

便提出了辭呈。

事實上，亞當與黛安娜處得很好，他介紹她一些女性朋友，成爲她的侍女。她很熱心的想湊合這些小姑獨處的女性與未成家的男子。當王子的忠實侍從史帝芬・貝利(Stephen Barry)辭職時，所有的矛頭都指向黛安娜。曾在他們蜜月假期時，史帝芬便已向她提及辭去的意願。他及探長約翰・麥考林(John McLean)還有服侍王子的單身男子都認爲，一旦結婚後就會辭去這份工作。事實亦果眞如此。

剛開始幾年，她試圖扮演好現實中的角色時，而她也自認自己可以辦得到，甚至可以爲王室及國家做些有意義的事。這個最初的希望，在一個悲傷的場合中實現。當摩洛哥的葛麗絲王妃於一九八二年一個交通意外中喪生時，黛安娜執意要參加她的喪禮。黛安娜覺得欠她一份情，因爲她曾於十八個月前，一個公開場合中特別開導過她，也因爲她的處境和自己雷同而心生同情(黛安娜與葛麗絲都是由平民嫁入王室)。起先她和王子討論想出席喪禮的意願。王子要她去取得女王私人秘書的同意。於是黛安娜寫了一張紙條給他，然而他認爲黛安娜經驗不足而予以拒絕。黛安娜對這個事件態度堅決，不願意接受這樣的安排。於是她直接寫信給女王，而女王沒有表示反對的意見。那是她第一次單獨代表皇室出席，回到英國後，大家都大大地讚許她的情操，願意出席嚴肅甚至乏味的喪禮。

其它的挑戰也迎面而來。當他們被邀請前往澳洲訪問時，威廉王子已到了

學習爬行的段。黛安娜向女王爭取帶威廉一起至國外訪問的舉動，也在媒體上引起了廣大的爭議。事實上，這是澳洲首相麥爾肯．佛雷瑟的提議。他在信中告訴王子夫婦，他了解一個新婚家庭所必須考慮的問題，而建議他們帶威廉王子一同前往。在這之前，查理夫婦都還在爲要離開威廉長達四星期之久而拿不定主意。佛雷瑟體貼的建議，使他們能延長訪問時間，順道至紐西蘭做了二個星期的訪問。然而這個舉動，並未得到女王的同意。

在這段訪問期間，威廉王子與保姆芭芭拉及隨身侍衛，待在一個位於新南威爾斯州(New South Wales)的烏瑪卡碼牧場。由於訪問行程緊密，查理王子夫婦只有在短暫的休息時間可與威廉相處，但至少黛安娜知道他就在身邊。威廉王子的同行造成了不小的話題，而黛安娜也很高興的談論著他成長的點滴。

這次訪問對黛安娜來說，可說是耐力的考驗。那是一次前所未有的轟動。澳洲全國不過一千七百萬人口，其中便有一百萬人口聚集在他們經過的街道旁，一睹查理夫婦的眞面目。群衆沸騰的情緒幾近瘋狂。到布里斯班市(Brisbane)時，將近三十萬的民衆擠進市中心廣場，在華氏九十五度的高溫下歇斯底里的擁動著。稍一不愼，便可能造成巨大的傷害。王室裡的人，包括查理王子本身都未曾經歷過如此大的騷動。

剛開始幾天，日子並不好過。黛安娜因爲貪食症而變得行動遲緩，心情沮喪。當她拜訪艾立斯．史賓斯(Alice Springs)空軍學校時，她和她的侍女安

妮彼此安慰。一關上門，黛安娜便精神耗竭地哭出來。她希望和威廉在一起，希望能馬上回家，希望能儘快逃離這個地方。即使是安妮這位成熟世故的二十九歲女子，也都已感到疲憊不堪。第一週對他們來說簡直就是折磨。她好像被丟到一個深淵，不掙扎就等著被淹死。黛安娜只有靠著自己的決心繼續走下去。

雖然黛安娜凡事以查理王子爲主，媒體對這對夫婦截然不同的對待，間接的影響了他們之間的關係。在威爾斯市遊行時，靠近查理王子那一邊的群衆則多有怨言。媒體報導的主角也集中在黛安娜身上，相對的，查理王子看起來就像是個陪襯的隨從。後來他們到加拿大訪問三週時，也發生同樣的情況。王室裡的一位成員便說：「王子從來沒想到群衆會有這樣的反應。畢竟，他才是查理王子。但當他一下車時，群衆卻傳來抱怨的聲音。這傷了他的自尊心，也無可避免的產生了嫉妒的心態。最後變得好像是兩個超級明星走在一起，互爭鋒頭。這也是爲什麼後來他們都各自行動的原因。」

在公開場合，查理王子大方地接受這樣的改變，私底下卻責怪黛安娜。黛安娜辯稱她根本無意向媒體爭寵，相反的，她一向對媒體都是敬而遠之。事實上，對一個患有有損個人形象的疾病的人而言，將自己暴露在各大媒體之前並沒有任何好處。

當然，這次累人卻成功的訪問，成爲她扮演王妃角色的一個轉捩點。她已從一個女孩變成一個女人。這是她一生中最大的改變，也是她內心緩慢復活的

信號。長久以來，她都處在失控的狀態之下，無法勝任新角色所帶來的一切。如今，她已獲得了自信與經驗，讓她有勇氣在大眾面前出現。雖然黛安娜偶爾仍會感到無助與傷害，但最糟糕的時刻已經結束。她漸漸的爲自己的生活開啓了一條新的道路。長久以來，由於日子過得如同囚犯一樣，黛安娜怕聽到以前朋友的消息，而對她的朋友們來說，總覺得環繞渡假、開舞會及換工作等的話題，會讓這位新任的超級偶像感到乏味。但黛安娜卻以爲能自在地談論這些鎖事是一種奢侈的自由。

同時，黛安娜也不希望她的朋友看到她悲慘而不幸福的現況。她就好像一隻受了傷的野獸，只希望能獨自舔好自己的傷口。但在澳洲與加拿大之行後，她有了足夠的自信去重拾舊有的友誼，並寫信尋問朋友的近況。其中一位便是亞當．盧梭，黛安娜安排與他在平利克市的一個義大利餐廳見面。

亞當．盧梭見到的並不是大眾眼中那個快樂光鮮的女孩。雖然擁有了較多的自信，卻仍可感受到她內心是寂寞而不快樂的。「她好像被關在一個籠子裡。對這樣的情況還不能適應。」他回憶道。

她對生活最奢侈的夢想，便是能坐下來，一邊吃土司夾納豆，一邊看電視。「那是我認爲的天堂」黛安娜如此告訴他。黛安娜新生活最明顯的寫照便是她坐在蘇格蘭花園裡，鄰桌卻坐著她的隨身侍衛。她花了好長一段時間才習慣讓他們隨侍在側。對她來說，荷槍實彈的警衛代表的正是關住她的牢籠。她已經快要忘了那種可以在車子裡聽歌的自由滋味。現在她做任何事之前都要先

考慮到他人的意願。

剛開始時，她常會在傍晚時甩開警衛，一個人開車到倫敦市中心。有一次還被一輛坐滿激動的阿拉伯人的車子追逐。後來她習慣開到南海灣的海邊，讓海風吹拂她的髮絲及臉頰。她非常喜歡玩水，不論是小溪或海水，她總是到海邊去想事情，試著理清自己的思緒。

身旁的警衛在她與娘家親戚及朋友之間築起了一道無形的阻礙。她了解到自己有可能是愛國者或暴徒行動的目標。安妮公主在白金漢宮旁差點被綁架的血腥事件，及女王的寢室被一外人麥可・法根(Michael Fagan)侵入等，再再證明了王室人員可能遭遇的危險。黛安娜對這些威脅採取較積極的態度。她到赫佛市(Hereford)的特種空軍總部接受擊退暴徒的訓練，從中她學會了一旦被綁架或攻擊時，所應採取的措施。他們甚至將槍砲及煙霧彈由假想的敵人發射到她車子的四周以求逼眞。還有一次，她到勞頓州(Loughton)艾薩斯市(Essex)的力比士(Lippits)山丘，與來自都市的警察一起接受訓練。在那兒，她學到了如何使用點三八口徑的史密斯衝鋒槍、旋轉左輪手槍及信號槍等，這些是皇家守衛隊員都必須熟練的標準武器。

她也開始接受一些無法改變的陰影，因爲她漸漸認爲她的警衛其實是值得信賴。如亞倫・彼得(Allan Peters)中士及葛拉漢・史密斯(Graham Smith)探長儼然成爲她的長輩，爲她巧妙的除去難堪或令人困窘的情況。他們同時也喚起了她本能的母性。她記得每一個人的生日，並寫信給他們的配偶，表達必

須讓她們的丈夫隨她一起至海外出差的歉意，並會確認他們跟著她時亦能過得好。當葛拉漢．史密斯罹患癌症時，她邀請他及他的太太到加勒比(Caribbean)的奈克(Necker)渡假，乘坐希臘大亨約翰．拉西斯(John Latsis)所擁有的地中海(Mediterranean)號豪華遊艇。

當她與朋友們在一家位於耐斯橋(Knightsbridge)的聖羅倫佐餐廳(San Lorenzo)用餐時，她的一位探員凱恩．沃夫(Ken Wharfe)便會在餐後，加入她們這一桌，讓大家聽他的笑話。而與她感情最好的要屬貝里．馬拿奇(Barry Mannakee)中士，他在她最失落的時刻成爲她的侍衛。他看出了她的慌張，便在她哭泣與痛苦的時刻讓她依靠，支持著她。他們之間所發展出的微妙感情，並沒有逃過王子或同事的眼睛。就在一九八六年七月約克公爵夫婦舉行婚禮前不久，馬拿奇被調往其它的勤務，黛安娜爲此感到非常難過。隔一年春天，他在一場機車意外中不幸喪生。

雖然王子偶爾和以前的朋友聯絡，特別是帕克．鮑爾及帕莫．湯金森家族，黛安娜在那段不幸的王室生活初期，拒絕了所有想要和她親近的人。王子與王妃參加了帕克．鮑爾自波爾希馬諾遷至距海格落夫僅十二里的官邸新居舞會，當時查理王子便常常於打獵時探望卡蜜拉。待在肯辛頓宮或海格洛夫時，查理王子夫婦的消遣少到連替他們工作的管家都感到無聊。就算有，也只是小小的聚餐，如只准男士參加的馬球同好年餐；或是與凱薩琳．索曼(Catherine Soames)、莎拉．阿姆斯壯．瓊斯(Sarah Armstrong-Jones)夫人、及莎拉．

法古森(Sarah Ferguson)的聚餐。

不斷的旅行、搬新家、嬰兒的到來及黛安娜本身的疾病，讓她耗費了不少精神。有一次當她很沮喪的時候，她去請教潘泥・索頓(Penny Thornton)，一位莎拉・法古森介紹的占星家。黛安娜告訴潘妮，她無法再承受任何的壓力，而想要脫離這整個制度。「終有一天妳會自由，但會以離婚收場。」潘妮如此告訴黛安娜，並確認了黛安娜不會成爲皇后的想法。

到了一九八四年，黛安娜懷了二王子哈利，但她的情緒並沒有因此好轉。雖然已不像第一次那麼嚴重，她卻再一次的爲害喜所苦。當她獨自從挪威的勤務中回來時，正是她的懷孕初期。她與已逝的女王前公關秘書維克多・卻曼(Victor Chapman)輪流使用飛機上的浴室。但維克多是因爲暈機，而她則是因爲懷孕所產生的晨吐。在等待生產的那幾個月，查理王子又開始與卡蜜拉聯絡，她可以感受得到。例如半夜響起的電話鈴聲、無法解釋的突然失蹤、及其它微小卻明顯的坐息改變。諷刺的是，那段時間也正是查理與黛安娜度過最快樂的婚姻生活。哈利王子出生前一個溫和夏日，是他們相處的最融洽的日子。然而好景不長，他們之間隨即又刮起了一個風暴。黛安娜知道查理王子渴望第二胎是個女孩，但掃描的結果顯示是個男嬰。黛安娜保留了這個秘密直到九月十五日星期六下午四點二十分，哈利王子於聖瑪麗醫院出生。查理王子的反應抹去了黛安娜心中對他僅有的愛意。「天啊，是個男孩。」查理王子說道：「居然還有紅頭髮（史賓塞家族的商標）。」說了這些話後，他便回到肯辛頓

5

Darling, I' m About To Disappear

真的想逃

真的想逃

Darling, I'm About To Disappear

由於皇家奧斯卡賽馬會將近，女王必須列出受邀出席於溫莎堡晚會的賓客名單。她禮貌的詢問黛安娜，是否有血統良好的單身女友願意參加。黛安娜毫不猶豫的寫下了兩個名字──蘇西．范維克(Susue Fenwick)及查理王子馬球經理雷諾．法古森的女兒──莎拉．法古森。

莎拉，一位活潑且常被稱為「佛姬」的紅髮女孩，是黛安娜在與查理王子談戀愛的時候認識的。當時，她在距她母親蘇西．巴蘭提(Susie Barrantes)的住所不遠的考卓公園(Cowdray)看王子打馬球。由於姻親的關係，她們彼此很早就認識對方，也有一堆共同的朋友。很快的，她們變成了好友。黛安娜邀請莎拉出席她的婚禮，而她也招待黛安娜到她位於倫敦市南邊，接近克來漢車站(Clapoham Junction)的公寓。

有一次在莎拉位於拉汶達(Lavendar)住所所舉行的雞尾酒晚會中，黛安娜認識了派迪．麥可拿利(Paddy McNally)，一個正與佛姬談戀愛卻不快樂的賽車手。一九八五年六月馬賽當天，莎拉由派迪接送至溫莎堡的私人入口，隨即由女王的一名侍女帶領她到一間客房。在床邊放了一張印有女王標緻的卡片，

上面記載著餐會及娛樂節目的行程表，同時也說明了賓客們會由馬車或轎車送入賽馬場的程序。雖然她的家庭已服務於王室多年，莎拉還是按捺不住心中的緊張。她適時的出現在格林畫房(Green Drawing Room)的餐前茶會上，並發現自己正坐在安德魯王子的旁邊。安德魯當時自海軍勤務中渡假歸來。

他們隨即發展出親熱的關係。安德魯拿起巧克力餵莎拉，莎拉則開玩笑的以在減肥爲由拒絕了他。「許多事總在不甚完美中開展」，安德魯王子於八個月後宣佈訂婚並接受訪問時如此說道。黛安娜被認爲是促成這對新人的紅娘。但事實上，她從未發現他的小叔與最好的朋友之間已經起了變化。因爲長久以來，莎拉一直與派迪維持著關係；而安德魯王子也未曾忘情於略有名氣的美國演員凱薩琳・辜・史塔克(Katherine "Koo" Stark)。

當「辜」與安德魯王子談戀愛時，黛安娜曾見過她，並對她有很好的印象。黛安娜從小便認識安德魯，知道在他急躁又喧鬧的外表下，有一顆他自己也不願承認的寂寞的心。查理王子還曾一度嫉妒他在福克蘭(Falkland)戰爭時，擔任飛行官的優秀表現。當他凱旋歸來時，顯得更加成熟。他的朋友都知道，他不是一個充滿野心的人。閒暇時，他喜歡看卡通或錄影帶，再不然就在皇宮裡溜躂，跑到廚房和工作人員聊天，或是看黛安娜練習芭蕾。黛安娜看著辜・史塔克這樣一個有禮、安靜又眞誠的女孩，給了寂寞的安德魯一直在尋找的溫情。因此，當安德魯追求莎拉時，黛安娜採取觀望的態度。她告訴莎拉「當妳需要我時，我會在妳身邊。」當他們的戀情開始發展時，黛安娜同意讓他們到海格洛夫度週末。如同莎拉的繼母蘇珊・法古森(Susan Ferguson)所

說：「經過那個週末，他們的感情愈來愈好，因爲他們很合得來。這是一件好事，就是一個愛情故事這麼簡單。當然，如果莎拉不是查理王妃的好朋友，事情剛開始時也不會這麼順利，她讓莎拉有機會見到他。你要知道，以他的職位是不太容易認識新的女人的。」

如同黛安娜的羅曼史一樣，事情一件一件的發生。女王於一九八六年邀請莎拉至聖德令干作客。接著，黛安娜及王子便帶她到瑞士克羅斯特滑雪。當他們停泊在倫敦港的HMS Brazen軍艦上探訪安德魯王子時，黛安娜靈巧的介紹莎拉認識王室成員。比起這位熱情的新人，黛安娜王妃在鏡頭前顯然得到較多的喜愛。這時的王妃已出落得十分美麗，而她對時尚的直覺，也深受全世界喜愛。

肩負教育小孩、處理家務、及挽救婚姻等重責，大家眼中的黛安娜似乎終於適應了她所應扮演的角色。終究，她還是沐浴在群衆的愛戴下。幾個星期以前，她和查理王子曾在肯辛頓宮，接受一位退役軍人阿拉斯泰·伯尼(Alastair Burnet)爵士的訪問。她很高興自己的回答清楚而冷靜，其他的王室成員也注意到了這一點。同時，上流社會對她突然在皇家劇院，倫敦市中心廣場與芭蕾舞星偉恩·史力普(Wayne Sleep)所做的表演感到驚訝。他們經常偷偷地以比利喬的歌「城鎮女孩」在她肯辛頓宮的畫房裡排練。查理王子坐在皇家的包廂裡欣賞著節目，完全忘了妻子的惡作劇。

節目終場前兩節，黛安娜離開王子的身邊，換上一件銀色絲質的服裝，接著偉恩便招呼她到舞台上。當他們表演完時，觀衆才鬆了一口氣。他們共謝了

八次幕，黛安娜甚至向王室的包廂行屈膝禮。在公開的場合，王子讚許黛安娜的表演，私底下對她的行爲卻不認同。他認爲那樣的表現不高貴、膚淺且太出風頭。

王子全然不支持，是她一開始就猜到的結果。不論她如何努力，做任何事情，每次她試著表達內心的想法時，他總是無情的將它擊碎。這令她感到無比失望。在籌備莎拉與安德魯王子的婚禮時，他對她漠不關心的態度顯而易見。當他們要前往溫哥華參加一個長毛象博物館的開幕典禮前，他們對她的健康，及小報稱她爲「竹竿的身材」有了爭執。傳聞黛安娜利用暑假至巴爾摩洛接受鼻子整形手術。在過去四年之間，她的外貌有著巨大的改變，而整形手術似乎是唯一的解釋。但貪食症通常會造成患者身體上的變化，而黛安娜正是典型的例子。幸運的是，黛安娜並沒有因爲缺乏維他命及礦物質而有掉頭髮、皮膚病及牙病等徵兆。

黛安娜的貪食症，在她出席加州一個博覽會暈倒時，而重新浮出檯面。因爲患有貪食症的關係，戴安娜總是儘可能吃早餐。但在出席博覽會之前，她並未進食，只在飛往加拿大海岸的途中咬了幾口巧克力棒。當他們望向群衆時，她感到非常的不適。最後，她將手臂攤在查理王子的肩上，輕聲的說：「親愛的，我想我快要暈倒了。」接著便往他身上倒去。她的侍女安妮及警衛代表大衛．洛伊考夫，將她扶到一個私人房間好讓她恢復神智。

後來，當她再回到丈夫身邊時，他卻毫不同情的怒斥：「就算妳要暈倒，

也不要在大衆面前。」當她回到可眺望溫哥華海灘的汎太平洋旅館(Pan Pacific hotel)的閣樓時，黛安娜癱了下來，哭到眼睛紅腫。她感到筋疲力竭，整天沒有吃東西，甚至還要忍受丈夫無情的態度。雖然她早料到他的反應，但他無情的言辭仍然刺痛了她。

雖然其他的人都建議最好不要再讓王妃出席晚宴，讓她好好休息，王子卻堅持她一定要出席，以避免不必要的猜測。黛安娜雖然知道自己需要幫助，但此時此刻卻不是表現軟弱的時機。於是，她讓隨行的醫生爲她開藥，好讓她撐過那個晚上。黛安娜希望能順利完成這一趟訪問，當他們抵達日本時，黛安娜很明顯的看起來蒼白而不健康。回到肯辛頓宮也沒有使她的心情好轉，因爲就在安德魯王子的婚禮前不久，貝里・馬拿奇被調往其它的職務。他可以說是她周圍唯一可以傾吐心事的對象，不論是她的孤立感、疾病、以及感覺等。他的離開，使她覺得更加寂寞。

約克公爵夫人的加入，就某方面來說，使黛安娜的生活變得更令人不能忍受。這位剛出爐的公爵夫人，對她的新角色表現得過於熱衷。相對於黛安娜對假日出遊，總是顯得無精打彩，公爵夫人則顯得興味濃厚。她與女王一起騎馬；與愛丁堡公爵一起駕馬車，表現出與女王極爲熱絡的樣子。由於公爵夫人善變的人格特質，所以能很快的迎合他人的喜好。她便是依此與派迪交往的。現在，她也以同樣的特質讓自己融入王室中。

雖僅比黛安娜年長一點，公爵夫人顯然世故許多，總是故意突顯自己與黛

真的想逃

安娜的不同。黛安娜總是神情沮喪、沉默而多病；而她則是熱情、充滿歡笑且精力旺盛。佛姬很快地便打入了王室，黛安娜卻仍舊被視爲冷漠而令人難以理解的外人。當佛姬如一股清流般出現時，查理王子很快的便拿她們兩人來做比較。「爲什麼妳就不能像佛姬一樣呢？」他問道。以前他總是拿她和他摯愛的祖母相比較，雖然現在比較的對象有了改變，結果卻是相同的。

黛安娜深深地迷惑了。雖然數以萬計的雜誌爭相報導她，群衆也很喜愛她，她的丈夫及王室的成員仍不願給她絲毫的鼓勵或建議。當時毫無自信的黛安娜無疑的接受了王室要她盡力向妯娌看齊的建議。當查理夫婦接受西班牙國王裘安．卡洛斯(Juan Carlos)的邀請，至瑪里凡城堡作客時，這件事情又再一次發生。大衆以爲是黛安娜促成這遊戲似的假期，以逃離嚴厲的巴爾摩洛，但這其實是王子的主意。甚至有可笑的傳言指出，黛安娜與裘安．卡洛斯之間有私情。事實上，國王與王子較爲熟識，且國王也不是王妃會傾心的那一型。這對黛安娜來說是最糟糕的假期。她大部份的時間都在生病，而王子則被熱情的款待著。消息很快的傳回宮中。再一次的，黛安娜被視爲一問題製造者，而王子又再一次的對她說「爲什麼妳不能多學學佛姬。」

由於長久以來，在生活上得不到支持和認同，黛安娜的自信心被摧殘殆盡。而社會對王室人員的期許更突顯了這個問題。基本上，男性皇族的表現決定於他們的言論，而女性皇族則取決於她們的外觀。由於與生俱來的美麗，大家總是注意到她的外貌，卻很少注意到她的建設。一直以來，黛安娜都甘於扮

演協助丈夫的角色。她的占星師菲力克斯・萊利(Felix Lyle)說：「最糟糕的是，她被放在一個舞臺上，不但無法按照自己的方式演下去，還被迫要百般顧慮形象，力求完美。」

黛安娜像一個花瓶一樣受人喜愛著。如同她的一位忠實朋友所言：「既有的王室制度要求她成爲美麗的花瓶及順從的妻子。如果一旦被這樣認定了，那麼，除了身上的衣服外，也沒什麼可値得讚許的了。如果連身上的衣服都和別人穿的一樣，那簡直一無是處了。他們讓她沒有任何有意義的事可做。」約克公爵夫人的健談、獨立、及精神旺盛，在王子、王室、甚至媒體的眼中看來，正是查理王妃應該有的樣子。而整個世界似乎都在鼓勵黛安娜仿效她。

黛安娜行爲的改變，可從她和莎拉突襲安德魯王子的告別單身舞會中看出。她和莎拉穿著警察的衣服想混入舞會中卻失敗。後來她們只好到安娜貝爾酒吧(Annabel's)喝香檳飲料。回到白金漢宮時，看到安德魯王子也正好回來便叫住他。嚴格說來，假冒警察是一種犯罪的行爲，一些吹毛求疵的議員是不會放過這一點。但是，王室的人此時都籠罩在狂歡的氣氛中。當約克公爵夫婦在溫莎堡舉辦一場謝宴，感謝在婚禮中幫忙的人時，佛姬慫恿大家穿著衣服跳進游泳池中。一連串的餐會及舞會，在耶誕期間相繼於溫莎堡舉行著，佛姬甚至鼓勵黛安娜與她一起做些瘋狂的事。

這只是剛開始而已。黛安娜與莎拉後來與夫婿前往克羅斯特滑雪聖地渡一週的假。第一天，他們站在一起讓媒體拍照。可笑的是，這個一年一次的假期

竟也引來了近九十位的攝影記者，他們忙碌地在雪地上找位子架器材。黛安娜與莎拉臉上表露出可笑的神情，然後在雪上彼此追逐玩樂，好像在表演娛興節目一樣。直到查理王子掃興的制止，黛安娜活潑的一面就這樣曇花一現後，又回復沉默的樣子。當日下午，記者們緊跟著黛安娜到克羅斯特咖啡館時，也看到了她令人驚訝的一面。她指著夾克上的一個鐵片說：「因為沒有人會頒獎給我，所以這是我自己慰勞自己服務國家的辛勞。」這也間接說明了她極需肯定自我。她們在沃夫崗(Wolfgang)的木屋時，甚至還打枕頭戰，雖然這是高中女生很平常的活動，但發生在她們身上便成為幼稚的行為。如同一位王室的賓客所言：「這雖然很好玩，卻不見得得體。當有王室的人，尤其是查理王子在場時，必須提醒自己注意自己的禮貌與動作，那可是非常正式的。」

有一次，查理、安德魯及莎拉一起在木屋裏看錄影帶，黛安娜則與釀酒商的兒子彼得．格林農(Peter Greenall)在一家迪斯可舞廳跳舞，並與安東尼恩(Etonian)、莎拉的兒時的玩伴菲利浦．唐(Philip Dunne)，相談甚歡。公爵夫人即使在婚後也總是有一堆的朋友。來渡假之前，查理王子便要求莎拉多帶兩個單身男性一起參加，好讓不太會滑雪的黛安娜及其他女賓客不會太無聊。莎拉選擇了唐——一位被稱為「長的像超人」的銀行家，及當時擔任皇家騎兵隊長的大衛．沃特豪斯。當大家都去專業跑道上滑雪時，這兩位單身漢與保守派議員尼可拉斯．索曼(Nichoolas Soames)的前妻凱薩琳(Catherine)及黛安娜則待在初學者跑道。他們相處的非常愉快。黛安娜發現沃特豪斯是一位充

滿幽默感，且深具吸引力的人。菲利浦則是一個油腔滑調的人。事實上，黛安娜比較喜歡他的妹妹米莉(Millie)，她當時在國家廣播電台主持一個「幫助倫敦女孩」的活動。

諷刺的是，那年夏天大家開始審視查理夫婦多波折的婚姻時，紛紛將注意力集中在唐的身上。這件事是由一個單純的邀請所引起的。由於唐的父母（亨莉塔Henrietta及湯瑪斯・唐Thomas Dunne）將於週末出遊打獵，遂提供位於蓋特力公園Gately Park的住所讓他們舉辦舞會。一同前往滑雪的同伴及其他朋友都前來捧場。顯然那些專欄作家大肆渲染黛安娜與唐單獨在其雙親家過夜的那一段，而刻意遺漏了其他的朋友。

外界對查理夫婦婚姻的猜測，與王室中年輕一代不安的行爲表現不謀而合。佛姬剛結婚時，所帶給大家的快樂也漸漸褪去。當黛安娜於一九八七年春天去拜訪她的占星家潘妮，便已先被預警，「接下來的幾個月，她會爲她的所做所爲付出代價。」戴安娜於滑雪時表現出輕浮的一面，又再一次發生於四月。當時她正在史丹赫斯特(Standhurst)巡視遊行的年輕軍官，卻突然竊聲嘻笑而廣受批評。她事後宣稱那只是因爲指揮官的笑話，及自己即將演講而不由自主發出的緊張笑聲。然而，誤會已經造成。二個月後，黛安娜被拍攝到與莎拉在奧斯卡劇院，用摺起的雨傘頂著她們的朋友露露・布萊克(Lulu Blacker)時，又被大大的抨擊了一頓。

外界反對的聲浪甚囂塵上。泰晤士報嗤之以鼻的寫道「輕率以至肥」，而

其它評論者則指稱她們的行爲像肥皀劇裏的女演員。最嚴重的莫過於黛安娜參加別佛公爵兒子馬奎斯・華斯特(Marquis of Worcester)及演員崔西・華特(Tracy Ward)婚禮的那一次。報導指出，當日查理王子先行離開，黛安娜卻和一堆朋友包括畫廊老闆大衛・卡爾(David Ker)、畫商蓋利・法拉(Gerry Farrell)及菲利浦・唐跳舞直到清晨才回去。她激情的舞姿，引起很大的評論，卻少有人提及當日，查理王子大部份的時間都在與卡蜜拉・帕克・鮑爾聊天。

被誤認爲與黛安娜一起參加大衛・鮑伊(David Bowie)的演唱會，菲利浦・唐的名字又再一次被提及。事實上，照片上所出現的是大衛・沃特豪斯正與戴安娜說話，而坐她身邊的另一位朋友林利子爵(Viscount Linley)則被剪掉。黛安娜看到星期一的報紙時，再也忍不住淚水。她終於了解媒體對她的男性朋友特別感興趣，也懊惱著不該與大衛・沃特豪斯坐得太近。黛安娜學到了慘痛的教訓。好似被人打了一巴掌。又一次的，黛安娜試著讓自己表現的像佛姬，但白金漢宮裏的朝臣，卻認爲對於身任未來的皇后這個身份來說，她的行爲並不適合。

更糟的情況才剛要開始。九月二十二日，查理王子獨自飛往巴爾摩洛，留下他的妻兒待在肯辛頓宮，長達一個月不曾見面。黛安娜每次出門總要擔心被跟蹤的記者拍到她毫無戒備的樣子。裘莉安・珊繆公主(Julia Samuel)及大衛・沃特豪斯被拍到至西方終點(West End)戲院走出來。大衛馬上越過人行

道的欄杆逃離現場。還有一次，一位自由作家宣稱他拍到黛安娜在凱特．曼紀(Kate Menzies)住所的馬廄，和大衛．沃特豪斯及其他好友一起嬉鬧。而跟隨王子至蘇格蘭的記者也沒有閒著。他們拍到王子與崔昂小姐，也就是一般人所知的「肯格」小姐站在一起。然而，卻沒有任何媒體提及，卡蜜拉．帕克．鮑爾也是當時的賓客之一。

雖然媒體都不知道卡蜜拉的存在，黛安娜卻知道她與查理王子常常在一起。不平的怒火在她心中燃燒。每次她無辜的與男人走在一起時，馬上就成爲頭條新聞，而她丈夫與卡蜜拉的私情，卻鮮少引起注意。菲利浦．唐、大衛．沃特豪斯及後來的詹姆斯．吉爾貝、詹姆斯．修易特(James Hewitt)隊長都明白，與查理王妃見面，不但使他們失去隱私，更會引來不必要的注意。

查理夫婦婚姻的狀況，不但是小報喜愛討論的題目，連一些具規模的期刊、廣播電台、電視及全國性的媒體都對這件事情熱衷起來。這時，王室才警覺到這次的媒體風暴。吉米．沙維(Jimmy Savile)是王室裏頗具權威的調停人，主動提出願作調停。十月時，當媒體對此議題的討論已到了白熱化時，吉米建議查理夫婦去巡視位於威爾斯南方正遭水患的底菲市，並藉此改善他們的公衆形象，讓謠言能不攻自破。

但這一個計畫並沒有成功。黛安娜一開始與查理王子在機場會合，準備飛往斯溫席(Swansea)時，氣氛便已不佳。隨行的人皆可清楚的看出他們彼此疏遠。黛安娜見到查理王子前情緒便已激動，王子的敵意又在她登上女王的BAe

146噴射機後，油然而生。她試著解釋她被那些無孔不入的媒體搞得七暈八素時，王子卻一點也不同情她；當她提到自己無法在這樣的情況下執行公務時，王子只推諉的說了「天啊！怎麼了？」，便拒絕再聽下去，旅途中根本無視她的存在。黛安娜後來告訴朋友「眞是殘酷，我是在求救啊！」從此之後，他們之間的距離已無法挽回，這段探視結束後，兩人又再度回到各自的地方。

她記得非常清楚，自己正開著車逃離陰暗的肯辛頓宮、陰魂不散的記者、監視她的朝臣，及如監獄般的城牆，來到她最喜歡的多薩(Dorset)海灘。當她獨自走在海灘上時，黛安娜了解到心中想與查理王子重修舊好的慾望已不存在。他漠不關心的態度，使她所懷的希望都變得虛幻。她試著做到他所要求的一切，但當她努力向他所稱讚的約克公爵夫人學習時，在他眼中仍然是一蹋糊塗。這不但沒有拉近她與查理的距離，反而成爲大衆的笑柄。對於約克公爵夫人所表現出的膚淺世界，黛安娜本身並不能適應。爲了生存下去，她知道自己必須找回眞正的黛安娜．史賓塞，那個本性被抹煞了整整七年的女孩，是該面對自我的時候了。長久以來，她都處在失控的狀態下，一味地順應丈夫、王室及媒體的喜好。在那漫長而孤獨的路上，她已漸漸地接受命中注定的挑戰。她相信從此以後，是該有所行動的時候了。

6

My Life Has Changed Its Course

生命轉彎處

生命轉彎處

My Life Has Changed Its Course

威爾斯王妃爲自己感到難過。好好的滑雪假期，卻被感冒破壞了。一九八八年三月十日下午，他們在克羅斯特沃夫崗附近的一個小鎮，租了一間小木屋，約克公爵夫人全身濕答答的出現在她的床前。當時的佛姬懷著碧翠斯王子，於滑雪中不小心翻滾到山下，撞擊到她的背部。

她由當地的醫生檢查後，臉色蒼白，且不停顫抖的被送回小木屋。當她們在木屋中聊天時，聽到有直昇機飛過，瞬間閃過一個念頭，其他滑雪的同伴可能遭到雪崩了。當查理王子的公關秘書菲利浦．馬基(PhilipMackie)到達小木屋時，大家都感到大事不妙。他不知道木屋的樓上有人，直說道：「發生意外了。」當他打完電話後，黛安娜她們向他叫道：「發生什麼事了？」馬基是前任愛丁堡晚報代理編輯，想避開這個問題，只說到：「我們待會會告訴妳們。」黛安娜執意要他說出眞相。他才說出在山坡上發生了意外，他們的同伴中有一位不幸喪生。

時間好像靜止了一樣，黛安娜與莎拉坐在樓梯間，一動也不動的等候著消息。不久，查理王子震驚而悲傷的打電話來，告訴馬奇他沒事，但是休．林歇(Hugh Lindsay)——女王的前任武官不幸喪生。每個人都因難過而顫抖起

來。當約克公爵夫人痛哭失聲時，黛安娜的胃因悲傷而絞痛。她覺得不能因悲傷而失去了理智，應該趕快處理該做的事情。她隨即開始打包休的行李，莎拉則將他的護照交給王子的警衛——湯尼派克檢察官。黛安娜小心翼翼的將休的戒指、手錶及一頂昨晚用來模仿艾爾．瓊森(Al Jolson)的假髮放進他的行李箱裡。

當一切都整理好後，黛安娜將行李箱提到樓下湯尼派克的床下，好讓他們離開時可以直接帶走。那天下午，小木屋因爲不斷造訪的人而被擠的水洩不通。一位瑞士驗屍官來到現場並詢問意外發生的經過。肇事地點幾近垂直的危險地帶——偉恩(Wang)坡，每年都有不幸的遊客在此喪生，當他們滑經此地時，突然有一雪崩覆蓋而來。另一位到達的是查爾斯．帕莫．湯金森(Charles Palmer-Tomkinson)的夫人派蒂(Patti)，在雪崩中傷了腳而正在進行手術。隔日，黛安娜對查理王子想再回到那一陡坡的想法擔憂。剛開始時，王子並不贊成應馬上結束假期，但黛安娜還是成功的說服了他。這是因爲王子仍難以相信爲何會有這樣的悲劇。頭一次，黛安娜迫切的覺得自己需要作一件事情。她義正嚴辭的告訴丈夫，他們有義務帶著休的屍體回英國。她辯稱這是唯一可以爲休的妻子莎拉（Sarah，一位深受喜愛的白金漢宮新聞人員，與休剛結婚不到幾個月，正懷著他們的第一個小孩）所做的事情。

第二天，他們一行人飛回倫敦郊外的諾斯豪英國皇家機場(RAF Northolt)。莎拉帶著六個月的身孕，看著她丈夫的棺木以軍式禮儀被抬下來。王室的人員站在莎拉的身旁，黛安娜想著：「妳恐怕還不知道未來要如何

在痛苦中度過。」後來的情況證實了黛安娜的直覺。莎拉在黛安娜和姐姐珍的陪伴下，在海格洛夫待了幾天，以幫助她從悲痛中走出來。從早到晚，莎拉哭泣著對黛安娜訴說休對她的重要及他們相識的經過。他的死令她無法承受，尤其是他死前，她都未能在他身邊。

這件悲劇對黛安娜造成了莫大的影響。這不但讓她學到如何去面對悲劇，還可以幫助查理王子在臨危時，做下正確的決定。同時，克羅斯特事件甦醒了她內心潛藏的特質。

卡洛琳打電話來關心黛安娜的貪食症，因爲長期缺乏生體所需的礦物質如鉻、鋅、鉀等，會造成情緒沮喪及容易疲勞。她催促黛安娜去看醫生，但黛安娜不想和醫生談論她的問題。卡洛琳只好丟下最後通諜——黛安娜若不去看醫生，她就把這個隱藏已久的秘密公諸於世。黛安娜與史賓塞家族的家庭醫師談過後，對方介紹她一位任職於倫敦市中心，蓋斯醫院的飲食失調科專家莫理斯．里斯基(Maurice Lipsedge)醫師。當他第一次走進她肯辛頓宮的畫房時，她便感受到他是一個體貼且可以信賴的人。他並沒有把時間浪費在多餘的寒喧上，便嘗試問她自殺了幾次。雖然她被這麼直接的問題嚇到，但馬上也很直接的回答「四或五次。」

他們會談了兩個小時，然後，告訴她可以馬上治好她。他甚至很有自信地指出，如果她能夠控制飲食習慣達六個月，她便可以脫胎換骨。莫理斯醫師認定問題並非出在王妃身上，而是查理王子。接下來的幾個月他每個星期爲她診

斷一次。他鼓勵她多看些有關她病情的書。縱使她必須在私底下看，以防被王子或其他人發現。但她發覺她在書中找到了希望。她告訴卡洛琳：「這就是我，原來不是只有我一個人如此！」

醫師的診療使她的信心重新萌芽。她需要任何微小的幫助。但當她走在這條漫長的痊癒之路上，她的丈夫卻嘲笑她的努力。用餐時，他會看著她吃，然後說：「待會這些食物會不會又被吐出來，眞浪費。」莫理斯醫師的預測是正確的，六個月後她的情況已大有改善。她說這種感覺就像重生。接受治療前，她常常一日要發作四次，現在則減少到三個星期才發作一次。但是，當她與王室人員待在巴爾摩洛、聖德令干或溫莎堡時，緊張的壓力仍會使情況再度惡化。在海格洛夫時的情況亦同。在她心中的海格洛夫，是查理王子用來招待卡蜜拉等屬於他自己朋友的地方。她一開始就不喜歡這座喬治亞時代的莊園，因此在這邊度過的日子，更加深了這份不悅。每個週末，她與丈夫在這裡度過，卻飽受焦慮和貪食症的痛苦。

就在她下定決心戰勝貪食症的同時，她也決定面對那個令她焦躁而憤怒的女人。這個衝突發生在她與查理王子一起參加卡蜜拉的姐姐，安娜貝爾・艾里特(Annabel Elliot)四十歲的生日會上。當日的嘉賓都以爲黛安娜不會出席，所以對於她的出現，都感到萬分驚訝。晚餐後，黛安娜在樓上與其他賓客閒聊時發現，她的丈夫與卡蜜拉已雙雙不見。後來她在樓下發現丈夫與卡蜜拉正與另外一位客人聊天。王妃以有重要的事情要對卡蜜拉說爲由，要求其他的人離開。

當大家識相的走開後，兩人之間突然靜默下來。後來黛安娜打破沈默，說出了她對卡蜜拉與查理王子之間友誼關係的懷疑。黛安娜對丈夫總是喜歡與「海格洛夫的那一堆朋友」在一起更是心生疑慮；她常常試撥查理王子手提電話的「重撥鍵」，卻發現總是接到帕克・鮑爾家。不論是丈夫打獵時、或於巴爾摩洛、聖德令干所見的「海格洛夫」朋友，都會令她起疑心。

黛安娜將這七年來的憤怒、嫉妒及不安都在那次對話中發洩出來。這次事件造成了黛安娜態度上的轉變。雖然她仍對丈夫及卡蜜拉與那堆海格洛夫的朋友懷有強烈的恨意，但在她的生命中卻已顯得微不足道了。

就在這時候，她與瑪拉(Mara)及羅倫佐・邦尼(Lorenzo Berni)變成了好朋友。他們在耐斯橋經營一家聖羅倫佐餐廳(San Lorenzo)。瑪拉以她熱情的義大利本性，總是詢問客人的星座、名字的意義及行星的重要。雖然黛安娜已經造訪這家餐廳多年，直到一九九〇年，他們才眞正適時的進入她的生命中。當她正在等候一起吃午餐的朋友時，習慣在客人間周旋的瑪拉，繞到她的桌邊，將手放在她的手腕告訴她，她能了解她所經歷的一切。黛安娜懷疑的要她說說看她的看法。短短幾句，瑪拉便赤裸裸地剖析她孤獨、悲傷的生活，以及她所經歷過的變動。黛安娜非常訝異，她以爲自己一向隱藏得很好的眞實生活，在她敏銳的觀察下竟無所遁形。她問瑪拉，自己是否能找到快樂及何時才能逃離皇室系統。自此以後，聖羅倫佐便不再只是一個吃飯的地方，也是她逃離肯辛頓宮的一個庇護所。瑪拉及羅倫佐遂成爲傾聽她苦痛，給她建議的好朋

友。如同他們的好友詹姆斯．吉爾貝所言：「瑪拉與羅倫佐都是非常圓滑且客觀的人，他們看出了黛安娜內心的焦慮與不快樂。他們能夠幫助她找到自己的定位。」這對夫婦建議黛安娜多接觸占星術、塔羅牌及透視、催眠術等哲學。這些東西在皇家的歷史中處處可見。約翰．達爾(John Dale)更將王室相信這些靈異的傳統，追溯回維多利亞女皇時代。達爾宣稱，長久以來，王室的成員包括王母、女王、菲利浦親王都曾參加過類似的靈術會。這時，經由友人的介紹，黛安娜認識了占星家黛比．法蘭克(Debbie Frank)，並於往後幾年不斷造訪她。她以黛安娜出生的時間及當時的星相爲黛安娜的現況，及未來做了大略的建議與分析。巨蟹星座的黛安娜擁有許多這個星座的特質，例如情感溫和及充滿母愛。

當她開始探索精神世界的可能性時，她全然相信。由於她對自己的未來感到迷惑，以致於仰賴預言的程度，宛如將溺之人抓到了一塊浮木。隨著自信心的增加，她才開始視這些預言爲參考，而非全然的希望。她發現占星術很有意的思，偶而也有可靠的相關性，但絕不是能操縱她生命的唯一因素。她的朋友安琪拉．史拉特(Angela Serota)便說：「了解我們內心的成長是很重要的，而這正是她下一步要做的。」

對占星術的好奇，幫助她了解自己。而她對哲學的汲取有別於自查理王子那聽來的西方主流思想。當王子與王室的其他成員，尋求著各種巫術及信仰時，黛安娜亦獨自發掘著探索這個世界的方法。占星術正是其一。在她成年的

日子裡，總是被別人操縱著，尤其是自己的丈夫。因此，需要相當的時間，才能揭發她內心已被隱藏許久的本性。這段自我的探索並不輕鬆。她必須脫胎於那個充滿沮喪、焦慮及缺乏自信的自己。在這段黑暗的日子，史帝芬．丁格(Stephen Twigg)對她進行殘酷的治療，但黛安娜漸漸知道自己欠他許多。於瑞典接受指壓訓練後，他發展出一種與健康相關的哲學，並利用中藥使身心達到平衡的狀態。一九八八年十二月起，她便常常受邀至肯辛頓宮表演指壓法。

勞工局首長哈洛．威爾森(Harold Wilson)的前任政黨秘書巴洛妮．佛肯德(Baroness Falkender)，因爲罹患乳癌，她曾經也是丁格的病人。所以，可以了解黛安娜何以對史帝芬．丁格如此的感激。她說道：「他一定像幫助我一樣，幫助她許多。他是一位非常出色的人。雖然他的指壓術很高明，但他有一套完整的生命哲學，能幫助妳找到自己的道路。讓妳覺得自信並輕鬆，進而找到新生命。」

在他治療黛安娜的一個小時內，與她無所不談，藉著聊天引領病人去了解自己，以達到調合身體、心理及精神這三個要素。他建議黛安娜吃維他命，進行排毒，並採取海(Hey)氏節食法，一種將醣及澱粉分開的飲食模式來調理飲食。他與每個病患討論過程細節，藉此分析主客觀因素和生活中所面臨的種種。例如，黛安娜每次到巴爾摩洛，總會感到虛弱且不被接納。但黛安娜「記得」他對她說：「妳並非眞的被王室所困住；相反的，是他們被妳困住了。」

如同丁格所說的：「像黛安娜這樣的人讓大家了解到，不論你與生俱有多

好的條件，都會受制於不快樂與疾病。雖然需要勇氣來面對這種無力感，但是一旦面對之後，你便能改變你的生活。」

黛安娜同時也接受其它的治療。例如羅德瑞克・連(Roderick Lane)的催眠療法，及一種用香油減輕壓力，促進健康的芳香療法。「它對解除壓力很有效」蘇・比琪(Sue Beechey)——一位使用這種療法已二十年，住在約克郡的婦女說道。黛安娜常常將芳香療法與針灸併用（一種用針插進正確的穴道以調和眞氣的醫術）。它是利用針的刺激打通皮膚下的經脈。黛安娜不時請來一位在艾爾蘭西利勾郡的實習護士烏娜・多佛洛(Oonagh Toffolo)，替她及威廉王子針灸。和珍・芳達(Jane Fonda)、雪莉・麥考蓮(Shirley Maclaine)一樣，威爾斯王妃對水晶的療效亦深信不移。

這段時間她靠每日游泳、運動、及偶爾與她所贊助的倫敦芭蕾舞團，一起練習來保持身材。她並聘請了一位私人教練教她一種在東方國家很受歡迎的慢速太極拳法。它的動作有一套優美而流暢的規範，使人調合心理、生理及精神。她對芭蕾的熱愛，使她容易能抓到訣竅。這種輕柔的運動使她找到了如禱告般的寧靜。

雖然她仍然看些愛情小說（作者丹妮爾史堤Danielle Steel每次都會寄給她最新的簽名小說），她也開始閱讀有關哲學、治療及勵志的書。她常常於早晨時，探索保加利亞(Bulgarian)哲學家米克海・伊凡諾(Mikhail Ivanov)的思想。這是在忙碌的生活中，讓頭腦沉澱的好方法。她非常衷愛一本有著藍色

封套，由哲學家卡希爾・吉布蘭(Kahil Gibran)所寫的「大預言家」。這本書是曾受過她照顧的愛滋病患，安卓・華特・傑克森(Adrian Ward-Jackson)所送。

她對這些事情的熱愛，多少受到查理王子的影響。王子對醫藥、建築、及哲學的喜愛，是衆所皆知的事情。當他看到她讀著一本「面對死亡」時，他粗魯的問她，爲什麼浪費時間看那些沒用的東西。但是，如今的她以不再害怕擁有自己的想法，也不再害怕面對別人所帶給她的不快樂，她已從步向死亡的悲傷中看到眞正的歡樂。她對能「觸及內心深處」的聖歌的喜愛是她莊嚴靈魂的最佳證明。如果把她丟在沙漠裡，她最想要擁有的三首曲子便是莫札特(Mozart)的C大調，還有法瑞(Faure)及韋瓦第(Verdi)的彌撒曲。

黛安娜在這段期間所接受的建議、友情、及所有治療，使她重新找回自我，一個被丈夫、王室及外界對白雪公主的期許所消磨殆盡的本性。面具下的她，不是一個輕浮的人，也不是一個完美的偶像。眞正的她，其實是一位安靜且內向的人。正如卡洛琳・巴索羅美所言：「雖然媒體一向很喜歡她，她卻從來不曾喜歡過媒體。事實上，她總是羞於面對他們。」

當她的心理愈發成熟後，她的身體也有了明顯的改變。她請山姆・麥考奈(Sam McKnoght)爲她設計一個短一點、活潑一點的髮型時，透露了當時她內心的想法。這些變化也可從她的聲音聽出端倪。當她談及那段灰暗的日子時，她的聲音呆板而微小，幾乎讓人聽不到，好像是在挖掘回憶中最恐懼的角落。

但當她能以自我爲中心，掌控一切時，她的聲音充滿活力與色彩。烏娜．多佛洛於一九八九年第一次在肯辛頓宮見到黛安娜時，便發現王妃膽小而不敢正視她的性格。她說：「過去兩年，她發掘了自己的本性，並重新找到她前所未知的自信與自由。」其他人亦贊成她的看法。一位於一九八九年首次見到黛安娜的朋友回憶道：「她給我的第一個印象是害羞而內向。當她和我說話時，總是低著頭不敢正眼看我。看到她流露出悲傷的神情，很想給她一個溫情的擁抱。和那時比起來，她現在成熟多了。她已經找到了生活的目標，不再是當時那個迷失靈魂的女孩。」

她願意親近如愛滋病患這樣的挑戰，是她重拾信心的表現。當她開始關心世界後，她已無暇去顧及她原本所贊助的人或團體，因此造成了尷尬的局面。例如，一個芭蕾舞蹈團的董事們便曾在一次會議中明白表示，希望她能多花點時間在他們的事業上。但她說：「世上還有比芭蕾更重要的事情，有人正流落街頭瀕臨死亡。」一九九一至一九九二年的冬季，她在卡迪諾．巴吉．漢（Cardinal Basil Hume，英國羅馬天主教教主）及威爾斯（Wales，流浪漢基金會的贊助者）的陪同下，走訪了七個流浪漢之家。在一九九二年的一次拜訪中，她與卡迪諾．漢在泰晤士河河堤旁的避難所，待了近兩個鐘頭，陪伴那些流浪漢。

有些青少年有酗醉和吸毒問題，在她來訪時提出一些充滿敵意的問題，其他人看到她會在寒冷的週末晚上抽空過來，只是大感驚訝。

正當她說話時，一名醉醺醺的蘇格蘭人踉蹌地走進房裡，輕率地丟了一句，「嘿！妳眞漂亮」，完全搞不清楚是在跟誰講話。等到聽別人說她就是黛妃時，他仍舊不以爲忤。「我才不管她是誰呢！反正她就是很漂亮啊！」一旁的休姆主教(Cardinal Hume)是一臉難堪，黛安娜卻覺得這個人很有趣。儘管會有這類無禮的冒犯，她在這些場合還是感到非常自在，比起王室和朝臣在一起自在多了。一九九一年皇家馬球賽時，五天的賽程她只參加兩天就去做其他的事了。過去她向來喜歡觀看一年一度的馬球賽時裝和駿馬遊行，不過後來她就覺得沒意思了。正如她的友人表示：「我不再喜歡光鮮亮麗的場合，我覺得跟他們在一起很不自在。我寧願做一些有用的事。」

諷刺的是，查理王子對馬球的熱愛讓黛安娜更清楚自己的價值。一九九〇年六月，王子在西倫塞斯特的一場比賽中摔斷了右臂。他被送到當地一家醫院，但休養幾週後他的右臂還是沒好，醫院便建議他進行第二次手術。他的朋友查爾斯和派蒂・帕莫・湯金森推薦他去諾丁罕大學附設醫院。雖然這是一家國立醫院，王子還是有專屬的病房，病房還剛裝潢過。他還把他的總管和私人廚師從白金漢宮叫來。黛安娜到醫院探視她丈夫期間，花了很多時間探訪其他病人，特別是加護病房的病人。她坐在迪恩・伍瓦德身旁，他因車禍昏迷中，復原後黛安娜還私下到他家拜訪。這只是平常的探訪，但當這家人把這些私下拜訪的經過，賣給英國報章媒體後，黛安娜便深表反感。

一個對黛安娜意義重大的事件也發生在同一家醫院，不過當時並沒有攝影

機、奉承的名流和一旁觀看的群衆在場。這件事是三天前在靠近紐瓦克的波德隆村後院發生的，一名家庭主婦弗芮德·希克林(Fred Hickling)突然因腦出血而昏倒。黛安娜第一次到加護病房看她時，屏風後面的她只能靠著呼吸器維持生命。她丈夫彼得(Peter)坐在妻子身邊，握著她的手。醫院的顧問告訴當時正在醫院探視病人的黛安娜，這名婦人復原的機會很渺茫。黛安娜並輕聲問彼得是否能和他一起握她的手。接下來兩個小時，她坐在那裡，兩手握著彼得和弗芮德的手，不久醫生便告訴彼得，他太太已經死了。黛安娜跟著彼得、他繼子尼爾和他女友蘇一起走進一個私人房間。蘇看到弗芮德·希克林接著呼吸器時驚嚇過度，所以沒認出黛安娜，只模糊地想著曾在電視上看過她。「叫我黛安娜就好了」王妃親切地說。她聊了很多日常瑣事：醫院的規模、查理王子右臂的傷勢，並問到尼爾的造林公司情況。最後黛安娜覺得彼得喝一大杯琴酒會好一點，便叫她的隨從去拿一杯進來。看到隨從沒回來，黛妃便親自拿了一杯進來。

五十三歲的彼得是名退休的議會職員，回想道：「她不斷試著讓我們振作起來。就一個完全不認識我們的陌生人來說，她在待人處世和當機立斷的表現眞的很專業。黛安娜也幫尼爾很大的忙，讓他冷靜下來。到了我們要離開的時候，他和黛安娜聊天的樣子好像已經認識很久了。我們走下樓梯時他還在她臉上吻了一下。」

他的繼子尼爾感激地說道：「她很關心別人，又善解人意，是個可以仰賴

的人。她了解失去親人的悲痛。」

尼爾和彼得在準備喪事時，收到一封王妃用肯辛頓王宮信紙寫的信，兩人又驚訝又感動。這封信是一九九〇年九月四日寄的，信中寫道：

親愛的彼得，

過去這幾天，我一直想到你和尼爾，我無法想像你們所經歷過的痛苦和哀慟。

你是個非常堅強勇敢的人，但我還是擔心你要如何才能從喪妻之痛，調適過來。

我想讓你們知道我內心也很悲痛，我不斷為你們禱告，希望能多少給你們帶來些安慰。

這封信謹代表我對一個特別的人的愛和誠心支持。

黛安娜敬筆

對一個長久以來認爲自己沒有價値，除了風格品味外，沒有什麼能給這世界的女人來說，這件事是一大分水嶺。會造成這種混淆，和她在王室的生活有直接關係。正如她友人詹姆斯・吉爾貝所說：「去年她訪問巴基斯坦時，看到有五百萬人只是爲了看到她而來，覺得驚訝不已。黛安娜心中一直有一種難以言喻的交戰。『這些人怎麼可能會想要看我？』我晚上回家時，還是不會有人注意到我。沒有人說：『妳做得很好。』她心中一直有這種難解的矛盾。在外

別人百般重視她，回到家卻感到如此空虛。在家沒有人會對她說句貼心的話，當然除了孩子以外，她覺得自己是被隔絕在外的。」

她從不冀求讚美，但在公衆場合如果人民對她的協助表示感謝，就會讓例行的公務變得特別有意義。早些年，她從不敢相信這些讚美的眞實，不過，後來對於親切的話和友善的舉動，她就較能坦然接受了。如果她覺得是因爲她而能帶給別人快樂的話，這一天她都會過得很快樂。她和主教討論要如何幫助老弱的需要，而這個深植在她心中的期許，正不斷的滋長，她討論的對象包括坎特布里主教和許多重要的主教們。她說道：「不論在哪看到疾苦的人，都是我想幫助的對象。」到一些像史多克曼德村或大奧蒙街這樣專門的醫院探視病童，並非瑣事而是一種深刻的滿足。正如美國前第一夫人芭芭拉．布希(Barbara Bush)和黛妃一九九一年七月聯袂探視米塞克醫院的愛滋病房時，看到黛安娜對病人的態度毫不畏怯。當病人看到黛妃和他說話，感動的哭了出來時，黛安娜馬上給他一個很深的擁抱。當時的情景，讓在場的第一夫人和其他人都深受感動。她抱著那名病人時，她已不再是王妃的身份，而是她自己。之後，她提到需要給愛滋病患良好的照顧時，這對黛安娜來說是項個人成就。

雖然她一開始投入愛滋病諮詢的工作時，遇到一些反對的聲浪，通常是匿名的抗議信，但她仍想幫助這些被社會遺忘的受害者。探訪痲瘋病人、吸毒者、無家可歸的人和受性虐待的兒童，這些都讓她切身接觸到一些不容易解決的問題。就像她友人安琪拉．史拉特所說：「她關心愛滋病人，是因爲她看到

社會並未提供這些人任何協助。她以為不應該只關心愛滋病和相關問題，應該包括社會上的任何疾苦。」

愛滋這種病，不僅需要技巧性與高靈敏度的諮詢，也需要勇氣來面對。黛安娜本著率眞和悲天憫人，關心愛滋病所帶來的個人與社會問題。就像她弟弟查爾斯說的：「她能挑戰一個眞正棘手的問題癥結，的確很難得。一般的公益活動誰都能做，但要投入其他人根本不想碰的工作，就必須要能眞誠關懷，並奉獻出許多心力。」這些品性他都以眼見爲證。當時他請一位美國友人，在他女兒凱蒂(Kitty)的受洗禮中，當其中的一位教父。而這位友人因罹患愛滋已不久於世。從紐約飛到倫敦令他疲憊不堪，加上要和王室成員在一起更讓他緊張。查爾斯回想著說：「黛安娜馬上就知道哪裡不對勁，便走過去像平常和教友聊天一樣。她想幫他順利渡過這一天。而她的關心確實對他幫助很大。」

一九九一年對一位友人的關懷與照顧，或許是有史以來最令她感動的一段日子。她私下協助照顧罹患愛滋病的安卓・華特・傑克森(Adrian Ward-Jackson)長達五個月。這段日子對安卓來說，悲歡參半。因爲當時的他是藝術、芭蕾和歌劇界的名人，卻逐漸受到病魔吞噬。對擁有出衆魅力且精力充沛的安卓來說，在一九八〇年代中期，診斷出HIV病毒陽性反應時，剛開始眞的很難接受這種命運的安排。就在他擔任愛滋危機信託基金會副主席時，認識了黛妃，讓他完全接受罹患愛滋的事實。最後他在一九八七年把這件事透露給他好友安琪拉・史拉特知道，安琪拉在摔傷腿前是皇家芭蕾舞團的舞者，現在活躍於舞蹈和芭蕾的推廣。長久以來，由冷靜沉著的安琪拉負責照顧安卓，同時她年少的女兒也一直支持她。

安卓在藝術上的卓越貢獻，於一九九一年三月榮獲白金漢宮頒發榮譽國民勳章。當時，他身兼皇家芭蕾舞團團長、當代藝術協會主席以及劇院博物館協會理事。就在泰特藝廊舉辦的名流午宴中，安琪拉認識了黛妃。一九九一年四月安卓的病情惡化，只能待在梅菲爾區的公寓中，而安琪拉幾乎隨時在旁照料。就從那時起，黛安娜定期去探視安卓，有一次甚至帶她的兩個孩子威廉和哈利王子一起去。也因此安琪拉和黛安娜成了莫逆之交，一起照顧她倆共同關心的朋友。安琪拉回想著說：「我覺得她的美深具內涵。雖然看得出來她很不快樂，但卻仍有股力量，從她內心穿透出這片陰霾，照亮周遭的人。最令我印象深刻的是，她一直叫我不要拘泥形式。」

黛安娜帶著孩子一起來看朋友時，表現出她堅信身爲一個母親養育孩子的方式，就是讓他們能領悟到生命與死亡的各個層面。安琪拉看得出來威廉比他實際年齡早熟且敏銳得多。她回想著說：「他對疾苦有很成熟的看法，表現出對愛和奉獻的了解。」

起初，安琪拉退居幕後，讓黛安娜單獨在安卓房內，兩人談談共同的朋友或生活。她常常送花之類的禮物給安琪拉，她都叫安琪拉「安夫人」。黛安娜常讓安卓開懷大笑，因爲兩人彼此間有很深的了解和關懷。這就是她的特色，不像一般名流仕女灑著濃郁的香水，只是做禮貌性的拜訪。蒙特街的氣氛無比

的和樂，這是一種了解痛苦的快樂。就像安琪拉所說：「我不會把死看得很憂傷或難過。他走之前過得很快樂。由於黛妃能深刻的體悟這一切，所以，她的到訪對安卓更是一種激勵。」安琪拉讀了很多亞西西的聖法蘭西斯(St. Francis of Assisi)、卡希爾・吉布蘭(Kahil Gibran)的書和聖經，也常常給安卓做芳香療程治療。加爾各答的泰瑞莎修女(Mother Teresa)也打了電話來，並透過印度友人送來一個大獎章，這都帶給安卓很大的快樂。在安卓葬禮上，黛安娜收到泰瑞莎修女的一封信，表示她很希望能在黛妃拜訪印度時見到她。不巧的是泰瑞莎修女剛好生病，黛妃便專程到羅馬散心。儘管如此，這封充滿感情的信，對當時的黛妃仍具有重大意義。

黛安娜無法探訪安卓時，就打電話到她好友的公寓關心他的情況。在她三十歲生日時，她戴上安卓送給她的金手鐲，象徵著他倆的情誼永存。儘管如此，安卓死時，黛安娜長久以來默默的關懷幾乎潰決。八月他的病情惡化，醫生建議他轉到位於帕丁頓的聖瑪麗醫院私人病房，在那裡可以獲得更有效的治療。不巧，黛安娜必須離開倫敦，和家人一起搭著希臘大亨約翰・拉西斯(John Latsis)的遊艇到地中海渡假。她預定從遊艇搭直昇機到她的私人飛機，趕在最後一刻前，來探視她朋友。在她離開倫敦前，黛安娜到安卓家看他。他跟她說：「我會撐到妳回來的。」這些話烙印在她的內心，飛到義大利後，便每天數著時間，一直到能回英國。

假期結束後，她從機場直奔聖瑪麗醫院。安琪拉回想著說：「我們突然聽

到有人敲門。竟然是黛安娜！我飛奔上前緊擁她，帶她走進病房看安卓。她還穿著T恤，臉上曬成古銅色。看到她這樣安卓很高興。」

之後她回到肯辛頓宮，隔天又帶了一堆禮物來。她的主廚梅文・威克里(Mervyn Wycherley)準備了一個大野餐籃給安琪拉，威廉王子則抱著一大束從海格洛夫溫室摘來的茉莉花。那時，安卓已經中止一切醫療，且看起來很平靜。安琪拉說：「如果安卓看起來很沮喪的話，黛安娜就不會帶她兒子來了。」在回家的路上，威廉問他母親說，「如果安卓在我上課時病危了，妳能不能通知我，這樣我才能過去？」威廉有這樣的貼心，像極了她的母親。

又有一次王室任務，黛安娜要和女王及王室其他成員，做每年一度在巴爾摩洛的獨居。先算好從蘇格蘭到倫敦要七小時車程，並交待要安琪拉在安卓情況惡化時一定要通知她，才放心起程。

八月十九日星期一，安卓開始陷入昏迷。羅傑・格林亞克牧師(Canon Roger Greenacre)已經做完了最後一次祝禱，到了傍晚安卓的情況非常危急，護士們連忙叫醒小憩中的安琪拉，叫她最好趕緊通知黛安娜。當晚最後一班到倫敦的飛機已經起飛，而且也租不到私人飛機。當下她便決定和隨從從巴爾摩洛開六百英哩的車程奔馳回倫敦，到達醫院後已經凌晨四點。她徹夜未眠，拉著安卓的手，輕撫著他深鎖的眉頭。

從星期二到星期三她一直在旁守候。安琪拉回想著說：「我們共同分擔了這一段長期的心神交戰。」到了週三上午，黛安娜已經累壞了。她坐在走廊

小憩時，不遠的一個病房鈴聲大響。一位剛動完心臟手術的母親因再度發作驟逝。而這個女人的孩子和家人當時就在病房裡。當醫生和護士拿著電子儀器衝進房裡，黛安娜不斷地安慰難過的家屬們。他們不敢相信驟然而逝的一切，情緒十分低落。在他們離開醫院前，黛安娜一直陪著他們。告別時，大兒子跟她說：「主雖然帶走了我們母親，卻派來了一位天使。」由於她天使般的心，適時的溫暖了每顆需要撫慰的心。

到了星期四，消息傳開後，一群攝影記者在醫院等候黛安娜。安琪拉說：「大家以爲黛安娜最後才來。當然事實完全不是這樣的，她陪著我們分擔了一切。」八月二十三日星期四凌晨，安卓死時，安琪拉走到隔壁打電話給黛安娜。她泣不成聲時，黛安娜說：「我馬上過去。」她到後不久，就一起向上帝禱告，然後黛安娜讓她的朋友們最後一次獨處。安琪拉說：「我想不出還有誰會先想到我。」黛安娜堅強地打起精神，爲她的朋友鋪床，要她上床歇著，並給她一個晚安吻。在悲傷的同時，她仍然挺著胸膛，予人關懷的羽翼，包容所有傷痛。

安琪拉入睡後，黛安娜覺得最好讓她和家人到法國散心。她幫她打包好行李，並聯絡她在蒙波利耶的丈夫，告訴他安琪拉醒來就會搭飛機過去。然後，黛安娜上樓到嬰兒房去，她的兩個兒子也都是在這個房間裡出生。她覺得目睹新生和目睹死亡一樣重要，並試著讓新生的感覺，平衡她內心強烈的失落感。在那幾個月中，黛安娜了解到自己更多方面，並反省她人生的新起點。

更令她欣慰的是，她終於能不屈服於王室的壓力。她知道離開巴爾摩洛前並沒有先請示女王，隔天王室會堅持要她馬上回去。王室覺得探視一次就夠了，對於她忠誠奉獻的表現覺得很不恰當，因爲顯然已超出傳統履行任務的範圍。她丈夫對她的熱心從不重視，對於她爲了照顧朋友所花的時間從未有認同感。他們無法認同她對安卓・華特・傑克森所做的承諾，更不會瞭解不論他是死於愛滋、癌症或其他疾病，她都承諾要陪他走到最後的決心。她不想破壞他對她的信任。在任何緊要關頭，她覺得對朋友的忠誠就和她對王室的責任一樣重要。就像她回想著對安琪拉說：「你們兩個都需要我。被需要的感覺對我來說很特別，因爲我也曾渴望被需要。」

雖然在安卓葬禮中黛妃是安琪拉的守護天使，全程握著她的手，但在安卓的追悼會上，她卻需要靠在她朋友肩上痛哭。但王室卻不贊同她們坐在一起。因爲在騎士橋聖保羅大教堂舉行的追悼會，是個正式的儀式，王室要坐在右邊的座位，死者家屬和朋友要坐在左邊。很遺憾，王室再度以權勢阻止了黛妃的希望。追悼會中，黛安娜雖然面露哀傷，但因爲死去的這個人，讓她對自己再度燃起信心。

黛妃不再覺得必須對外界隱藏自己眞正的感受。可以做自己，不用再戴著面具面對生活。照顧安卓的這幾個月是她一生的要事之一。正如追悼會後不久，她寫信給安琪拉說：「我深觸到自我從未發掘的性靈，變得更積極且平衡。」

7

I Don't Rattle Their Cages

展翅高飛的籠中鳥

I Don't Rattle Their Cages

展翅高飛的籠中鳥

在一九九一年六月，威爾斯王妃與一位朋友於聖羅倫佐午餐時，他的保鏢打斷他們的話題，告訴她說威廉王子在他的私立寄宿學校裡，被捲進一場意外，細節不清楚，但很明白的是，王子和他的同學在博克夏(Berkshire)的羅契洛夫學校(Lodgrove School)運動場玩高爾夫球時，頭部遭到很嚴重的撞擊。當她匆忙從飯店趕到時，查理王子也已從海格洛夫驅車趕到皇家博克夏醫院(Royal Berkshire Hospital)，正在檢視威廉的傷處。

雖然醫院已用CT掃瞄來檢驗他頭部所受的傷，皇家博克夏醫院的醫生建議他的父母將他轉送到倫敦市中心的葛瑞特歐蒙街兒童醫院(Great Ormond Street Hospital for Sick Children)。救護車載著黛安娜和她的兒子，在隨從的護衛之下，急駛於M4高速公路上，而查理王子開著奧斯頓馬汀跑車尾隨在後。一路上，威廉王子仍「活潑健談」地準備去接受外科手術。神經外科醫師理查・海渥德(Richard Hayward)，女皇的內科醫師安東尼・道生博士(Dr Anthony Dawson)，和其他多位醫師圍繞著他的父母解釋情況。在多次的交談後，他們被告知他的頭顱受壓幾乎破裂，必須馬上用全身麻醉來動手術。他

們明白的表示，手術本身和王子在意外初期已遭受到的腦部傷害，兩者都可能有嚴重的風險，雖然機率極小。

由於查理王子對於把他的兒子交給醫生們感到非常地放心，所以他離開醫院前往科芬公園去觀賞普希尼(Puccini)的歌劇托斯卡(Tosca)。在那兒他邀請了十二個歐洲聯盟國的官員參加晚宴，其中包括從布魯塞爾來的環保局局長。在這同時，威廉王子握著他母親的手被推進了開刀房，進行爲時七十五分鐘的手術。黛安娜在鄰近的房間焦急地等候，直到理查·海渥德走進房裡告訴她，她的兒子情況良好。她回憶說，那是她有生以來最漫長的一小時。當她在私人房裡坐在威廉身邊時，他的父親已經搭上通宵旅程的皇家火車，前往北約克夏(North Yorkshire)去參加一場環境研討會。

黛安娜握著她兒子的手，像個護士般的照顧他，每二十分鐘幫他量血壓和觀察眼睛反射的狀況。威廉的雙親先前已被告知，突然上升的血壓是腦部傷害手術中最可怕的副作用，因此需要定時的檢查。這種狀態一直到凌晨三點，才渡過了危險期。

隔天早晨，黛安娜在過於疲憊的狀況下，仍然非常關心報紙對威廉可能遭受癲癇之苦機率的評論。但這只是衆多煩惱之一，她仍然留心：「不論在痛苦還是快樂的時候，你都要鼓勵你的孩子。」當查理王子爲了環保任務在約克夏達利郡(Dales)漫遊時，一群心理學家、皇家觀察者，與憤怒的母親譴責王子的行爲。在太陽報(Sun newspaper)上的頭版標題問道：「你是什麼父

親啊？」

他的事業重於家庭的作法，使一般大衆震驚不已。但對他老婆來說，沒什麼好大驚小怪的。事實上，她接受他前往歌劇院的決定，就如同往常一樣。對她而言，這不過只是另一個依循的常軌，而非脫軌的例證。在威廉推出手術房後，和她說話的朋友評論道：「原本這樣的事該是令人難以置信，而她並不感到驚訝。這證實了她想到的只是如何幫他克服困難，增強他和孩子們之間的關係。但她完全沒有得到任何的支持、擁抱或情感。」

黛安娜的朋友詹姆斯・吉爾貝曾發表強烈的聲明：「她對威廉發生意外的反應是既害怕又不敢相信。她無法相信她丈夫的行爲，因此她只有消極地將自己封閉起來。黛安娜想：『我知道我的職責，是要對我的兒子忠誠』。」

當王子得知大衆的憤怒時，同樣地將過錯歸咎於他的太太。查理譴責她「胡說八道」，說未來皇位的繼承人受到腦部傷害。從查理王子口中得知，當黛安娜告訴女王說她的孫子漸漸痊癒時，並無施行任何手術，女王甚爲震驚。

意外過後幾天，威廉因康復狀況良好，王妃才得以實行到馬洛社區醫院(Marlow Community Hospital)的拜訪。當她離開時，一名老人在人群中因心絞痛倒地。黛安娜並沒有離去，反而衝進人群幫忙。當王子看見媒體對她善行的報導時，他譴責黛安娜的行爲如同殉教者。他這酸溜溜的回應，顯示他們之間的大隔閡，這不禁讓媒體對他們下個月的十週年結婚紀念感到好奇。她用平淡的語氣問：「有什麼好慶祝的呢？」

這對夫婦對威廉受傷的事有戲劇化的反應，要同是生活在這個相關體系下的人，才能了解查理王子和黛安娜．史賓塞女士童話故事般的婚姻其實已經結束，只是有名無實。他們婚姻的崩潰和他們職業性親屬關係的分化事實，對他們的朋友來說是悲傷的來源。這樁議論紛紛的婚姻開始時，曾被寄予極高的厚望，而至今卻相互揭醜指責和冷淡漠不關心。王妃曾告訴她的朋友，他們心目中的婚姻在一九八四年哈利王子出生的那一天已經結束。這對夫妻在家已分房多年，並在西元一九八七年官方訪問至葡萄牙時，停止共用住所。當她發現在泰勒雜誌內的一篇文章，出了一個難題：「查理王子是不是在性生活上有什麼問題！」她認爲這絕對是胡鬧的，因爲這是無心的諷刺。

據朋友觀察，他們在這段時期互相憎惡，當黛安娜發現她的丈夫心煩意亂時，他便移轉情緒給妻子，表現漠不關心，並帶以厭惡的意味。當週日報報導王子在白金漢宮舉行的一個爲慶祝皇太后九十大壽的音樂會上，明顯地忽視她，她向她的朋友提及此事，他們也都覺得奇怪。「他在每一個地方都忽略我，如此已有很長一段時間了。他就是排斥我。」因此，她也不試圖去涉入他的特殊興趣，像建築、環保或農業等等。痛苦的經驗告訴她，她的任何建議都會被視爲粗劣僞裝的企圖。她的密友說：「他使她感到不安全，恐懼，和如往常般強烈痛苦的感覺。」當查理四十三歲生日時，他帶黛安娜去觀賞奧斯卡．王爾德(Oscar Wilde)的戲劇——「一個不重要的女人」(A Woman of No Importance)來慶祝。她的朋友也都知道這是件極諷刺的事。

身爲一個體貼、迷人又幽默的男人，查理王子同時也有使反對他的人，無地自容的能力。這種能力擴大到他曾多次反對他的三位私人秘書，以及衆多的幕僚官員和他的妻子。黛安娜的母親在哈利王子的受洗禮時，領教過他那殘忍的性情與冷酷的天性。當他對她的母親抱怨說，她的女兒生了一個有紅頭髮的兒子時，凱夫人這位個性非常正直的女人，堅決地告訴他，他應該慶幸他的第二個兒子生下來很健康。從那時候起，查理王子將他的岳母，永遠地排除在他的生活之外。這個經歷讓她對女兒的遭遇感到非常的同情。

皇室爲了維護這一對公衆人物的形象，不得不加以掩飾他們之間有隔閡的事實。在一九九一年聖誕節之前，威爾斯王妃到普利茅茲去實踐她很少投入公務的諾言。她與愛德華王子一起在一場莫札特音樂會，直到午夜。但隔日早晨她取消了拜訪演說，因爲她得了流行性感冒。雖然她在接下來的音樂會，他的丈夫能陪她一整天，但她爲避免感覺不對，寧願一整天都待在床上。

這緊綳的氣氛，使幕僚們必須走入這對皇室夫婦的公衆場合與私生活。舉例來說，當威爾斯王妃被告知她的父親於一九九二年二月二十九日去世時，她正在奧地利的雷克(Leck)滑雪度假。她準備自己回家，留下查理王子和他們的小孩。當他主張一塊兒回去時，她認爲他試圖想做一位關懷體貼的丈夫爲時已晚。她的悲哀是她根本不想成爲皇室公共關係計畫的一部份。於是，她再一次地表明立場。而他的私人秘書與公關反對她的提議。他們強調他隨她回去是爲了他的公衆形象，但她仍然拒絕。最後，一通女王從溫莎堡打來的電話，仲裁

了這愈演愈烈的事件。王妃在她的裁定下，勉強接受他們必須一起回去的事實。在機場時，他們適當地與匯集的媒體相遇。媒體報導——「當黛安娜最需要幫助的時候，王子給王妃支持的力量」。事實上，當這對皇室夫婦一抵達肯辛頓宮，查理王子立刻前往海格洛夫，讓黛安娜一人獨自承受悲傷。兩天後，黛安娜驅車參加喪禮，而查理則乘直昇機。在黛安娜故事中的一位相關朋友評論：「他隨她一同回去，只是爲了他的公衆形象。當她正爲她父親之死傷心時，她領悟到至少能給自己一個機會，照自己想要的方式去做，而不用僞裝。」

如她的一位密友所說：「她看來似乎對查理的出現感到害怕。她最快樂的一天就是當他在蘇格蘭的時候。當他在肯辛頓宮時，她感到非常失落，就像個小孩。她靠自己建立起的所有優勢，頓時消失。」

她在這段時間的改變只有外在的。她的演說，正常時是快速有精神，精彩又有說服力。但當他在她身旁時，就常常消逝了光彩。黛安娜的聲音變得貧乏單調，拖沓著疲倦。她也就是用這種聲調，提及她雙親的離婚，以及她經歷的「黑暗時期」，也就是她的皇室生活，直到她在一九八〇年代晚期被皇室體系壓抑的情緒。

在他的面前，她回復到十年前的女孩模樣。她沒事就嗤嗤的笑，開始咬指甲，這原本是她很久之前就戒掉的習慣。但在他面前，所有的行爲都變得不知所措。像他在狩獵時，搜索的那隻膽怯的小鹿。這種他們兩人同時在家的緊張

氣氛，是很容易察覺的。就如烏娜多佛洛所觀察的：「當他在肯辛頓宮時的氣氛是緊張的。他在的時候，她並沒有得到她想要的自由。這種蕭條的氣息眞是令人難過。」另一個常客稱這種現象爲「瘋狂的房子。」

當查理王子從法國訪問回來之後，她覺得他的出現令她感到壓迫，因此很想逃離肯辛頓宮。黛安娜打電話給一位擔憂她的朋友，她可以感覺到黛安娜正在哭著，因此她說：「好的，我馬上過來。」但當她到我這時，明顯地還未平復下來。黛安娜告訴我：「我在這是爲了你，也爲了我。我丈夫的出現只是讓我想趕快逃離。」她不斷地發抖。

他們分居後，兩人僅存的維繫力量只剩表面的和諧關係。兩人公開的出現，只爲了粉飾社會大衆對於他們分離的事實而已。一九九一年，在溫布里所舉行的足球決賽的九十分鐘當中，雖然兩人緊鄰而坐，但卻未聊過隻字片語，甚至連看都沒看對方一眼。在這之後的印度馬球比賽，查理王子沒有親黛安娜的臉頰，只在比賽結束時親親她的脖子。甚至連他們的信箋以往都印有明顯的C和D，現在也被拋棄，而印各自喜歡的個人頭銜。

當她在肯辛頓宮時，他就會待在巴爾摩洛區的海格洛夫或是伯克夫(Birkhall)。黛安娜在海格洛夫的主臥房內掛有四張大幅海報，查理則睡在一張從他兒子威廉王子那兒搬來的銅床，因爲在馬球比賽摔傷右手臂後，他覺得睡大尺寸的銅床比較舒服。或許也就是這分隔遙遠的寢具安排，導致夫妻倆的疏離。當威廉王子想要睡他的床時，卻被他爸爸拒絕了。「有時我眞懷疑，誰

是家裡的小孩子」黛安娜諷刺地說。至於黛安娜曾親密的叫查理「哈伯蓋」(Hubcap)已是好久以前的事了。詹姆斯．吉爾貝曾說：「他們的生活方式完全不同，不像是結過婚，會在睡前親蜜的問：『親愛的你好不好呢？』這種事幾乎很少發生」。

黛安娜和一位好朋友共進午餐時，她告訴她朋友一件事，這件事不但能夠描述那時倆人的關係，也可以了解威廉王子保護的個性。當白金漢宮決定宣佈約克公爵與公爵夫人分居的那個星期，對黛安娜來說，著實難過了好一陣子。因爲她知道她失去了一個親密的朋友，而且，從此大衆的焦點將會落在她的婚姻上。然而她的丈夫卻似乎無動於衷，還花了一個禮拜的時間，到不同的華宅造訪，去收集他所撰寫園藝書籍的資料。當他回到肯辛頓宮，他甚至不知道爲什麼他的妻子會如此沮喪。他對這約克公爵夫人的新聞感到輕鬆不在意，而且還像往常一樣的批評黛安娜的公衆工作，尤其反對她去造訪羅馬的泰瑞莎修女。甚至他們的同僚即使習慣於這種爭論，也對這種態度感到驚慌和同情。當黛安娜哭著告訴她的丈夫，除非他對她和她的工作改變態度，否則她要重新思考她的地位。她上樓洗澡時，威廉王子就會從浴室門縫下遞一把的面紙給她，「我不喜歡看到你難過」他說。

她每天都爲了界定和取捨她的角色而痛苦不已，不斷地在女王要求的「國家責任感」與「她所渴求的快樂」之間掙扎。然而爲了尋求眞正的快樂，她覺得必須離婚。但是她擔心一旦離婚，不可避免的將失去給予她的小孩更多的歡

樂，同時也面臨不了解她生活眞相而反對她的社會大衆。她的朋友看他們的婚姻已經到了無可挽回的糟糕地步，爭執點則在兩個小孩及查理王子與卡蜜拉不尋常的友誼關係上；至於公開的衝突，早已逾越了查理王子與王妃所應有的公衆人物角色。她或許沒給他任何東西，但他所給予的更少。當他們對立最嚴重時，她保留一句話：「記住，我是你兒子的媽媽。」當他們爲了卡蜜拉而起衝突時，這是她的護身符。

宮廷大臣常會捲入戰火之中。當查理王子在威廉王子傷了頭顱的事件，遭到公衆的譴責後，正要好好療傷之際，他的私人秘書理查・愛萊德(Richard Aylard)指揮官在他手寫的備忘錄中，懇求他的主人多在公共場合和小孩子在一起，至少，看起來比較像一位負責任的父親。在這信函的結尾，查理用紅筆重重的畫線，並用明顯得大寫字母寫著：「試試看。」

詹姆斯・吉爾貝解釋道：「她覺得他是一個又壞又自私的父親。孩子必須配合他的行徑，他從不延遲、取消、或改變任何他已經爲他們所做的決定。這種反應在他自己的成長過程，就不斷地重演。這就是爲什麼他和兒子在聖德令干騎馬拍照時，她顯的非常難過。我和她談到此事時，她總是非常生氣。因爲她覺得照片似乎意謂著他是個好爸爸，然而事實如何，只有她最清楚。」

過度保護子女常常是單親家庭的現象，她深深地摯愛著威廉和哈利，在她混亂的世界裡，他們是安定和理智的。她絕對是無條件全心全意的付出，完全是爲了不讓他們受到她小時候相同的遭遇。

黛安娜在幫他們選學校、選衣服、安排郊遊、公開活動的行程安排中，她總是考慮再三，從她的公務日記中就可看出。他們學校球賽日期，學期活動及校外教學都用綠色筆註明，這些事情永遠排在第一位。所以當查理吩咐僕人從海格洛夫官邸送一盤李子給在羅契洛夫學校的威廉時，黛安娜也會抽空站在運動場邊為擔任足球校隊左後衛的威廉加油。對於查理的缺席，孩子們都能自然地接受。但有時候，他們仍然熱切希望能看到他們的父親。當查理跌斷右臂在休養時，他大部份住在蘇格蘭。為撫慰威廉的驚慌，黛安娜問候她丈夫的傷勢，而查理卻只用手寫傳眞告知他兒子他的狀況。

黛安娜和修易特隊長(Captain James Hewitt)的友誼，引起媒體的討論。情愫開始是因為他對她的兒子們來說是個受歡迎的「叔叔」。修易特，一個敏捷的馬球球員，有著簡潔的幽默與保持一九三〇年代偶像的懷舊。在他拜訪海格洛夫時，他教導威廉與哈利卓越的馬術觀點，並幫助黛安娜克服她改不過來的馴馬技巧。他是個迷人的男子，在黛安娜因她丈夫的冷落之下，而極需一個肩膀倚靠的同時，他給她快樂和諧的友誼。她事後承認，情愫已漸漸發展成了愛情。她幫他挑選衣服，送他高雅的禮品。在幾次機緣中，她拜訪他位於德文郡(Devon)的老家，受到他父母的款待，同時她的兒子也和修易特一塊兒騎馬玩耍。王妃發覺這幾次的週末假期，是她生活中令人興奮的插曲。

在某段時期，修易特成為黛安娜生命中的重要人物。距離將這對皇室夫婦分隔，這可以從他們各自召集大批充滿敵意的朋友，來支持他們的事實而證

明。黛安娜公開表示她對丈夫的不滿，並緊緊連結她的一群好友，包括她先前的室友卡洛琳・巴索羅美、安琪拉・史拉特、凱薩琳・索曼、德文郡公爵與公爵夫人、巴西使節夫人麗瑪，住在離黛安娜房子幾碼遠的姊姊珍，以及瑪拉羅倫佐・拜尼……等等。這些都是她的知己或社交朋友，她會從他們那詢問意見。

在查理王子這邊所重視的是安德魯與卡蜜拉・帕克・鮑爾，方便的是他們居住在靠近海格洛夫的密斗威治豪斯(Middlewich House)。卡蜜拉的姊姊安娜貝爾和她的先生賽門・艾略特(Simon Elliot)、滑雪伙伴查理與派蒂・帕莫・湯金森、保守黨下議員尼可拉斯・索曼、作家兼哲學家羅倫斯・波斯特，蘇姍・赫賽小姐，女王的長期女侍，柴昂爵士與小姐，和荷蘭籍休茲夫婦，以及住在靠近聖德令干(Sandringham)安摩侯(Anmer Hall)的愛蜜莉・凡克珊(Emilie van Cutsem)……等等。

黛安娜輕視地稱他們爲「海格洛夫的一群」。他們對他的丈夫獻慇懃，對她奉承，並完全將他的展望與他的婚姻、他的孩子，和他的皇室生活連結在一起。結果，卻使王子與王妃之間的情誼破裂，關係惡化。黛安娜曾形容過愛蜜莉・凡克珊，以前的高爾夫球冠軍，是她最好的朋友。就是她告訴黛安娜，查理王子和卡蜜拉・帕克・鮑爾的關係，致使他們之間有更多的猜疑。當凡克珊在一九九一聖誕前，邀請查理王子和他的同夥到科芬公園的一家餐廳吃晚餐，黛安娜強烈的懷疑，選擇那個日期是因爲先前她有段很長的時間，參加公務而

無法出席。諸如此類的質疑，在他們之間層出不窮的上演著。

在一九九一年威爾斯王妃三十歲生日的那一週所發生的事實，使他們的朋友也捲入這一對皇家夫婦相互敵對的漩渦中。有一天國家評論的民意調查顯示，黛安娜是皇室家庭中最受歡迎的一位。在黛妃當衆接受掌聲的同時，每日郵報(Daily Mail)頭版新聞報導，黛安娜拒絕她丈夫在海格洛夫爲她舉行生日派對的提議。這被王子的朋友明顯的暗示說，黛安娜的行爲是無理性的。當查理王子首次提出這宴會的意見時，波灣戰爭(Gulf War)正緊張。黛安娜聲稱，當英國軍隊被捲入戰爭時，籌畫宴會是很不妥當的。除此之外，就連她的朋友也都知道，在海格洛夫舉行的派對，參加的是王子的朋友，這對黛妃來說也無多大樂趣。

報紙上的文章也明白的表示，查理王子對著準備籌畫宴會的朋友埋怨他太太的不是，正當查理辯護自己的無辜時，黛安娜卻感覺這好像在她的生日投射下陰影一樣。那天，她悄悄地與她的姊姊珍和他們的小孩一起慶祝。這也顯示出，這對皇家夫婦的關係已有了裂痕。

由於反對的聲浪，迫使這對夫婦在公衆場合暫時和解。查理王子改變他每日的行程，如此他就能和他的太太出現在不同的公衆場合，包括參加在皇家亞伯特廳舉辦的音樂會，並決定在他們結婚十週年紀念日時，花一點時間在一起，藉此來撫慰媒體。但這種高度的做作，僅維持一週，他們和解的局面就破裂了。他們全然的不合，經由充滿敵意的「海格洛夫的一群」出面做的證實，

已差不多形成了。但是，查理的朋友並不是她討厭那鄉間小屋的唯一原因。她指出，當她去他們位於格洛斯特郡的家時，就好比「回到了看守所」一樣。所以她很少邀請她親朋好友。如同黛安娜的朋友，詹姆斯・吉爾貝所言：「她不喜歡海格洛夫。她感覺卡蜜拉就住在路的盡頭，並不管她爲這房子所做的一切。她從不覺得這是她的家。」

當週日報詳細正確地報導卡蜜拉的來來去去，黛安娜有點兒滿意，即使是報導王子駕駛未做標示的福特旅行車開了十二哩前往密斗威治豪斯。這個消息被海格洛夫的前任警察，安德魯・傑克斯(Andrew Jacques)，進一步的證實。他將王子的故事賣給國家日報。他宣稱「在王子的生命中，卡蜜拉・帕克・鮑爾太太肯定是比黛妃更重要的人物」，這敘述也被很多黛安娜的朋友所證實。

哪一個女人能讓黛安娜的情緒激動？在他們度蜜月的時候，卡蜜拉的相片從查理王子的日記中掉落下來的那時起，威爾斯王妃就對這位在查理單身時所愛，但失去的女人，心懷各種猜疑、怨恨和嫉妒。卡蜜拉出身於一個貴族後裔的健全世家。她是士官長布魯斯・尙德(Major Bruce Shand)，一位富裕的酒商、獵狐隊的領隊、東薩西克斯郡(East Sussex)副首長的女兒。她的哥哥是探險家兼作者馬克・尙德(Mark Shand)，在他和克理歐・哥爾史密斯(Clio Goldsmith)，也就是已故的食品界百萬富翁詹姆斯・哥爾史密斯(James Goldsmith)的姪女結婚之前，曾經是拜卡・賈格(Bianca Jagger)與模特兒瑪

麗・海爾文(Marie Helvin)的護衛。卡蜜拉和愛思佩・絲霍小姐(Lady Elspeth Howe)，也就是前財政大臣霍爵士(Lord Howe)的妻子，以及百萬富翁的建築師阿斯康貝爵士(Lord Ashcombe)有親戚關係。她的曾祖母是愛麗絲・凱貝爾(Alice Keppel)，長期服侍愛德華七世的女管家。她嫁給一位服務於軍隊的軍官，並曾說過她的職責是「先行軀躬禮再跳上床」。

和達比伯爵，凱多更伯爵(Earls of Derby and Cadogan)與馬耳波羅公爵(Duck of Marlborough)有親戚關係的安德魯・帕克・鮑爾(Andrew Parker-Bowles)，單身時期的他在初入社會的青年之中，是個勇敢又受歡迎的護衛。在一九七三年的七月，他進禁衛禮拜堂(Guards Chapel)舉行婚禮之前，這位迷人的騎兵隊統帥是安妮公主與溫士頓・邱吉爾爵士(Sir Winston Churchill)的孫女夏綠蒂(Charlotte)的伴從。身爲前陸軍准將，他頂著未被證實的頭銜「拿著銀色指揮棒等候女王的人」，就是以他的才能，來設計沿著林蔭大道祝賀皇太后九十大壽的慶祝遊行。

查理在一九七二年第一次遇見卡蜜拉時，他正在海軍服務，而她正在和他的馬球球友安德魯・帕克・鮑爾，也就是日後護衛女王的騎兵隊隊長約會。他立刻深深地被吸引。

現在她已五十多歲，兩個孩子也已長大。查理王子還是她長子湯姆(Tom)的教父。卡蜜拉這時被一般大眾視爲值得皇室信賴的密友。

黛安娜經常與她的朋友詹姆斯・吉爾貝討論她對卡蜜拉的憂慮，當黛安娜

訴說她對卡蜜拉的憤怒和苦惱，他同情的傾聽。他說她無法忘懷卡蜜拉與查理王子的一段情：「對卡蜜拉的種種猜疑，讓她覺得不安。我能了解，那個女人對她的家庭做了什麼？這就是她認爲這件事顯然不公平的地方。結果，他們的婚姻觸礁了。」

吉爾貝經營汽車貿易生意，他在黛安娜十七歲時就認識她了。但是，和她成爲親密的朋友，是在茱莉亞・珊繆(Julia Samuel)辦的宴會見面之後。他們長談到深夜，談他們個別的愛情生活——他有一段失敗的戀愛，她有一段褪色的婚姻。自此之後，他們在深夜以電話互相安慰。其中一次的對談，還令人難堪的被公開了。然而，在一九八九年的夏天，她關心的是要如何贏回丈夫的心，並且迫使她丈夫離開「海格洛夫的一群」。他回想起：「她非常強烈的感覺到她的自尊瀕臨危機，她被排拒的感覺，來自丈夫也來自皇室體系。」

在那時候，她處於家庭和皇室的雙重壓力之下，並試圖突破重圍而開展新局。黛安娜甚至同意再生個小孩，以爲可以解決這個問題。然而，她的委曲求全居然換得的是對方的漠不關心，也註定了他們之後的關係。憤怒、挫折、受傷的自尊，以及被排拒的感覺，一波一波地衝擊著她，幾乎要將她擊垮。當一九九〇年時，查理王子在治療他受傷的右臂時，他大部分時間都待在海格洛夫或是巴爾摩洛，在那裡，卡蜜拉・帕克・鮑爾經常去探訪。黛安娜則留在肯辛頓宮，受盡忽視，冷落和羞辱。她無法承受這樣的打擊，而向吉爾貝傾訴：「我已經受夠這一切了。如果這種情況繼續下去，只會讓我自己愈來愈沮喪。

所以我要讓自己完全投入工作，遠離這些。如果讓我有空閒想它，會讓我發瘋。」

身爲兩方共同的朋友，看著這對皇室夫妻逐漸疏遠，他寫道：「你不能怪黛安娜這麼生氣，她丈夫和別的女人明顯有長久持續的情誼。這樁婚姻已經惡化到無法挽回，已經太遲了。」在九〇年代早期，黛安娜重拾自信，並且經由有技巧的輔導，讓她對卡蜜拉的憤怒不再那麼強烈。當她婚姻之夢破碎，她愈來愈不覺得卡蜜拉是具威脅性的對手，反而覺得她是讓她擺脫丈夫的方法。儘管如此，由於她對王子的愛，她偶爾還是會被丈夫的漠不關心所刺傷。當卡蜜拉和她先生與查理王子一起在土耳其渡假。那是在他打馬球發生意外不久前，她不發一言，咬著牙默默承受，卡蜜拉經常造訪巴爾摩洛和聖德令干。當去年查理王子利用短暫假期飛到義大利，黛安娜的朋友發現卡蜜拉就待在相距不遠的另一個小村子裡。在卡蜜拉回來之後表示的很明白，任何視她行爲不適當的說法，她都斥之荒謬。而在他們難得的夏日假期時，王子和王妃與他們的小孩一起到希臘一名百萬富翁的遊艇，黛安娜卻發現她丈夫仍然用電話和卡蜜拉保持聯繫。

偶爾在社交場合她們仍會相見。但是，這兩個女人永遠處在三角關係中的敵對狀態，所以她們彼此都痛苦的避開對方。黛安娜在公開場合，習慣性去找出卡蜜拉，然後看她的心情如何，她看著查理王子，看他是朝她的方向望去，或是單單迴避她的凝視。「這是個病態的遊戲。」有個朋友這麼說。在索理斯

堡(Salisbury)教堂音樂會的前幾天黛安娜知道卡蜜拉也會去。她向朋友吐露她的挫折感，宣洩完之後，她才能帶著愉悅的心情面對他們倆的曖昧。

在一九九一年十二月，積壓多年的情緒終於排山倒海的爆發出來。那是蕾歐諾拉・納契布爾(Leonora Knatchbull)的紀念儀式上，她是羅西(Romsey)伯爵和夫人的六歲大女兒，死於癌症。當黛安娜離開會場，在聖詹姆士宮停留時，她被拍攝到流淚的照片，那淚水不僅是哀傷也是憤怒。黛安娜之所以沮喪，是因爲卡蜜拉，她只認識羅西他們家很短的時間，卻也出席了這個只邀請近親參加的儀式。在他們乘坐自家的禮車返回肯辛頓宮的途中，黛安娜就這點質疑她的丈夫。當她們抵達肯辛頓宮時，黛安娜悲痛到對工作人員辦的耶誕舞會視而不見，直接穿越長廊到她的休息室，才慢慢回復鎮定。基於外交禮節，彼得・威士瑪考特(Peter Westmacott)，他是查理代表的私人祕書，派了肯・華夫去安慰她，另一方面也去試探她的情形。

這件因紀念儀式而引發的事件，只是讓她把對皇室體系的憎惡，以及在肯辛頓宮生活的厭煩，浮現出來而已。之後，她就向一位密友吐露她的憤怒和挫折感。她表示的很清楚，她的責任感促使她盡力做好身爲查理王妃的責任，但是私生活方面困難重重，導致她很認眞的考慮是不是該離開皇室。

在他們關係決裂的情形下，他們仍有些朋友覺得黛安娜對她丈夫的憤怒和嫉妒，是從心靈深處所反映出來。但在意識上，她仍想贏回他的心。不過有這樣想法，只佔一小部份。大部分都對他們的未來抱持非常悲觀的看法。烏娜・

多佛洛曾寫到：「直到一年前，我都抱持很大的希望。現在我覺得一點希望都沒有。可能要有奇蹟發生才行吧！這兩個能爲世界帶來貢獻的人，很可惜他們不能一起合作。」

另一個朋友也有類似的結論，她曾與黛安娜長談她處的困境。她說：「如果他在以前就盡好做丈夫的本份，適當的關心妻子，他們之間就不會是今天這個樣子。然而，今天他們已走上不歸路，再也無法挽回。」

當他們的朋友聊到威爾斯王儲夫婦是不是還能復合，最常被掛在嘴邊的說法就是「沒有希望了」。正如同一位她最親近的朋友說的：「她已經克服專業上的各種挑戰，也把她的公衆形象經營的很好。只是她無法擁有和丈夫的關係。」在他們私生活中持續的衝突和猜忌，不可否認的爲他們的公共工作憑添了不少話題。一般來說，王子和王妃應該是搭檔，但在現實狀況中，他們各自行動，就像敵對兩方陣營的領導人。

就如一位曾任查理禁衛軍的成員說：「你要很快學會選擇站在哪一邊，王子那邊或是王妃那邊，沒有中間地帶。不過還是有人很巧妙的換了一兩次陣營。但要是換了太多次，小心被判出局。因爲這不是個穩定工作所該有的情況。」

一些曾擔任過肯辛頓宮的行政人員也表達了類似的感覺。在一九九二年大衛・阿契博德(David Archibald)，查理王子的財政主管，他以擔任主計官聞名，毅然辭職。因爲他無法在雙方陣營都不信任，猜忌的氣氛下工作。而這個

被形容「英國最糟的老闆」查理王儲，把他的離去歸咎到他妻子身上。阿契博德有很好的理由掛冠求去。查理和黛安娜的敵對範圍無所不包。第一次在公衆場合顯現的徵兆，是有一次他們兩個人都有重要的演說，查理講的關於教育，黛安娜講的關於愛滋病，都在同一天。無可避免其中一人必定搶了另一位的風采，這樣的舉動演變成惡性循環。當一九九一年這對夫妻一起赴加拿大訪問回來，王妃寫了許多感謝函給那些安排這趟旅程的慈善機構和政府單位。當這些信傳給他丈夫，讓他加上自己的感覺，他把每封信上提到「我們」的地方刪掉，而把它改成「我」，然後他才肯簽名。

這個事件並不是什麼特例。在一九九二年一月，當王子要送一束花給加爾各答的泰瑞莎修女，那時修女正是心臟手術後在休養，他命令他的私人祕書理查·愛萊德要確定花上面只有署名是他送的，不是合送。這倒還無所謂，黛安娜還是安排了一次特別的會面，她飛去羅馬到醫院見她所景仰的這位偉大女性。後來，在他們爲一九九二年二月共同赴印度訪問的準備會議中，大家覺得黛安娜應該專心推廣家庭計劃議題。「我認爲我們應該改變妳關心的重點，從愛滋病改到家庭計劃。」一位外交人員這麼提出。他對黛安娜在巴基斯坦的表現印象深刻。當查理王子被問到有什麼想法，他卻抱怨他想做爲討論議題的主席。有一次還告訴工作人員，不要理會這個「被寵壞的小孩」。如同她一位極親密的朋友說：「從那時開始，他開始視她爲一項資產，而不是威脅，並且接受她爲一個平等的夥伴。但同時亦顯露她在這系統的地位，是孤軍無援的。」

這對夫妻間的討論，總是處在對立狀態，在互相譏刺的氣氛下進行。靜下來討論問題，反而顯得不尋常。所以當王子到黛安娜那裡，研究一份由資深侍從準備的，關於員工濫用皇家名義的報告，王妃相當的驚訝。是關於以皇家名義來換取好處的事件。由於這件事需要小心的處理，這是少數能使他們互相配合的事。

即使他們的工作關係，籠罩在挑釁和憎惡的氣氛中，黛安娜還是覺得對丈夫有一份責任。當他在一九九一年長時間休養好他折斷的手臂，要重返公衆舞臺時，他想爲他受傷的事，做一番特別的開場。他指示他的隨從去找一隻假的手臂，前端是個勾子，這樣他就可以以虎克船長的樣子出現在大衆的面前。一位資深的侍從跑去找黛安娜商量，因爲他擔心查理王子看起來會像個傻瓜。她建議還是去找個假手臂，但是，之後要在他參加倫敦市中心，哈利街(Harley Street)的醫學會議之前，假裝弄壞了。當查理王子對這樣的藉口氣惱的時候，他的隨從正慶幸能爲他保住尊貴的身份，而鬆了一口氣。這都要感謝黛安娜適時的建議。

如果你假設查理王子和王妃之間的競爭，是基於平等的基礎上，那你就錯了。王妃或許對媒體和一般大衆較具吸引力，但是在宮牆之內，她的開銷依賴康瓦爾公國的收入，而那是由她的丈夫所控制。在皇室體系中，她私人辦公室的資金，查理王子有最後的決定權。大小事情從出席他的計畫會議，共同到海外旅遊，和辦公室的結構等等事情，查理王子都有最終的決定權。當她提議成

立「威爾斯王妃信託公司」來募集她做慈善活動所需要的資金時，他否決了這個想法。其實也是因為他知道，這會搶走他自己「王子信託」的資金來源。

在波斯灣危機的那段期間，王妃和公主各自都有訪問駐紮在沙烏地阿拉伯英軍的念頭。她們計畫一起飛到那裡，然後乘坐坦克車在沙漠中，巡示穿著卡其服的這些大男孩。然而，女王的私人祕書羅伯特．費洛斯爵士出面干涉，這項計畫於是被束之高閣，原因是他們認為這項工作，應該由皇室中較高輩份的人來代表比較適當。所以，就由查理王子飛去波斯灣，而查理王妃則被指派去德國會見士兵們的妻子和家人。

工作關係中不斷的摩擦，被虛假的掩飾著。在她飛到巴基斯坦之前，那是在一九九一年她首次主要獨自赴海外旅行，黛安娜必須用她所有的策略來嘲笑從她丈夫辦公室所傳來的訊息。她在安曼(Oman)稍作停留，查理王子曾在那裡向蘇丹(Sultan)遊說捐助一所建築學院。基於天生的好奇心，黛安娜想要知道更多，但她知道直接去問查理王子，或他的資深軍師，一定會碰一鼻子灰。所以，她寫了一封短箋給王子的私人祕書理查．愛萊德指揮官，天真的問他，在她短暫停留安曼期間，她需不需要注意什麼樣的事。最後，由於她是以官方外交業務身分旅行，迫使王子顯露出佈的局。

在這種重重疑雲中，隨處都是祕密。她一切都得小心。有許多的眼睛耳朵還有警方的攝影機都在等著捕捉憤怒的聲音，或是疑惑的眼光。這就是為什麼當她正在學習了解她的處境時，她要藏起書本，隱藏起疑惑的眼光。她不敢把

她學占星學的錄影帶帶回家，也不敢讀諷刺的雜誌「秘密的眼」，這本雜誌準確的報導他丈夫不忠的事實，她怕這些會引出難聽的評論。電話成了她的生命線，她用很長的時間和朋友聊天。她唯有以此，才能獲得更多的訊息，或暢所欲言、抒發心事。

她被公衆形象所束縛，被憲政環境下，所賦予她獨一無二的威爾斯王妃的地位，禁錮的像是個囚犯。她的朋友指出POW這個縮寫的意思是「戰爭的囚犯」。確實，那令人生厭，虛僞的皇室生活，只是加劇她內心眞正的恐懼。這種情形在一九九一年就有了，那時她去國家醫院做全身檢查，因爲她的醫生擔心她可能有子宮頸方面的問題。她也和其他病人一樣，要借助鎭靜劑來使她平靜下來。本來需要十五分鐘的手術，最後卻用了兩小時。

她開始送芳香蠟燭而不是感謝信，給那些提供物資和服務的人，而她具美意的初衷，總爲人所更改。又再一次，她在一九九二年和孩子與她的朋友凱薩琳·索曼和大衛·萊利去奧地利滑雪之前，她掙扎著要不要邀請大衛·沃特豪斯少校。她在一月的時候，他母親的喪禮上安慰過他，也覺得渡個假可以讓他紓解喪失母親的傷痛。然而黛安娜因爲經常被人看見去他的公司，擔心如果他也一起去，會引起外界不當的猜測，她的私生活也將被人一一挑出來檢視，所以她並未邀請他。雖然她的孩子帶給她極大的歡愉，她也知道他們是她通往外界的護身符。她可以帶他們去劇院、電影院和公園，而不會引起媒體轟然的討論。可是這樣還是有缺點，當她帶哈利王子和一群朋友去看傑森·多儂凡

(Jason Donovan)的音樂劇「喬瑟夫和奇妙的夢的衣裳」(Joseph and the Amazing Technicolor Dreamcoat)，王妃必須在中場時，躲在男生廁所外面，以盡到她保護的責任。

她必須要謹慎的處裡她的社交生活。當她的丈夫已經有好幾年，能夠讓他的私生活不受到注意，但黛安娜卻時時刻刻的被關注。和她在一起的男士，不論是什麼關係，都會被搬上頭條新聞。就如她在菲利浦·唐的父母鄉下的房子裡，渡過週末的那一次。如此一直無休無止。她必須要取消和她朋友泰倫斯·史坦的午餐之約，因爲她發覺他在艾伯尼(Albany)的公寓，正被報社的攝影記者們嚴密監視著。

黛安娜的敵人是那些監視她一舉一動的侍從。假如黛安娜是這場溫莎馬路秀的明星，那麼資深的侍從就是這齣戲的製作人，他們身處幕後等著批評她每一次的失誤。當她和她母親去義大利三天，安東尼奧·裴索(Antonio Pezzo)開著車載她到處參觀，而只因爲長得俊俏，所以，任何禮貌性的親吻，都能引來軒然大波。

違反皇室行爲準則，最輕微的懲罰就是抱怨。在一部電影首演之後，王妃參加它的宴會，在那裡她很開心的與麗莎·明奈利(Lisa Minneli)談了很長的一段時間。隔天早上，就有人指出她參加那樣的場合不恰當。無論如何，宴會辦得很成功，她喜歡能和好萊塢明星融洽相處，聽聽她說做明星的難處，她說當她覺得低潮時，只要想到黛安娜，就能幫助她渡過難關。這兩個女人的會談

是這麼的坦誠而貼心，她們在生命中所遭逢的苦痛，促使這段時空距離雖遠，情感卻近的友誼。

毋庸置疑的，王妃並不怎麼信任皇室組織。當她早上在白金漢宮游完泳返回辦公室之後，她大部分的郵件都自己拆，這樣她才能看到第一手的資料，知道大眾在想什麼。這也就表示她毋須仰賴侍從審慎的過濾。她這樣的策略，也造就了幾項令人感到溫暖的事。其中，有一封信來自一名父親寫的信，特別讓她感動。他的兒子羅患愛滋正瀕臨死亡。在他死前，他最後的願望是希望能見威爾斯王妃一面。他的父親在一九九一年六月寫信給黛安娜，但覺得成功的機會很小。讀完了他的請求之後，黛安娜安排他兒子到倫敦的愛滋醫院，這個醫院她定期都會去探訪。她體貼的安排，使得他臨終前的願望得以實現。如果這封信以一般的程序傳送，可能這家人收到的只是由他人代筆的同情信函而已。

這也說明她對這些傳統的助手缺乏信心，這些助手的責任，僅在於陪伴她到公眾場合，並且幫她處理行政工作。於是他們被逐漸廢除。她改由雇用她的姊姊莎拉來幫她。她陪伴王妃到匈牙利的布達佩斯，在一九九二年三月做正式的訪問。如同一位朋友記載：「她曾有幾次和侍女嚴重的爭吵，特別是安．貝克維斯史密斯(Anne Beckwith-Smith)，她一度是她的私人祕書。她覺得她們在扯她後腿、太防衛、太介入這個體系。」

反而她喜歡和這個體系幾乎不相關的人商量事情。有許多次她打電話給克利斯多夫．愛爾爵士問他的意見。愛爾在一九九一年，突然離開查理王子私人

祕書的職務，他對皇室體系有充足的認識，可以提供她適當的建議；也有一度吉米・沙維(Jimmy Savile)幫助她緩和公衆形象，而泰倫斯・史坦教她演說時的一些通則。她也信賴非官方的諮商專家，他們比較喜歡保持匿名，說出想法和問題。他們琢磨她的演說，給她忠告，也提出警示可能的公共問題。

她會這麼受圈外人所吸引，因爲她覺得受到皇室系統的孤立。如同詹姆斯・吉爾貝所說：「和他們在一起她比較自在，好過和那些老人家一起。因爲這些老人家頑固的保存著一個她覺得已經過時的體系。於是，對立自然產生。他們努力的要保留一些東西，而她卻努力試著逃出。」她的占星家菲力克斯・萊利觀察到：「她有高昂的精神和樂觀的態度，卻容易被擊潰。受到那些有強烈性格的人所主宰，她還沒有充足的自信心來加入這個體系。」

另外一個朋友的觀點，他說：「整個皇家事業嚇到她，他們沒給她信心和支持。」當她的信心日漸建立，她相信在既存的皇家體系侷限中，她無法發揮她實際的潛力。她告訴朋友：「在系統之內，好像我是個怪胎，被以不同的方式對待。以前我覺得我不夠好，現在，感謝主，我覺得不同沒什麼關係。」

黛安娜歸納出她必須過二種混淆的生活。一方面她受大衆的愛戴，但另一方面她的丈夫和家族中其他人卻以懷疑或嫉妒的眼光看待她。世人評斷她端正了溫莎堡不潔的形象，但是在皇室裡，她被視爲局外人，也是個麻煩。她能觸摸得到，感覺得到，她好像是頂著「請勿觸摸」的皇冠，好似威爾斯王妃是個威脅。經驗告訴她不要信任皇家的成員。她了解血濃於水。結果她對姻親保持

微妙的距離，避免對立狀態，並且把自己鎖在她的象牙塔裡。這像一把有兩面利刃的刀，因爲她不能建起通往外界的橋樑，所以只能處在由家人和政客影響的小小世界。她在皇室裡的同伴可說少之又少，「我不會去找他們，他們也不會來找我。」她說。

所以，雖然她愛蘇格蘭，也在諾福克渡過孩提時光，她覺得在巴爾摩洛和聖德令干的氣氛完全束縛了她的精神和活力。當她試著想要躲開一段時日，剛好又碰上這些家庭假期。黛安娜的生活在大衆面前光鮮亮麗，環繞著皇室的光圈，然而背後卻是現實的殘酷。

在皇室家庭的核心，女皇的母后和她的女兒們，就是女皇和瑪格麗特公主互相緊密的聯繫。如同作家道格拉斯．奎(Douglas Keay)所觀察的女王：「通過了一個，全部都通過了。」黛安娜處在這三個中心人物間的關係並不平衡。她和瑪格麗特公主相處的時間比較長，她就住離肯辛頓宮不遠處，黛安娜也知道她最能幫助她打入閉塞的皇家世界。「我一直都很敬愛瑪歌」她說：「自從第一天認識她起，她就對我很好。」

她和女皇母后的關係就沒這麼誠懇了。黛安娜視她在倫敦的居所克蘭詩別宮，是所有對她和她母親負面評價的源頭。她對這位女性大家長保持一段不信任的距離，她形容女皇母后所主辦的社交場合都太過正式。黛安娜的祖母魯絲，她曾擔任過女皇母后的侍女，竟出庭作證她女兒不適任照顧她的四個孩子。她對佛蘭西斯．山．凱的觀點爲法官所接受，之後很長一段時間敵對和痛

苦的狀態籠罩史賓塞家。同時，女皇母后對黛安娜和她母親的偏見也深深影響了查理王子。這是一個互動的社會，而黛安娜卻也因此被孤立了。「女皇母后架了一部車，阻隔在黛安娜和其他人之間。」一位朋友這麼寫著：「結果她只好以各種藉口來迴避他。」

黛安娜和女皇的關係就友善多了。但仍然是奠基於現實狀況。她嫁給了她的長子，未來的國王。以前黛安娜是相當懼怕她這位婆婆的。她保持完全正式的禮節，每次見面都深深的屈膝致意，不然就保持一些距離。在一次她們的對談，那是討論威爾斯王儲這樁錯誤的婚姻，女皇指出黛安娜的貪食症是他們的問題所在，而非徵兆。

女皇也暗示了他們婚姻的不穩定，可能會影響到繼承王位的資格。自然的，這引起查理王子的不悅，有好幾天拒絕和他母后說話。那是她在一九九一年聖誕節廣播中提到她的意願，對於一個完全敬畏他母親的男人來說，這樣的沈默表達了他的憤怒。再一次他把這件事怪到威爾斯王妃身上。當他在聖德令干的走廊上踱步時，王子向每個願意聽的人抱怨他婚姻的狀態。黛安娜向他指出，他這樣已放棄了他法定的責任，他允許他的弟弟安德魯和愛德華王子接任國家議員的身份，那是給國王的優先位置，當時她正在國外有項正式訪問。如果王子自己對憲法所述的責任都漠不關心了，她溫和的問，爲什麼他母親還要給他這份工作？

當然一九九〇年代早期，女皇和她媳婦之間的關係，發展得不再那麼緊

張，並且也較爲眞誠。在一九九二年一場花園宴會中，王妃公開讚美女皇挑了一個美麗又實用的帽子。在比較嚴肅的心情下，她們也祕密的討論她大兒子的心理狀態。有時女皇發覺他生活的方向失去焦距，他的行爲反覆無常。他和他的妻子過得並不快樂，這些都躲不過她的注意。

當黛安娜發覺此時居王位的人，統治的是個崩潰邊緣的機構，她對女皇在統治期間的行爲態度，燃起深深的敬意。確實，即使她想離開她的丈夫，黛安娜仍向女皇強調：「我不會讓妳失望。」在一九九一年她要參加一個悶熱的七月天下午辦的花園宴會之前，一個朋友給黛安娜一把扇子讓她帶著去。她拒絕了，她說：「我不能這麼做。我的母后將要站在那裡三個鐘頭，帶著她的提包、戴著手套，穿著長襪，鞋子。」這種情感表達出對在位的人，能在各種環境中自我控制的一種崇敬。

同時，王妃也得在這家族交替的趨勢中，調整自己。黛安娜喜歡和菲利浦親王之間友善的關係，她認爲他是個獨來獨往的人，她了解到她丈夫被他父親所威嚇。她以爲他們之間的關係非常的詭異。查理渴望輕拍他的背，而菲利浦親王卻希望兒子能常和他討教，至少要體認他對公衆事務的貢獻。這讓菲利浦親王痛心，譬如說，他開始讓大衆討論環境的議題，但是卻由查理王子贏得聽衆。

黛安娜亦習慣與她公公保留一段距離。但是，她和公主之間卻有完美的友誼關係。黛安娜一開始就欣賞這樣的皇室女性，能在這樣困難的組織中保有獨

立與努力的精神，特別是代表並且主持保護兒童基金會。而她們的孩子經常玩在一起，黛安娜從來都不會不信任公主。她很高興在家庭聚會的時候見到她，不過這種情況在哈利王子的受洗儀式後就已改觀。黛安娜當時沒選安妮公主當教母的事，被媒體解讀成她們的關係趨惡。其實沒請公主當教母，只是因爲她已經是孩子的姑姑了，如果再做教母，角色就重複了。在皇室家族中，黛安娜是局外人，而安妮公主畢竟出身皇室，必得對皇室顯現極度忠誠。在一九九一年在巴爾摩洛的爭執事件，突顯皇室中兩名平民出身的成員，威爾斯王妃和約克公爵夫人與這家族日漸疏離。

那次對立是在一個溫暖的八月傍晚，當這一家人在巴爾摩洛堡外享受燒烤大餐，把內部的緊張延伸到表面。這件事的發生是起因於黛安娜和佛姬用女皇母后的坐駕與四輪傳動的車子在私人道路上比賽。後來爭論演變成針對個人，主要焦點在約克爵士夫人身上。結果她當場離去。黛安娜代替佛姬解釋，要嫁給皇室的成員實在不容易，並且公爵夫人發覺要她待在這個受限於他人的地方愈久，她覺得愈困難。她讓女王印象深刻，讓女王了解公爵夫人需要更大的空間，強調這已是她忍耐的最後限度。這些沒多久就得到佛姬的證實，她告訴她的朋友們：「一九九一年會是她最後一次到巴爾摩洛。」果然如她自己所說。八個月後爵士和爵士夫人分開的消息被正式宣布。

約克公爵夫人五年前，第一次到女王的避暑行宮度假的情景，和此時形成強烈的對比。那時，她是多麼熱切的加入皇室。經過這些年，黛安娜看到——

通常是以悲憫的心情——她的妯娌受到媒體的攻擊，也受到皇室體系的壓抑，逐次的打擊她的靈魂。有時約克公爵夫人錯亂的行爲像是一種諷刺。比如她的穿著、她的直覺、她選的朋友，都被人挑出來批評。公爵夫人轉向通靈人士，懂得解釋塔羅牌的人，星座學家，和其他占卜人士求助，請他們幫助她融入皇室。有些是由她的朋友史帝夫·懷特所介紹的，他是一位德州油業億萬富翁的養子。但是很多都是她自己找的。她經常拜訪法索夫人(Madame Vasso)，她能通靈治療受創的心靈和身體，她用的是藍色的塑膠金字塔，影響這些不安，不快樂的人們。

有段時間她還把命盤和星座分析解讀運勢，詳細到以幾個小時爲單位。她嘗試依照預測來過生活，她的心靈藉由這些解釋得到慰藉。而黛安娜，就和其他皇室成員一樣，對於「新世代」貼近生活有相當的興趣，不過她並未受預言所控制。

然而公爵夫人成了他們的奴隸，她熱切的和朋友們討論那些結論。結果公爵夫人成了黛安娜的奧賽羅(Othello)。她不斷在黛安娜耳邊低語，向她介紹，預測災難，不看好皇室的未來，鼓勵黛安娜逃離皇室機構。這樣說一點都不誇張，約克公爵夫人不會超過一個星期不跟她的妯娌或是朋友討論最近的趨勢。在一九九一年五月，當查理王子和王妃的婚姻再度觸礁，佛姬竟預測著安德魯王子很快會變成國王，而她會變成皇后。

當公爵對這前景感到驚喜，他的妻子變得日漸醒悟她的角色。對一個經常

趕飛機像坐計程車一樣多的女人，皇家世界的幽閉恐懼症超過她所能克服的。八月的時候，她的占星師預測有個皇家用車的問題，九月的時候，他們說一位皇室新成員的誕生會製造危機。特定的日期會被提及，但是即使日子過去了，什麼事也沒發生，公爵夫人還是深信不疑。到了十一月，家中談到了死亡，並且由於黛安娜準備在聖德令干與皇家共度聖誕節，公爵夫人警告她，查理王子和她之間會有障礙。他會試著走出去，但是女皇會阻止他。

由這些預兆所點綴，配上一點一滴的祈求，願望的實現，公爵夫人央求黛安娜加入她一起離開皇室。但是黛安娜還是相信自己的判斷。

在一九九二年三月，公爵夫人終於決定與丈夫分居，離開皇室。王妃看著她朋友的婚姻破滅，懷著無限傷感並也藉此獲得警示。她看見女皇的侍從，很快的把目標轉向她。他們惡意的攻擊公爵夫人，指責她的行爲不配成爲皇室的一份子，並且還提出幾件事說她用皇室關係獲取私人利益。侍從們甚至宣稱公爵夫人僱請公關公司，幫她在離開皇家這件事上做公關……等等，這些都是被製造出來的假象。如同一位英國國家廣播電台特派記者說：「白金漢宮已經準備好刀子對付公爵夫人。」這無形之中，也成了黛安娜的前車之鑑。警示她如果決定也走上這條路，她必須要忍受一切。

8

Did My Best

早已竭盡所能

早已竭盡所能

I Did My Best

一九九二年一月星期三，在女王慶祝就任四十週年的前幾天，約克公爵夫婦從白金漢宮驅車前往聖德令干晉見這一國之君。這對皇室夫妻正式討論了幾個月來，一直困擾著他們的婚姻問題。雙方同意在結縭五年後的今天，彼此分居一段時間。約克公爵夫人對於皇家生活的綺夢已經幻滅，並對外界及皇室內不曾間斷的惡意批評感到沮喪。而其中最使她忍無可忍的，即是自從她和史帝夫懷特及友人在摩洛哥度假的照片被披露後，媒體對他們兩人之間關係的恣意討論。在和女王於聖德令干的會面當中，這對夫妻接受女王的建議，給彼此兩個月的「冷卻」時間靜思反省。至此之後，約克公爵夫人只參與少數的官方活動，大部份的時間都陪伴在桑尼丘公園(Sunninghill Park)的家人，或是和律師、皇室成員、及密友們商討她應如何選擇，其中包括威爾斯王妃和公主。

最先被通知這項消息的是當時正待在諾福克的查理王子。他和她談到自己婚姻所遭遇到的難題，強調由於自己是憲法上之王位繼承人，因而幾乎不可能與黛安娜分居。在多所責難之下，公爵夫人回答：「至少我已誠實面對自己」

這句話同時也道出了威爾斯王妃心中所面臨的掙扎，並使這個現代君主政治的基礎開始動搖。

威爾斯王儲夫婦婚姻生活長久以來的風風雨雨，和約克公爵夫婦婚姻的破裂，並不僅僅只是他們個人的悲劇。它顯示了因應歷史大環境改變所產生的實驗已失敗。當喬治五世准許他的兒子約克公爵迎娶平民女子伊莉莎白，鮑爾．萊恩(Elizabeth Bowes-Lyon)，他認知到第一次世界大戰已削減了歐洲君主的實權，並且使皇室適婚的男女成員供不應求。約克公爵夫婦的婚禮，改寫皇家特權階級間相互聯姻的傳統，而開啓了皇族與上流社會平民的同社會階層聯姻。但不論其出身背景有多好，平民高攀漢諾威王室的結果都是個災難。除了當今的女王與皇太后的婚姻外，其他重要的王室成員與平民的結合皆以離婚收場：瑪格麗特公主與安東尼．阿姆斯壯．瓊斯；安妮公主與馬克菲利浦上尉；約克公爵夫婦；以及威爾斯王儲夫婦。而對於這個問題並沒有明確的解決之道。

這種情形是否只是單純地反應了社會變遷，抑或是對王室與外界的相處模式有了衝突？當黛安娜．史賓塞下嫁查理王子時，她也嫁給了一個名不符實的孤立家族。他們的異質性固然爲他們與外面的世界間築了一道保護牆，但亦使得不了解遊戲規則的新加入成員，幾乎不可能達成被賦與的任務。皇室家族印證了劇作家亞倫．班尼特的名言：「每一個家庭都有一個秘密，而這個秘密就是它與其他家庭不同的原因。」女王和她的妹妹瑪格麗特公主，是最後一代對

早已竭盡所能

現實免疫的王室成員。自小，她們就住在王宮裡，完全與外界隔絕。這個鍍金的牢籠是她們的家，是她們生命的全部。到街上散步，整個下午獨自逛街，排隊等待，和爲糊口而打拼，這些自由，即使並非如此美好，但也未曾成爲她們生活的一部份。縱使享有特權，擁有成群的奴僕，專人接送的豪華轎車，以及私人的遊艇和飛機，她們仍是被社會期望所囚禁的囚犯與整個制度的傀儡。責任、義務和犧牲一直是她們生命中被期待也被接受的成份，更是鑲在王冠上的一顆顆寶石。個人幸福的追求，例如瑪格麗特公主欲下嫁離過婚的彼德湯森上尉，就成了君主政治與民族道德所構建的神壇前之祭品。

至於爲登基做了充足準備的女王，對於傳統及社會所期望的角色扮演得過於稱職，使她的子孫幾乎不可能有同樣職業水準的表現。她所建立的典範已被任意破壞。如同女王的好友、傳記作家伊莉莎白．朗佛(Elizabeth Longford)所說，女王在位的最大功績之一，在於教導她的子女如何面對現實世界。這意謂了她的子女身處於混合的時代，在享受自由的同時，卻也奉命恪遵皇室教條。然而他們的行爲，尤其是查理王子的舉止，顯示出給予未來國王呼吸自由的危險性。不像他的祖先，在查理王子所繼承王室傳統的信念外，還多加進了迷惘，不確定感和質疑。

同樣情形，王室成員的平民配偶，也遭受到過度期望所帶來的強大壓力。這已被證明爲一項無法克服的障礙。上議員史諾敦(Lord Snowdon)和馬克菲利浦上尉是最先宣告失敗的一群，縱使他們分別有攝影師和馬術騎師的職業，

早已竭盡所能

而免於從事皇家的例行性工作。這樣優厚的待遇，威爾斯王妃和約克公爵夫人就無福消受。無可避免的，嫁入皇室後的黛安娜，發覺外界的變遷與王室自覺間的一道鴻溝。她相信他們於情感上困陷在過去的時光裡，而未能體認到社會上已發生的轉變。這情形在一九九一年王室依傳統在聖德令干度過的聖誕節裡強烈的顯示出來。當日晚餐時間，黛安娜試探性地詢問英國君主政治在聯邦歐州的未來。女王、查理王子，及其他家人瞪著她，似乎她問了不該問的話，並繼續討論白天誰射中了最後一隻野雞，而那也是接下來整晚唯一的話題。

轉述她一位朋友的話，「她發現這個君主政治患了幽閉恐懼症，並完全地與今日的社會脫節。她認爲王室是一個即將瓦解的組織，而那家族在幾年內仍無法知道被什麼東西擊垮，除非它也跟著改變。」

黛安娜和她的顧問史蒂芬·丁格討論了關於君主政治現存基礎的幾個重要疑慮。她主張「如果王室本身不改變，並且建立他們和外界的溝通關係，它只是在逃避現實，自欺欺人罷了。它只能轉化成一個有用的社會機關，保持活力並呼應社會的改變。不僅王室須要改變，社會本身亦須檢視自己如何看待王室。我們是否因他們的身份而要求王室改變？而在現代社會，王室處理日常生活創痛，並從中學習的方式，是否使我們想要崇拜他們？」

雖然黛安娜成功的扭轉只會逛街並打扮入時的童話公主形象，第一次見到她的人，對她仍存有許多先入爲主的偏見。她告訴好友：「那經常發生。看看別人對我有何反應是很有趣的。他們的心中早已有個印象存在，當他們和我聊

天時，那印象也隨之改變。」同時，她在王室內所遭遇的掙扎，使她了解到，她不能躲在君王政治的傳統面具裡。她在公眾面前所表現出的自然神態，無比熱情和慈善精神，都是那麼的眞誠，而非刻意營造出來的公共形象。黛安娜深知皇家生活如何自絕於現實世界，因此決定讓她的孩子們打破先例，以不同以往的方式迎接外面的世界。通常皇室的小孩都會被訓練在別人面前，隱藏自己的感覺和情緒，以保護自己不受到外界過度的揣測。黛安娜相信威廉和哈利應誠實面對內心，並敞開心胸去嘗試任何可以了解人生的機會。她說：「我希望他們的成長過程能充滿安全感。我給予他們緊緊的擁抱，到了晚上哄他們入睡。我相信對他們付出無止盡的愛與關懷，那是絕對重要的。」

所以，傳統印象中英國王室成員嚴肅的表情，不會在她的孩子身上看到。她不斷地教導他們向別人表達自己的情感，而不是「娘娘腔」的表現。當她和威廉王子看到德國網球名將葛拉芙在一九九一年溫布頓公開賽，贏得女子單打冠軍時，她帶著他離開王室座位到後台向葛拉芙致賀。當葛拉芙退出球場，獨自從陰暗的走道走向更衣室時，這對王室母子覺得她看起來如此孤單無助，因而上前先給她一個親吻和熱情的擁抱。

王妃介紹她即將辭世的朋友安卓給兩個小王子的經過，就是給他們上了一堂生與死的重要課程。當黛安娜告訴大兒子安卓已去世，他的本能反應顯現他的成熟。「現在他終於脫離苦痛，得到眞正的快樂。」王妃也同時瞭解要扶養這王位的第一和第二順位繼承人，是多麼沈重的責任。「自律」是這個訓練計

畫的一部份。每天晚上六點鐘，王子們會坐下來寫給朋友與家人的感謝函。這個規定沿襲自黛安娜父親對她的要求。黛安娜的父親對此要求相當嚴格，即使黛安娜半夜從宴會中回來，她都會立即寫好感謝函，不然就會整夜輾轉難眠。

威廉和哈利都非常清楚自己與衆不同的命運。有一次他們和黛安娜談到自己的未來。「我長大後要做一名警察來保護妳，媽媽。」威廉貼心的說。哈利馬上以勝利的口吻回答：「不行，你以後要做國王。」

如同他們的舅舅查爾斯所說，他們的性格與在公衆前的形象截然不同。「媒體總是把威廉寫成難對付的傢伙，把哈利寫成安靜的次子。事實上，威廉是個懂得自制、聰明、成熟並極爲害羞的男孩。他嚴肅有禮，在電話中聽起來比實際年齡大好幾歲。哈利才是這個家調皮的開心果。」對這位舅舅來說，哈利的淘氣性格，在一次的飛航過程中顯露無疑。那次他們從維吉尼亞航空公司老闆李察·布萊森(Richard Brason)所擁有的加勒比海小島奈科(Necker)搭機回國，「在飛機上，當早餐送到哈利面前時，他正戴著耳機打電動玩具，但仍執意要吃早餐中的牛角麵包。他花了五分鐘時間搞定那些電子設備和刀叉，最後終於咬了一大口麵包，而此時他的臉上顯出極大的滿足感。那眞是美好的一刻。」

他的教母卡洛琳·巴索羅美毫無偏袒的指出，哈利是「最可愛、最坦率、最逗人喜愛的小男孩。而威廉非常像他的母親，感覺敏銳並善解人意。」一開始她覺得這未來的國王是個「難纏的小孩」。「他很淘氣，常會發脾氣。」她

這麼回憶。「但當我自己有了兩個小孩，我才了解到每個小孩在某個階段都像那樣。事實上，威廉非常善良，很像黛安娜。他會給你他最後一顆洛洛糖。有一次他眞的這麼做。他以前一直很想要那種糖，當他只剩下最後一顆時，他竟然把它給了我。」從其他事情也顯示出他的慷慨：他會把所有存起來的零用錢，交給他的教母，雖然那只值幾分錢。

但卡洛琳那次到海格洛夫拜訪王妃一家人時，威廉王子表現得一點也不像個天使。黛安娜剛從露天游泳池游完泳，換上浴袍等威廉王子上岸。突然他溺水似地拍打水花，最後沉到水裡。她的母親不知這是眞是假，努力想要脫掉浴袍去救他，但還來不及脫掉它，就跳到水裡救人。這時候他浮出水面，爲自己詭計得逞而得意大笑。黛安娜對此一點也不覺得好笑。

一般說來，威廉王子表現出比實際年齡成熟，具有責任感和體貼，並和他弟弟相處十分融洽。許多人認爲當威廉登基爲國王時，哈利將是他在幕後重要的諮詢對象。黛安娜認爲他們兩人未來在某程度上將一同分擔君主政治的重責大任。她提出這個想法，也是由於她堅信她將來不可能成爲皇后，而她的丈夫也無法成爲查理國王三世。

兩個孩子一直是王妃孤立處境中的強力支柱。她總喜歡說：「他們是我的一切。」然而，當哈利王子追隨兄長進入羅契洛夫預校(Ludgrove preparatory school)就讀時，黛安娜不得不面對自己將獨守肯辛頓宮的事實。依據詹姆斯．吉爾貝觀察，「她知道孩子們將長大成人，而她生命中的一

早已竭盡所能

個重責也將完成。」

孩子不在身邊，總會更突顯出她的困境——尤其當時約克公爵夫人已退出皇室。黛安娜的世界可以說是處於一種不穩定的平衡狀態；從皇家工作中，特別是照顧弱勢團體，所取得的成就感，彌補了婚姻的不快樂；利用王室名義和權勢，達成理想所帶來的自信，也使沉悶的皇室制度不那麼令人感到窒息。

於一九九一年和一九九二年期間，她對她在王室地位的看法逐漸改變，但整體而言，她希望留在這個組織內，而不是離開。她對君主政治不知變通的運作方式，與其說是絕望，不如說失去耐心。對查理王子和卡蜜拉・帕克・鮑爾之間關係的冷漠，取代了狂怒與嫉妒。她突然對如何改革整個制度展現高度興趣，並利用她的身份，貢獻大部份心力在幫助需要幫助的人們。相對的，約克公爵夫人的離開，只不過是讓她原本未定位的角色，投下更多變數。

但這並不足以讓她自滿。王妃的情緒反覆無常，時而樂觀，時而絕望。如同占星學家菲力克斯・萊利所說：「她動不動就會感到沮喪，很容易被具有強悍性格的人所擊倒和統馭。黛安娜有自我毀滅的一面。在任何一個時刻，她都可能說『我要下地獄了』，然後離開。她是一朵等待發芽的花。」她可以在某個晚上表現得十分成熟，和當時坎特伯里的大主教喬治・凱利(George Carey)討論生死的問題，然後隔天晚上在橋牌聚會中開懷地笑。經常在社交場合遇見王妃的洛伊・史考特發現，「有時她爲了暫時卸下身上沉重的包袱，會有不同的情緒反應。」

就像她弟弟說的：「她一直保有良好的幽默感，能讓身旁的人會心一笑。她一點也不嚴肅，時常會開玩笑，而別人雖早已注意到那些事，卻不好意思開口。」王室的出訪，和一些不合時宜的演習與儀式慶典，都是她笑話的內容。在令人無法忍受的潮濕天氣中，看了一整天的民俗舞蹈，或在喝了一口味道奇怪的飲料後，她都會打電話和朋友分享這些奇怪好玩的事。「這些我爲英國所做的事」是她的口頭禪。有一件事最令她覺得好笑。在一次和教宗於梵諦岡的私人會面，她問教宗他的傷勢(wounds)如何，因爲教宗不久前才被射傷。教宗以爲她在說子宮(womb)，而恭喜她即將要迎接新生命的到來。她有非常敏銳的直覺，「她能了解別人的特質，而不是只看到他們的身份地位。」她的朋友安琪拉說。黛安娜發掘到了自己仍待開啓的潛質。這個在校成績平凡的女孩，現在懷抱著極大的野心要研究心理學和心理健康。「我想研究任何有關人的事」她說。

雖然她對博學之士十分敬仰，但她比較欣賞會有實際行動和有所作爲的人，而不是那些空口說白話的人。她對於維吉尼亞航空的總裁李察・布萊森，重建史賓塞家宅的銀行家富翁拜倫・賈古柏・羅斯奇(Baron Jacob Rothschild)，還有她經營傢俱和餐飲業有成的表兄菲斯考・萊利(Viscount Linley)，都有極高的評價。「她欣賞大衛能不拘泥於皇家的守舊原則，並作一些正面的事。」一位朋友這麼說。「她也很羨慕他能一個人走在街上，沒有偵探跟蹤。」

長久以來，她因自己學識不足而缺乏自信，使她不自覺的以她丈夫和其他大臣的判斷馬首是瞻。現在她對自己要走的方向更為清楚。她已準備好以一種全新的方式為政策的得失辯駁。這樣的效果是很顯著的。以冥頑不靈著稱的外交使節，開始瞭解到她真正的價值。他們對她第一次到巴基斯坦訪問的表現印象深刻，隨後並為她安排到埃及和伊朗，這些動盪不安的回教地區訪問。她自己也一定會認為，這些是她皇家生涯中所跨出的一大步。那時的她幾乎每星期都固定的會發表演說，而這些演說也是她對皇室工作中感到滿意的部份。其中部份的演講稿是由她自己所擬，其他則由一小群顧問代筆，包括她的私人秘書派屈克．傑夫森(Patrick Jephson)，這個她在一九九一年十一月親自任命的皇家陣營中的堅定盟友。這個小組是不固定、非正式的組織，他們和王妃討論她想強調的重點，研究調查數據，然後完成演講稿。她的真正興趣和她所擔負王室任務之間的對比，在一次事件中清楚的表現出來。一九九二年三月的某一天，她受邀參加「理想家庭展覽會」，而當晚發表一場眞情流露關於愛滋病的演講。在這兩項活動中，蘊含了有趣的象徵意義。雖然兩者之間僅相隔數小時，就個人人生觀而言，如同隔了一代之遠。那場展覽會的拜訪是由皇宮內行政人員所安排。他們打理了一切事務，從何時接受媒體拍照，到誰是其他與會來賓，還包括了應付媒體可能提出的問題。有關王妃提到她不能對「國家床舖週」作任何評論，因為那是一場家庭式的表演。那是一場風光但了無新意的例行公事，由王宮方面安排媒體參加。而王妃將角色詮釋得無懈可擊，和主辦人

員閒話家常，在攝影機前親切微笑。然而她所扮演的角色只是王室和媒體所期望看到的。

眞正的黛安娜出現在數小時後，當天晚上由愛滋病專家麥克・艾德勒(Michael Adler)和瑪格麗特・潔(Margaret Jay)陪同，她在克萊里基(Claridges)向媒體發表演說。演說的內容完全出自於她內心的感受和親身經歷。之後她回答了數個極爲冗長的問題，這是她嫁入王室後第一次遭遇到的嚴格考驗。但媒體對這個她生命中重要的里程碑並未多著筆墨。這說明了不論是要轉變王室，或外界對於王妃使命的觀點，她都面臨了相當大的困難。

她的家人，尤其是她的姊弟們都能了解她所遭遇的棘手問題。珍一直給予她許多忠告，莎拉從之前對妹妹的成就持懷疑態度，到現在卻非常保護妹妹。她的一位朋友注意到，她從不在黛安娜面前批評黛安娜。當黛安娜的父親還在世時，她和父母親的關係並不像後來那樣和諧。當黛安娜享受和母親間不常相聚但親密的關係時，她的母親對於第二任丈夫山・凱(Shand Kydd)爲另一個女人而拋棄她的事，表現得十分堅強。一九九一年夏天，由於媒體炒作她父親秘密販售安索普寶藏的消息，她和父親之間的關係一度降到冰點。包括王妃在內的子女，都曾寫信反對父親出售祖傳家產。這是一項有諸多爭議的交易，以致於最後並未成交，但已深深的傷害了威爾斯王妃。甚至連查理王子都出面干涉，聲明他對一向表現很堅強的阮茵・史賓塞(Raine Spencer)非常關心。到了秋天，父女間的關係才又轉趨和緩。現已不在人世的厄爾・史賓塞，對她小

女兒的關懷是爲許多人所深深感動的。他從美國打電話告訴她，是如何的以她爲傲。

除了來自家人的支持，那些看到黛安娜眞實一面，而非公衆前形象的朋友和顧問們，也對她多所鼓勵。他們清楚看到，黛安娜是位擁有多項美德的女性，但由於她很容易感到悲觀和絕望，也因此增加她離開整個制度的可能性。約克公爵夫人的離開，使她性格中失敗主義的一面更形惡化。

她向朋友承認「大家都說我是八〇年代的瑪麗蓮夢露，而我也對這項美譽感到十分光榮，但從來不會爲此自許。如果有一天我這麼說，那我們就有麻煩了。只要我仍保有一天威爾斯王妃的頭銜，我就會盡一天王妃的職責，但我相信不會超過十五年。」

雖然她有權利爲自己感到遺憾，但這常常是由於她過於鑽牛角尖。如同詹姆斯．吉爾貝所說：「當她感到自信時，她能發揮所長並跨越障礙。一旦她的盔甲有了裂縫，她就會棄甲而逃。」有時似乎她想在信任和深愛的人們遺棄她之前，未雨綢繆。這也導致了她在王妃生涯中最需要幫助的時候，拒盟友於千里之外。

當王妃克服了這階段她所面臨的衝突與矛盾，她痛苦地不斷討論自己所面臨的難題。她的好友卡洛琳．巴索羅美爲她辯稱，如果每個人都在觀察她的一舉一動，教她如何能不過於自覺。「若半個世界的人都在看你怎麼做，你怎能不對自己的行爲舉止十分小心。若某人和某名人對談時發出尖銳的笑聲，一定

會使你覺得非常地不屑。」她不斷地就她與丈夫和王室相處，及整個制度面所發生的問題提出辯護。詹姆斯・吉爾貝爲黛安娜的困境作了總結：「她永遠無法獲致快樂，除非她掙脫制度的束縛；但她永遠無法掙脫制度的束縛，除非查理王子做到這點。而因爲他母親的緣故，他永遠也不會這麼做，所以他和她永遠無法快樂起來。他們會繼續遵守王室可笑的規範，而他們仍會各自擁有自己的生活空間。」

她的朋友卡洛琳・巴索羅美是她成人以後的重要支柱，她看到那件事情對黛安娜的性格有多大的影響。「她仁慈、大方、悲傷，在某些方面非常絕望和自暴自棄。然而，她仍保持著一種自我嘲謔式的幽默。一位很聰慧卻極度憂愁的女士。」

她在王室的未來地位十分模糊不清。如果她能自己編寫她所演出的劇本，這位王妃一定會讓她的丈夫和他海格洛夫的朋友們離開，去追求他和她在一起時，未曾享有的快樂，然後讓她照顧威廉王子，以培養他登上國君之位。這是一個不可能實現的空想，就如同查理王子希望能辭去他的王室職位，到義大利組織家庭一樣。她還有許多小小的夢想：到巴黎度個週末，修一堂心理學的課程，學習鋼琴至可以開演奏會的程度，重新開始畫畫……等等。她忙碌的生活步調使這些願望遙不可及，更不用說她長久以來期望能在海外定居的美夢了。比較可行的是那些對慈善團體的拜會和社會服務，所帶給她的自我肯定與成就感。就如同她弟弟所說：「她擁有堅毅的性格，她知道她想要什麼。我想十年

後她會到達一種更高的境界，但現在她仍需要努力地去填補它。」

她小時候就預感自己將有不凡的一生，長大後她仍非常相信自己的直覺判斷。黛安娜在背負著社會大衆對她的龐大期望時，她也爲許多私人問題所困擾。面對著令人喘不過氣的矛盾掙扎，她的成就在於找到眞我。她持續不斷地走著不同於她丈夫、王室、和整個制度的路徑，然而仍遵循著他們的傳統。就像她說過的一句話：「我回到家，在黑夜中打開燈，此時我知道，我已經盡力了。」

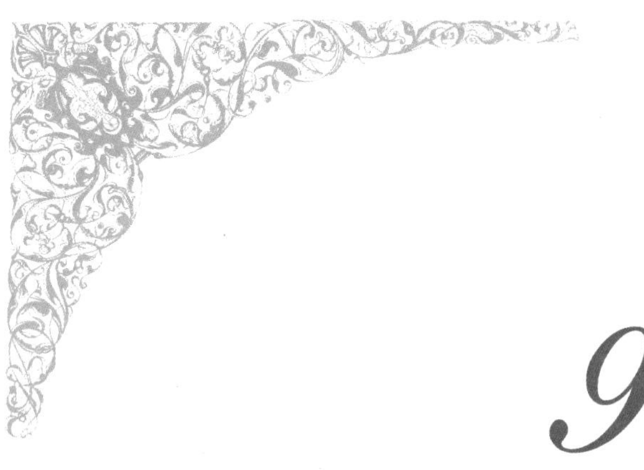

9

We'd Run Out of Steam

愛火難再重燃

愛火難再重燃

We'd Run Out of Steam

在一片神化威爾斯王妃黛安娜的熱潮之中，很難會想起她並不全然被視爲現代王妃的典範。在全英國，甚至全世界爲她的死訊感到震驚與哀悼的同時，大家忘了有一段時間，她被認爲帶給英國君主政治毀滅性的影響，甚至被許多比「未遵守規範」還嚴厲的用語所抨擊。在未與查理王子正式分居之前，整個體制和他丈夫的支持者，就已經展開攻擊她的行動。如果這些詆毀多出自於利我與厭惡女人的心態，它們仍使大衆曲解她的行爲和意圖，及媒體對她不太友善的批評。

當然，這些結果部份也可歸咎於「黛安娜，她的眞實故事」的出版。對她來說，這本書是一艘救生艇，也是一本護照。這是她的誓約，證明她已下定決心不再活在謊言之中，不再忍受她在王室內的悲慘生活。這是她脫離婚姻牢籠，自主人生的大好機會。她在害怕這本書出版的同時，她也十分期望藉此機會向王室的長輩們說明她的處境。然而最後的結果是，這本書出現所帶來的後果比預期的還嚴重許多。王室方面被嚇壞了，媒體強烈抨擊，而社會大衆感到分外震驚。接下來一連串的反應不全是正面的，更不用說公平的評判了。

愛火難再重然

週日時報(The Sunday Times)從一九九二年六月七日開始連載「黛安娜，她的眞實故事」的原稿，並以「查理的冷漠造成黛安娜五次自殺未遂」的標題登在第一版。這則報導揭示了三項聳人聽聞的內幕：威爾斯王妃罹患貪食症，有好幾次自殺紀錄，雖然她並非眞的想尋死，在查理王子與黛安娜的婚姻中，自始至終他都和另一個女人，卡蜜拉．帕克．鮑爾保持著親密關係。

第二天，這對皇室夫妻在肯辛頓宮會晤，商討他們婚姻的未來。即使他們的心情是很灰暗的，但至少他們好不容易能平心靜氣的坐下來，討論分居可能帶來的後果。也正是在此時，他們決定以正式分居結束彼此之間的猜謎遊戲。事後，黛安娜說：「她覺得非常非常地難過，因爲我們曾努力試圖挽回婚姻，但顯然地，我們之間不再有任何的熱情存在。」

隨著這重大的衝擊，結束了她和查理王子間的衝突，但同時她亦感受到一股內心的平靜。那天晚上，是她長久以來第一次可以安穩入睡。她的朋友們爲此也鬆了一口氣，他們知道她已踏上一條艱辛的旅程，但至少這帶給她的可能是圓滿結局的希望。雖有人擔憂黛安娜可能無法承受來自王室與外界的強大壓力，但王妃還不知道，她的丈夫已跨出了第一步。前一天他就已在溫莎城堡和女王商討離婚所帶來的後果。女王早已察覺她兒子和媳婦的關係破裂，但她最關心的是，他們離婚會給她的孫子、查理王子的公共形象，以及君主政治所帶來的影響。

當社會大衆觀察到他們的婚姻危在旦夕，皇宮內派系的鬥爭也愈演愈烈。

愛火難再重然

週日時報開始連載黛安娜故事的當天，女王受邀觀賞在溫莎公園所舉行的馬球賽，查理王子並親自參與該項比賽。當全國都正在解讀威爾斯王儲夫婦不快樂的婚姻時，女王邀請卡蜜拉·帕克·鮑爾及其夫婿，安德魯王子參加王室聚會的動作，被黛安娜的朋友們視爲對王妃的抗議。

同時，王室和他們的媒體盟友們則馬上站在同一陣線。新聞評議會主席上議員麥葛雷格(Lord McGregor)發表聲明譴責該書的無理取鬧，指稱它是「媒體侵害他人隱私權的一大罪證。」事實上，這項批評並非只針對那本書；據上議員麥葛雷格(Lord McGregor)說，這是他上任以來遇到「最棘手」的事件。坎特伯里的大主教公開表示擔心媒體宣傳對威廉和哈利王子的影響；佛斯利(Fawsley)的大主教譴責這本書的出版發行。「一群下議員迫不急待地要把我關在倫敦塔裡」黛安娜的支持者也有激動的回應。

當保皇派人士高舉國旗，對信差傳來的訊息置之不理，反而嘲笑信差。黛安娜朋友們的證詞，使得社會大衆開始接受這本書的可信度。黛安娜拜訪曾說過王妃得了貪食症的朋友卡洛琳·巴索羅美，更加證明了該書內容的眞實性。很不幸地，對於常拜訪老朋友的家也給黛安娜帶來嚴厲的後果。元老大臣們，包括女王的私人秘書羅伯特·費洛斯，在看到報紙頭版報導該次拜訪後，指控黛安娜此舉不當。

精神上深受創痛的黛安娜搭乘直昇機到墨濟賽(Merseyside)探訪一所救濟院，這是「黛安娜，她的眞實故事」登上報紙頭條後，她進行的第一次官方訪

問。那是一場黛安娜和人民間的感性會面。當許多人善意的對她表示關懷，她回想起當天早上和王室官員的談話，以及她和查理王子接受決定背後所隱藏的壓力，她忍不住哭了。就像她事後告訴一位朋友：「人群中有一位老太太輕輕摸了我的臉，那似乎觸動了我內心裡的什麼東西，而我只有止不住的哭泣。」她會在公衆面前落淚一點也不讓她的好友感到驚訝。他們太了解那個孤單的職位帶給她多少痛苦，和十八個月來，她所承受的壓力有多大。有一個人形容的好，「她是一位很棒的女演員，讓人看不出她內心的悲傷。」

雖然民衆同情她的處境而給予支持，黛安娜知道在夏天一系列傳統的官方活動中，她還是得獨自一人面對整個皇室家族，而這些活動中以軍隊分列式的表演拉開序幕。如果那一場最爲正式的活動帶給她的是一整天的焦慮不安，那她提起了更大的勇氣，爲皇家的賽馬聚會整整一星期待在溫莎城堡。在那兒，她和查理王子、女王、以及愛丁堡公爵(Duke of Edinburg)討論了他們婚姻的處境。黛安娜的忠實朋友們分擔了她對這場會談的憂慮，這幾年來他們一直很清楚她在王室內的處境，也知道在未來的幾天或幾週她將面臨的壓力。他們更知道她一點也不像那些惡意毀謗她的人所說，那樣的充滿心機和精明幹練。他們還知道，她需要集中所有的戰鬥精神和內在力量，去迎接等在前頭的好幾場戰役。

那次在溫莎城堡和女王、菲利浦親王及查理王子的談判，讓黛安娜清楚地看到她的未來。談判的結果是，在她和她丈夫未能嘗試去克服彼此間的差異之

前，任何形式的分居皆不被允許。在此同時，任何正常婚姻所有的外觀都應繼續維持。

查理王子夫婦失和的事實，已是家喻戶曉，人人皆知；而王室內分崩離析的徵兆，已出現在傳統的馬賽活動中。在一場稍嫌荒謬，但還稱不上貶低王室的畫面中，已和安德魯王子分居的約克公爵夫人，帶著兩個女兒和旁觀者一道觀看皇家馬車從兩旁駛過。第二次是查理王子夫婦一起離開他在亞斯頓馬丁的賽馬場，沒過了多遠他們兩人即分手，而黛安娜的座車已在那兒等候多時。更明顯的是在艾斯科賽馬場的那一次，當她走過皇室席位面前，許多人看到愛丁堡公爵故意對她視而不見。王室沉著的面具不只一次在公衆面前掉下，顯示出王室在試圖解決危機之時，內部仍充滿了矛盾與衝突。

當皇家制度察覺到事態的嚴重，女王及其他最近家族成員透過階級觀念傳達他們的看法時，其效應立即擴大至整個皇室外圍。對於威爾斯王妃及其支持者的打壓昭然若揭。雖然大臣們還不至於對她不理不睬，但不可否認的，她感受到他們冷漠的回應。

至於她的公公，在艾斯科賽馬場對她視而不見，並不足以證明他對她的否認。接下來的幾個星期，黛安娜收到愛丁堡公爵四封言詞尖銳的信函，語氣依序爲嚴厲、非難、懷柔（在一場服裝表演之後）、以及譴責。這些傷人的書信使她震驚並爲之痲木。她一旦傷心欲絕，退縮至自己的殼中，她就再也不會接受王室對她這樣的攻擊。她不只一次決定站出來爲自己辯護。透過朋友，她找

了一位律師，然後由她的私人秘書派屈克·傑夫森，迅速正式回函給菲利浦親王，清楚說明了她丈夫、她丈夫的家人和大臣，是如何對待她，以及如果要她繼續待在王室，她要求查理王子搬離肯辛頓宮。

這些信道出了王妃的最後底線，但也讓她換來一整個夏天的陰謀對付和冷嘲熱諷。長久以來，溫莎城堡內的家庭，所保有盡責、樸素、勤奮的形象，一直給予人民無限幻想。現在眞相突然被揭發，他們的行爲並沒有比其他家庭好到哪去，反而還更糟糕。對於從前透過報紙、書籍、訪談、和電視節目而神化王室的人們，這眞是讓他們大吃一驚。在「黛安娜，她的眞實故事」一書所爆發的內幕，在幾星期內就被證實，而其中最戲劇化的，要算是王室家族在公衆面前的形象與實際情形的強烈對比了。

在皇宮內，當王室一家人砲口一致對準黛安娜的同時，一場對抗王妃的秘密計畫也正積極地進行。她和約克公爵夫人都深信有無數的陰謀在準備對付她們，最常見的是減少民衆對她們的支持。有時候她們成爲過度不實傳言的受害者。大部份的時候，她們的懷疑是很有根據的。

同時，王室內也瀰漫著一股偏執的妄想。無情的控訴、欲加之罪的迫害、與惡意騷擾的調查，甚至還牽涉皇家保衛隊都已經見怪不怪。也難怪黛安娜的日常生活中，頻頻出現密碼式的對話、防竊聽電話和碎紙機。在肯辛頓宮內，每個房間都被清查有無竊聽裝置，所有她寫過的紙都會被摧毀，她知道有人會偷偷地從廢紙盒內找出任何不利她的事情。

這個夏天似乎特別漫長，查理王子的派系人馬們開始認眞共謀大計。曾經警告他不要娶黛安娜為妻的年長朋友們，則質疑她精神的穩定性，勸告他尋求離婚。他們形容「黛安娜，她的眞實故事」為「史上最長的離婚申請書」，力勸王子對於形同陌路的妻子的操守做出攻擊。當查理王子表明無意參與攻擊黛安娜的行動，同情他的人卻主動連絡媒體，提供他這一方的故事。黛安娜被描繪成一個生了病，分不清現實與幻想的女人。這項攻擊根植於對王妃的蔑視，許多報紙也都樂意與其勾結串謀。（一位資深編輯傳眞一份同情的聲明給在海格洛夫的查理王子。雖然他起初否認有這件事，但無法阻擋這份傳眞於幾星期後曝光。）隨著攻訐毀謗她的聲音愈來愈大，王妃逐漸了解到是誰在抹黑她，造成輿論與她對立。一開始她不能相信，最後她不得不接受這項殘酷的事實；那些她原以為同情她的王子的朋友們，竟是罪魁禍首。雖說她因此而受到打擊，但她並不準備就此投降：「你為什麼不省點力氣，自己直接打電話給報社？」在一次簡短的談話中，她這樣質問查理王子。

儘管這次抹黑行動戰績輝煌，並不等於為查理王子提出了有效的辯護。那項重任大部份落在王子私人秘書理查．愛萊德的肩上。他在六月底召集了王子的好友們，密商拯救王子名聲之對策。再一次地，好幾家報紙被用來刊出有關王子的正面報導，以及他對於國家的貢獻；他也被描述成一位慈祥的父親，對孩子眞誠關懷而不是只會裝模作樣，和他太太讓孩子無法喘息的愛，形成明顯對照。事實上黛安娜也被控阻撓王子探視兩個兒子，致使他必須像離婚的父親

一樣，設法接近他們。一位王室專派作家潘妮・朱納(Penny Junor)形容黛安娜的行爲是「不理性和歇斯底里的」。查理的朋友告訴其他報社，描述他的妻子爲一個「狂妄自大，一心要爬上最高峰的人。她妄想要成爲全世界最偉大的女人。她的行爲已危害到她的婚姻、整個國家、和君主政治本身。」

隨著查理王子與王妃間的開戰，白金漢宮也陷入一片混亂並斷斷續續地提出對策，以試圖維持其一貫的平靜外貌。可笑的是，一項名爲威爾斯王儲夫婦「二次蜜月」的夏季海上巡航於此時宣布。對於黛安娜而言，這次假期無異是一種煎熬。她之前有太多關於亞歷山大號的痛苦回憶，這是希臘富翁約翰・拉西斯擁有的兩艘豪華遊艇之一。夫妻間的疏離，明顯到參與宴會的其他人都能感受的出來，包括亞歷桑卓公主和她的夫婿安格斯・奧立佛、及羅姆西夫婦在內。黛安娜很少與她的先生交談，睡在各別的艙房，並盡量只和小孩一起用餐。他們之間的關係更形緊張，當黛安娜從船上的電話無意中聽到他丈夫正與卡蜜拉・帕克・鮑爾通話。她並不感到驚訝，雖然她對於婚姻的擔憂被嘲笑爲神經婦人的幻想。但她對這一切累了、倦了，無奈地問查理：「你爲什麼不和你的女人一起走，將事情作個了結？」在皇室的人離去後，有人對那次的出遊作了這個結論，「對於王妃，這次假期只不過是王室家族虛僞自私的另一例證。」

同一時間，約克公爵夫人正和兩個女兒與她的「財務顧問」約翰・拜倫(John Byran)在法國南部度假。長距離攝影機拍攝到拜倫吸吮當時上空的佛姬

的腳趾，與兩人親吻的畫面，成爲全球報紙的頭條。這次事件徹底破壞了公爵夫人的公衆形象，並結束她與安德魯王子復合的希望。而當時她的兩名女兒也在場，更加深醜聞的嚴重性，議會、媒體和民衆都感到憤怒，許多聲音要求她卸下頭銜，離開王室。

這件事所引起的效應在後來仍餘波盪漾，一九九二年八月黛安娜也涉及類似的緋聞。太陽日報以「我的人生只是一場折磨」爲標題，登載一捲錄音帶的內容，據稱是威爾斯王妃與其秘密仰慕者，她的好友詹姆斯・吉爾貝的談話內容。這是戴安娜嫁入王室後所發生最尷尬的事件。

事實上，有兩卷被火腿族非法盜錄的錄音帶，他們在當時和事隔一年後接觸太陽日報。談話內容大致相同；一則是錄於一九八九除夕，當時王妃在聖德令干。那名男性愛慕者當時在停靠於奧斯佛夏(Oxfordshire)路旁的車上。在那場冗長的對談中，那位女性表現得非常飽受困擾並寂寞無助，悲憐地感激對方願意聽她傾訴，而他稱她「親愛的」達五十三次，和「史桂姬」(Squidgy)達十四次，那次誹聞因而被稱爲「史桂姬事件」。

在那次引人暇思的對話中，王妃哭訴自己無法和查理王子共同生活，以及她在王室越來越受到孤立。她談到她怕自己已經懷孕（雖然這部份的錄音帶在五個月後，她訪問尼泊爾前夕才公布出來），及對於自己與仰慕者的幽會和對未來的夢想感到擔憂：「我要站出來征服整個世界，我要盡我所知的一切方式離開他。」她信誓旦旦的說。這似乎抱怨她先生，使她的人生變成一場「眞正

的折磨」。

在閒聊他們的共同朋友、星座、和流行時裝等話題中，黛安娜承認她把另一個仰慕者侍衛隊隊長修易特馴服得「服服貼貼」，然後繼續把話題轉到王室。她不準備像約克公爵夫人一樣，企圖扭轉形象，並回想起午餐時間皇太后看她的奇怪表情——那不是憎恨，是帶著一點好奇與憐憫。「午餐時，我表現得很糟，我幾乎快要喃喃自語。我只是覺得很傷心，很空虛，想到『我為這個家庭付出了這麼多』，我不能再這樣下去了。他們總是在諷刺我。我要採取行動，讓他們對我另眼相看，因為我無法繼續忍受這個婚姻所帶來的束縛。」

王妃是如此的寂寞、沮喪、和孤立，因而她能從這位昏愚的愛慕者得到許多安慰。當時，她正開始對抗自己的貪食症，並對於她丈夫與卡蜜拉的關係轉趨妥協，這通長途電話中的調情，充份顯示出她長久以來自我信心的缺乏，以及她企圖掙脫婚姻束縛並有所作為的野心。

報紙對於錄音帶事件的頭版報導，「毀滅了」黛安娜，而吉爾貝則變成了當時全英國最熱門的新聞人物，從早到晚都被成群的記者所追逐。但他從未公開地或私底下對這談話內容有所評論。王妃則確信錄音帶的公佈是抹黑她的行動之一。「他們那樣做是要重重的傷害我，而這是我第一次了解到被逐出那個家的感覺。」她試圖在其他王室成員面前保持堅強的外表，但她的情緒仍時而起伏不定。「我什麼也做不成。王室內沒有一個人支持我，他們只想著要對付我。」她告訴關心她的朋友們。在這種敵對的氣氛下，她感受到完全的孤立。

在緋聞炒得最熱的時候，她甚至認眞考慮收拾行囊，永遠離開王室和公衆人物的生活。勇敢的外貌有時也會崩潰。幾位朋友證實她確實曾被那項報導所徹底擊垮，她告訴一位好友「如果這是做爲公衆人物所必須付出的代價，那麼這是我再也不願付出的代價。」根據同一位友人描述，王妃從未聽起來像那樣的沮喪和絕望。然而在臨危之際，她在女王皇宮內找到一位盟友，這位盟友的同情與鼓勵，使黛安娜能繼續奮戰下去。即使如此，王妃對於王室及其他大臣和支持者，已不抱有任何幻想。一位她最親密的朋友說：「縱使他們不想殺這隻在媒體前會下金蛋的鵝，他們已成功地傷害她。」

王室似乎不願汲取教訓，他們完全不能看到這項污衊王妃的計畫，在本質上就無法成功，而最終會深深地傷害君主政治。因爲媒體的報導，已經演變成荒謬而且陰險狡詐，每天都有關於王室的醜聞出現。在衆多猜測中，黛安娜的人馬逐漸懷疑查理王子的好友、王室、甚至MI5安全人員共同研擬一項陰謀，要來打壓威爾斯王妃。

然而黑函宣傳的效果畢竟有限，威爾斯王儲夫婦的婚姻問題仍需解決。爲此，女王、菲利浦親王、查理王子和王妃在巴爾摩洛展開秘密會談。討論的中心在於非正式的分居，這是女王長久以來比較贊同的解決方式。如此一來，黛安娜名義上仍爲王室成員，但實際上過著獨立的生活，只須和查理一起參加官方活動，如國慶軍隊分列式表演。查理王子同意搬離肯辛頓宮，黛安娜在決定有條件地維持和王室的工作關係後，也接受這項協議。有一段時間，他們之間

就維持著這種不穩定的平衡狀態。

王妃終究是自始至終都忠於王室，並幾乎隨時準備臣服於女王，特別是她瞭解女王本身也有苦衷。這一年對於女王來說，是諸事不順：馬修・費爾(Matthew Farrer)和首相們秘密討論支付所得稅的計畫；教會方面指責王室未能作爲人民的典範；民意調查顯示社會大衆對君主政治的向心力越來越弱……等等。

在一九九二年的秋天，在社會和王室都憂心忡忡之際，王妃仍多次會見她的私人秘書屈克・傑夫森及律師保羅・巴那(Paul Butner)，討論關於和她的丈夫正式分居，以及她在王室內的前景等問題。參與這些協議的人都清楚的看到王妃的脆弱。「她非常害怕他們會奪走她的孩子，把她放逐到國外。」一位顧問這麼說。「這是她最擔心的事，她已準備好放棄一切，不計任何代價把孩子留住。」黛安娜不需要別人提醒她父母間不愉快的婚姻，她不希望同樣的結局再次上演。

查理王子夫婦爲討論正式分居的會面，無可避免地，時而會有情緒激動的緊張場面，用力關門、提高音量、和濕紅的雙眼來開場或收場。上議員古德曼(Lord Goodman)這一位令人尊敬的法界人士，被邀請就正式分居所引起的憲法問題提出意見。首相梅傑則被詢問兩人分居會對國家的治理帶來何種影響。而他指出並不會有任何影響。

大部份的時間，討論的話題圍繞在小孩，夫妻兩人的住所和辦公室。原先

兩者的工作地點都是在聖詹姆士宮。在要求查理王子搬離肯辛頓宮的同時，王妃也要求她的幕僚人員與王子的人馬分開，搬至肯辛頓宮。查理王子不能接受這項要求。他的一位顧問回憶：「王子不願意走上正式分居和離婚這條路，原因不但是為了孩子，也為了它所帶來憲法上的困擾。」

會談仍持續進行，每次都充滿了爭執和憤怒。其中有一次，黛安娜被逼得忍無可忍，只好拿出最後一張王牌。她對王室感到徹底失望，揚言要帶著孩子遠走高飛，定居澳洲。這招並沒有奏效——她被鄭重提醒兩個小王子是王位的第二、三位繼承人，因此他們必須待在王室直至長大成人，為將來履行皇家義務作準備。她也同時得知一項殘酷的事實，法律裁決了王子的母親對於孩子的教養不可以有任何干涉的權利。她的王牌卻反被對方狠狠的將了一軍。

在那緊繃的一九九二年秋天，關於查理王子正面報導持續地出現，王子更宣佈他將委託廣播人強納森．迪伯比(Jonathan Dimbleby)撰寫他的自傳，這部自傳被視為是對於「黛安娜，她的眞實故事」的直接辯駁。這本書闡述著王室主人的形象，不擅於表達但慈愛的父親，被人民誤解的公衆人物，長久以來默默的忍受等等，都將公諸於世。

當王子王妃共同訪問韓國的行程已準備就緒，查理王子的私人秘書告知一些報社編輯這將是一次「和諧之旅」。那時分居的談判已進行至關鍵性階段，王妃沒有心情再玩猜謎遊戲。那年稍早，在拜訪印度的不愉快行程中，查理在一項商務會議發表演說時，黛安娜在印度國王為紀念死去愛妃所建的塔瑪哈陵

墓(Taj Mahal)前，用肢體語言表達她的寂寞。有一件事讓這對夫妻間的嫌隙越來越大，那次在賈普所舉行的馬球賽結束後，王子欲親吻黛安娜，而她卻故意別過頭去。她在韓國也採取同樣對策，決心告訴世人事情的眞相，一些朋友質疑她這種作法，包括蒂芬妮服飾公司總裁羅莎・摩克頓(Rosa Monckton)。報紙的標題如「一對怨偶」、「這場悲劇還要繼續多久？」這些都表示出這項策略已經成功。

這次行程也因爲媒體誇大報導「黛安娜，她的眞實故事」中有關菲利浦親王指責戴安娜的信函，而倍受困擾。小報們繪聲繪影地加油添醋，使得另一個「黛安娜」醜聞儼然形成，以致於最後她必須作一份公開聲明，解釋她與女王及愛丁堡公爵的關係。「有人暗示說，他們對我一直不諒解和不支持，這是完全不正確的說法，這對我們造成很大的傷害。」她說。

一九九二年十二月九日，首相宣佈他們正式分居已是遲早的事。王妃要求宣佈這項聲明時，小王子必須在學校受到保護。在此一星期前，王妃已探視在伯克夏(Berkshire)羅契洛夫預校唸書的威廉和哈利，由她親自告訴他們這項消息，並向他們提出關於未來的保證。

在那次傷感的會面中，黛安娜克制自己，不提起那個破壞她婚姻的女人。她很清楚的了解，第三者的介入使得父母婚姻失敗這件事，對小孩來說是多麼殘酷。對於王妃而言，無論她要付出何種代價，孩子都是最重要的。

黛安娜說：「這項聲明非常、非常的悲哀，美麗虛幻的童話故事已經結

束。」這不僅僅是王妃個人童話故事的結束。自一九九二年起，所發生的一連串事，粉碎了王室家族的神話。那一年，人們看到夢幻的破滅，不美好的事實眞相粉碎了家族傳奇。黛安娜告訴她的朋友：「溫莎城堡的象徵精神，對王室內的每一個人都不起作用。」

道德爭議給向來有著「完美」家庭形象的王室重重的一擊。黛安娜一直不願營造她在王室生活美滿的假象。這樣做，使她在心理上和生理上都疲憊不堪。現在眞實的故事已公諸於世，再也沒有必要說謊和隱瞞眞相。

原本似乎是個不可能的夢，但現在王妃已準備好忘掉過去的一切，一個較自由，沒有不快樂婚姻羈絆的新人生正在向她招手。雖然她仍是王室的一份子，也仍受到她蔑視和不信任的皇家制度所牽絆，但至少她能獨自展開全新的生活。這不是令人覺得舒服的妥協，且黛安娜不久將再次對這鍍金的牢籠感到厭煩。就像她對朋友所說的：「我已經簽了約，表示我同意現在要付出代價。事情將會好轉，也許就在兩三年內。」

「我已學會去耐心等待。」她說。

10

My Acting Career Is Over

表演生涯不再

表演生涯不再

My Acting Career Is Over

多年以來，查理王子和王妃在倫敦的住所肯辛頓宮裡，已很少出現笑聲。遊客們很快地嗅出這陰鬱的氣氛，而類似「死氣沉沉」、「憂傷」、和「緊繃」的形容詞，就成了他們經常拿來描繪的用語。「我覺得我好像在那屋裡死了好幾次。」她告訴朋友們。甚至她的臥室都透露著一股哀傷的氣息。「我可以想像她躺在床上，抱著泰迪熊哭泣。」看著成堆從同樣不快樂的童年所留下來的玩具，一位離職員工如此描述這個小女孩的房間。

現在她不但與丈夫分居，更離開了婚姻所帶來的不幸。這象徵著，她第一件事是丟掉她結婚十一年以來在肯辛頓宮所睡的紅桃木雙人床；然後重新粉刷臥室，換上新鎖和新的電話號碼，她一個人的新生活從此開始。

一九九二年冬天，在海格洛夫、肯辛頓宮和聖詹姆士宮之間，有太多的來回往返，因爲這對夫妻的私人財產，要運回他們現在各自的家。一位王室的官員說：「對於童話故事而言，這眞是一個很悲哀、很沒面子的結局。」王子和王妃把在婚姻中所獲得滿山滿谷的禮物，毫不珍惜地扔進火堆。在海格洛夫的一場戶外營火，把他們的虛榮浮華燃燒殆盡。貴重的物品則存放在溫莎城堡，

或捐贈給慈善機構。在肯辛頓宮，只有少數存有查理王子印記的東西被留下來。

對於查理王子，任何模糊的記憶都不被允許。幾個月後，任何她曾在海格洛夫留下的痕跡都被有效地清除乾淨。雇了一位設計師爲王子在聖詹姆士宮的新居，做室內的重新裝潢，到過海格洛夫的訪客都會注意到，在那許許多多家族的照片中，獨缺與查理王子形同陌路的妻子。

在分居後的幾個月，肯辛頓宮的常客們發現之前寂靜的八號和九號房，似乎有了改變，工作人員似乎變得較友善、不那麼一板一眼，氣氛也變得較輕鬆自在，裝潢上也有一些小改變：牆壁重新漆過，多了紅土磁器，到處有蘚苔和小樹等植物，查理嚴肅的軍隊和建築照片被柔和的風景及舞蹈圖片所取代。到此處的客人們受到大聲音樂和卡薩布蘭加百合的花香迎接。雖然黛安娜並未依照當初的構想，將王宮全然重新裝潢，但宮內的情調無可避免地變得更爲女性化。

實際上，黛安娜對於她在肯辛頓宮的住所，有著又愛又恨的矛盾情結，就像人質對於綁架者的感覺一樣。對她而言，宮內呈現出許多過去多年來的悲慘生活，但如同她對朋友所說：「我在這裡感到安全。」以她的話來說，她在一樓的休息室就一直是她婚姻中的「避風港、王國和溫暖的窩。」事實上，那對於她生命中最重要的兩個男人——威廉和哈利，也如同一處聖地。在壁爐前有一個高達五呎的皮製犀牛狀墊子，可以讓他們躺在上面看電視。每個看得見的

地方，都有用木製或銀製相框框起來的相片，捕捉了小王子們賽車、在坦克車上、騎馬、騎腳踏車、釣魚、在警察摩托車上、及穿制服的模樣。這次還多加了一些相框，有她已逝的父親厄爾・史賓塞，她的姐姐珍和莎拉，以及她弟弟查爾斯，也就是現在的厄爾・史賓塞，用他們來裝飾壁爐。在這間陳列室裡，也有王妃自己的照片：她和電影導演李察・安德伯洛（Richard Attenborough）共舞；她和歌手艾爾頓・強；及她模仿奧黛麗赫本在電影第凡內早餐的打扮。

房間充滿了陶瓷動物、陶瓷盒子、及陶瓷雕像等撫慰人心的小玩意，給人一種女主人要保護自己，不受外面世界侵擾的印象。一位女性朋友說：「整個房間塞滿了小裝飾品，令人動彈不得。」另一位好友解釋這現象的背後含意：「來自破碎家庭的人，總希望能得到一些物質上的補償。他們在築自己的巢。」整體幽閉恐懼的氣氛，被黛安娜風趣、自我嘲諷式的幽默所沖淡。每張座椅上的座墊都寫有幽默的字句，例如「好女孩只會上天堂，壞女孩哪兒都會去」；「在妳找到王子前，妳必須親吻一大堆青蛙」；以及「我對不喝酒的人感到遺憾，因爲當他們早上醒來後，會發現那一天的感覺很棒。」她的浴室則貼滿了報紙漫畫，描述著查理談論他的計畫及他們到梵諦岡的訪問。這些漫畫也讓人可以從另一角度了解她。

但這些輕鬆的佈置也無法遮蓋她的失落感，這顯示在她對家的矛盾態度上。在分居後的幾個月內，她一直猶豫要繼續待在肯辛頓宮，還是在鄉下買一

棟自己的房子，警方和員工們對她的精神狀態感到擔心。她渴望自由，但又怕媒體和大衆對她另購新屋會有何猜測；這件事會是一九八一年以來她婚姻的明顯裂痕。一位朋友回憶：「她最害怕的是輿論的批評，因爲那會使她一如往常地再次退縮。」

一九九三年春天，黛安娜對於她必須待在肯辛頓宮的事，越來越悶悶不樂。所以當四月間她的弟弟查爾斯，提供她在安索普的一棟有四個房間的「花園屋」，她興奮的不得了。這也使她躲避了生活奢華的指控。「我終於可以築一個自己舒適的窩」她興致勃勃的告訴朋友，準備好好的佈置房子。事實上，她一直想要把房子弄得很「舒適」。她可以不必再靠那些東西來表達自己，或是讓那些東西提醒自己傷心的過去。她詢問了家族好友杜德力．波拉克，他出生於南非，曾爲她和查理在肯辛頓宮的住所作室內裝潢。兩人討論要採何種色調、結構和壁紙（暫時選定淡藍色和黃色），生活的光景逐漸展現在她的眼前。花園屋還有另一項優點，從任何建築都無法俯瞰到它，讓她能享有完全的隱私。最棒的是，她無所不在的貼身保鑣，也不須住進她的新居，因爲他可以待在附近的小屋。

三個星期後，黛安娜的新世界就猝然地崩塌在她的身旁。厄爾．史賓塞打電話給她，認爲這個構想不太好。他覺得新增的警力保護，四處架設的攝影機，和無孔不入的窺伺，令人無法忍受。但隨著安索普地區的開放，她的行動自由也會因此受到限制。黛安娜聽了，驚訝的說不出話來。他說得完全沒錯，

但對她而言，這個決定不但使她失去房子，她「舒適的窩」所代表的挑戰和新的開始，也因此無疾而終。更重要的是，花園屋一直是她夢想的家。之後好幾個月，王妃和她弟弟之間都存有疙瘩。

史賓塞家族成員的關係一直不十分和諧。父母離異之後，父親再娶了達特佛(Dartford)伯爵夫人阮茵，也是言情小說作家芭芭拉．卡特蘭(Barbara Cartland)的女兒，這使得整個家族更形分崩離析。黛安娜從未原諒身為女王女侍的外婆魯絲，爲的是她在自己女兒，也就是黛安娜的母親佛蘭西斯面臨離婚問題時，並未幫女兒說話。當查理王子和她的外孫女分居時，她再一次未能與自己親人並肩作戰。所以當家人聽到黛安娜在一九九三年兩次探訪在伊頓的外婆時，都大吃一驚，而三星期後，魯絲即與世長辭了。與其讓自己對她的憎恨日益加深，黛安娜選擇和這個傷她至深的女人見面。那兩次會面，可想而知當然是很難堪，甚至無話可說。魯絲對於黛安娜的勇敢舉動也深感驚訝，她竟能坦然面對兩人關係疏遠的問題，而不像一般皇家的人，說些言不及義的話，讓問題仍留在原地。若說那兩次會面使兩人關係轉爲和諧，則過於誇大，但兩人之間的確不再對立。

黛安娜願意架起溝通的橋樑，證明她決心化解過去的心結。這個新的決定是促使她和繼母在一九九三年五月握手言和的原因。黛安娜以及她的兄弟姐妹和這個他們稱作「酸雨」（阮茵音似雨）的女人關係冷淡，是衆所周知的事。父親過世後，黛安娜原本可以就此和繼母完全脫離關係，但她並沒有這樣做，

表演生涯不再

反而邀請阮茵和其新任丈夫法國貴族張伯倫伯爵(Count Jean-Francois de Chambrun)共享午餐。那次午宴氣氛融洽，因而使她們的關係開始轉變。但她們之後多次的會面，引起史賓塞家族其他成員的不滿，黛安娜的母親佛蘭西絲有一次甚至和她鬧得不愉快。黛安娜讓他們了解，曾是最恨阮茵的她，都能原諒阮茵，其他的人應該也可以做到。

黛安娜成功地忘掉過去的不愉快，使她可以沒有包袱地迎接新生活的到來。建立一個新家一直是她最大的夢想，這個夢想的破滅著實給了她重重的一擊。希望落空，王妃花了好幾個月舔舐傷口，繼續忍受住在被一位職員稱作「蕭瑟屋」的肯辛頓宮。她變成了自己的囚犯，自己精神上的俘虜。她仍擁有自由，雖然不是完全的解放，牢籠的門是打開的，她得爲自己尋求新的人生。但她似乎仍然無法擺脫過去的陰影。

王妃實際上過的是一種幾近出家的生活，每天生活的內容無太大變化。早上七點起床，早餐有葡萄柚、手工全麥吐司、或新鮮水果、優格和咖啡，然後到會員制的雀兒港健身房運動。她從不在健身房沖澡，而在家中更衣，以避免好奇的眼光及隱藏式攝影機。九點左右，她神采奕奕的髮型設計師就會出現。他是王妃生命中少數能讓她面帶微笑等待的男人之一。當他整理她的頭髮時（髮型的改變總是能透露她人生方向的轉變），王妃總是在忙著通電話，因爲她的朋友知道此時最容易找到她。到了晚上，一整天忙不完的事已讓她疲憊不堪，此時講電話對她而言，就像一位朋友說：「像是把強力膠剝掉」。

每天要看的信堆積如山，由她的私人秘書派屈克·傑夫森和其他秘書協助處理。黛安娜堅持自己拆閱大部份信函，因爲這些信除了來自慈善團體，也來自社會大衆。信的種類五花八門，有枯躁的說教佈道，有賀詞，還有許許多多私人的痛苦經歷。王妃常爲這些信深受感動，並分別給予答覆。她非常勤於回信，每年可以記住好幾十個人的生日。她的朋友摩克頓說：「她是我所認識的人中，會最快回感謝函的人。」傑夫森回憶到：「在拜訪行程結束後，她會寫信給你的太太，說很抱歉把你的先生帶走。她可以是一個會鼓勵你，或要求嚴格的上司，通常對爲她工作的人都非常仁慈。」

大約十點的時候，她喜歡打電話給朋友。對象常是帕倫保先生(Lord Palumbo)、密席肯先生(Lord Mishcon)、約克公爵夫人、以及和她關係改善後的繼母阮茵。如果她覺得沮喪、無聊、或寂寞，她就會逛街讓心情好一點。每週她固定會在她北倫敦的家中，接受心理治療師蘇西·歐伯克(Susie Orbach)的治療。在她自稱『貪吃黛安娜』的時期，她喜歡嘗試不同的「新世紀」治療法。

午餐時間她有時和朋友在餐廳用餐，偶爾會在家中招待客人。然而，大部份時間，她都是獨自一人在肯辛頓宮簡單的用餐。午飯後，她可能接見與慈善團體或皇家職務有關的正式訪客，或花一小時閱讀信件，而她的佣人則幫忙接聽持續不斷的電話。有時候她會到她在聖詹姆士宮的辦公室，或開車到兒子的學校，看他們在操場上嬉戲。夏天的午後，她會花幾個小時坐在花園裡，埋首

於最新暢銷的小說中。

黛安娜知道只要她一跨出肯辛頓宮這座安全的保壘，她就失去任何防護。偶爾她會和幾個女性朋友去看電影，但有一次她取消約會，沒有去看「與愛何干」——描述蒂娜透娜受丈夫暴力虐待的故事，以免外界做過多的聯想。晚上她常是一個人在床上用餐，看電視來打發時間。

她逐漸孤單的身影，成爲朋友關切的事情。「她很寂寞，不知道有誰值得信任。」她的朋友，巴西駐英大使的前妻露西亞．麗瑪曾說。王妃在全球的高知名度更加深了她的孤立感。「她覺得她被關在監牢，不是困在金魚缸。她困在自己的經驗裡，沒辦法逃出去，沒有可以讓她倚靠哭泣的肩膀。她總覺得那是一個可怕的地方。」一位顧問這麼說。

她極度思念她的孩子們，特別是在傳統全家團聚的時刻。宣布正式分居一年多後，即一九九三年聖誕節的早上，她帶著堅強的微笑回到肯辛頓宮。到了倫敦，她在游泳前一個人吃完午餐，然後又一個人回肯辛頓宮，和小王子們在女王於諾福克的別宮聖德令干共度聖誕夜。第二天她飛到華盛頓和露西亞．麗瑪共渡一週。事後黛安娜回憶：「我一路上哭著過去，又一路上哭著回來。我覺得自己好可憐。」

到了週末，除了孩子回來看她的時候外，她比平常更加寂寞。依照分居協議，當學校放假時，王妃每兩週的一次週末可以探視小孩。她會先後到羅契洛夫和伊頓兩所學校接孩子，然後回倫敦喝茶。就像大多數的年輕人，他們會死

盯著衛星電視的最新動作片不放，黛安娜因而特地爲他們裝設衛星電視。吃過晚餐，在上床睡覺前，小王子會看租來的錄影帶，藍波、阿諾史瓦辛格都是他們崇拜的英雄，或是玩任天堂電視遊戲。

星期六、日的早上八點半左右，威廉和哈利會和保姆一起吃早餐。即使小王子在這裡，王妃仍舊不改每天固定的時間表，因而監督小王子的更衣，就成了保姆的工作。衣服換好後，他們可能去健身房加入母親，學打網球，或待在肯辛頓宮的家裡，騎他們的BMX腳踏車，或玩水槍，用水龍頭互相噴水，或和學校同學大打水球戰。有時也會有不同的活動，特別是在黛安娜有時間帶他們出去玩的時候。哈利最喜歡到伯克夏玩小賽車。在運動上，沒有令他害怕的事，他總是迫不急待地把威廉擠到路邊。哥哥則喜歡和朋友騎腳踏車、打獵，這時候他不需要因爲表現較弟弟遜色而感到挫折。在任何時候，他都是兩個孩子中較嚴肅的一個，哈利則不論在運動上或言談間，都表現得比較機靈和調皮。雖然哈利總是愛嘲笑哥哥，但他哥哥卻非常依賴這個弟弟。

查理王子的形象在和黛安娜正式分居前已跌到谷底，一九九三年一月公布的錄音帶更是雪上加霜。這卷錄音帶是一九八九年十二月錄製的，而查理和情婦卡蜜拉是其中對話的男女主角。對話內容肉麻低俗，讓對皇家效忠的國家元老，和教會、軍方、議會的知名人士，質疑查理是否爲國王的適合人選。

這通深夜的電話傳情，充滿幼稚淫蕩的親密，使這對情人彼此間熾熱的愛戀顯得庸俗不堪。在女人多種不同的親暱稱呼後，男人說了：「妳最大的成就

就是愛我」，又說：「妳受到這麼多羞辱、折磨和毀謗。」女人回答：「我願爲你犧牲一切。這就是愛，是愛的力量。」男人說了一個低級的笑話，大意是如果他變成衛生棉條，就可以和他的愛人形影不離。如果這個女人眞是卡蜜拉，他正和自己至交好友的妻子打情罵俏。在掛電話前，他說他要「按那個奶頭」，指電話的按鈕。女人回答說：「我希望你是按我的。」他接著說：「我愛妳，我好愛妳。」女人也同樣答說：「我眞的愛你。」最重要的是，查理王子和鮑爾夫人皆未曾否定錄音帶的眞實性。

查理的朋友不斷試圖澄清解釋那些假友誼爲名，查理和卡蜜拉之間的秘密通話，暗中會面和神秘禮物。黛安娜則一直傾向於相信自己的觀察和直覺。她也知道查理藏有一疊附有卡蜜拉名字的信件，這項證據讓他們無法狡辯。雖然她完全清楚那通電話是眞的，當她看到那些汙穢不入流的字眼被印出來時，仍感到震驚不已。驚訝加上不屑，她一邊看報紙，一邊火冒三丈，報紙上出現許多她熟悉的名字，那些她一直信任的人，竟聯合起來騙她，替查理和卡蜜拉尋找幽會地點並替他們遮謊。

查理和卡蜜拉的婚外情，原就爲他和黛安娜的婚姻帶來陰影，這卷錄音帶更是雪上加霜。她假裝對於他們兩人的事漠不關心，實際上，她像隻老鷹般犀利地觀察他們的一舉一動。她和占星學家一起研究卡蜜拉的星座圖，她和黛安娜一樣，也是巨蟹座，她廢寢忘食研究這對戀人的未來，達到走火入魔的地步。

表演生涯不再

在公衆面前，她勇於面對自己的問題。但私底下，她是個傷心的女人，哀悼她已逝的純眞，失敗的婚姻和流逝的青春。樂觀的時候，黛安娜會認爲她可以打倒皇家制度，利用她的身份作更正面的事。其它時候，她會突然掉入哀傷之中，不自覺地被一場電影所深深感動，或因爲一句不相關的話，而想起所有過去的傷心事。很明顯的，她現在喜歡穿暗色的衣服，特別是黑色，這對一個過去衣櫥裡，總有五顏六色衣服的人來說，是很大的轉變。被困在肯辛頓宮裡，像隻無法破繭而出的蝴蝶，孤單和寂寞，讓她開始失去人生的方向。

婚姻的失敗，感染到多數王室成員，特別是親近查理王子的人士，對她的敵意，加上令人沮喪的空白生活，使得她益發寂寞，完全失去自信。造成王妃受到孤立的另一原因，是她積極的爲自己公衆人物的身份重新定位。一九九三年三月她飛往尼泊爾，這是她在與王子分居後的第一次官方對外訪問，媒體詳細報導了她被視爲次等王室成員的種種跡象，而未能了解訪問的低調和非正式性，正是黛安娜所要求的。

黛安娜無意中將自己塑造成一個未來的典範。她是王室中唯一體認到人民希望看到一個謙遜，關心百姓的君主政體。而這正與她改造王室形象的目標不謀而合。出國訪問帶給她很大的啓發，不只是因爲她可脫離丈夫的陰影，另闢舞台；更是因爲這期間，她不必受到白金漢宮的嚴密監控。在分居初期，王子和王妃都對未來的計畫感到茫然。她在憲法上的地位，是未來國王的母親，這是誰也無法奪走的。但她公衆人物的角色爲何，則模糊不清。就像她自己說

的：「大家的行程安排，在一夕之間改變。我現在是查理王子已分居的妻子，我是一個麻煩，是一個包袱。『我們要怎麼樣對待她？這種情形從沒發生過。』我不斷地感受到這樣的聲音。」

無論女王的手下對黛安娜有何觀感，他們最大的任務就是效忠君主和她的兒子，並維持現狀。雖然他們知道她是逐漸黯淡的王室天空中，仍然閃耀的明星。但由於他們身負的責任，仍不惜以污衊王妃的手段，來提昇王子的公衆形象。如果他們對王子角色的規畫，與他分居妻子的抱負相牴觸，他們也坐視不管。黛安娜在同時也發現她的出國訪問行程受到阻撓，信件也神秘地失蹤。譬如，她表達意願，希望能在紅十字會的安排下到波希米亞探視英國的軍隊和難民，但被告知查理王子已計畫成行；然後在一九九三年九月，她又被告知爲了安全的考量，她不能去都柏林私人會見愛爾蘭總統瑪麗．羅賓遜（Mary Robinson）；然而，兩星期後，她參加了在北愛爾蘭艾尼斯吉倫(Enniskillen)的停戰紀念日活動，卻遠比上次的行程危險的多。

私底下，黛安娜懷疑王室的人員不希望她太受人民愛戴，以免搶盡她丈夫的鋒頭。此外，她確信那些她稱作「敵人」的人，正進行一項不利於她的計畫。「敵人是我先生的手下，因爲我總是得到媒體較多的注意。」她說。但王妃並不是王室的叛徒。這十年中，她已從這個「家族企業」學到太多，知道如何嚴守分際；知道她的受歡迎被王室內的「灰衣人士」視爲對查理王子的威脅。「但我想做的是好事。我從不想傷害任何人。我也從沒有要去貶低任何人

的意思。」

情況令人感到挫折，更令她不滿的是，整個制度狡詐不露痕跡地打壓她的理想和計畫。那年秋天，報紙上一連刊載了羅伯特．費洛斯和其他官員對正在改變中的王室，提出同情的看法，這使她受挫至極。在一篇不願署名的文章中表示：「黛安娜任性了一點，但我們必須去關懷她、了解她，做點退讓，避免在一開始就造成彼此很深的嫌隙。因爲，如果她變得充滿怨恨，對孩子是一件很不好的事。」對於報紙將她描述得如此幼稚愚蠢，她很生氣的告訴她的姐夫，不只是她受不了王室不斷在媒體放話，這種報導對於她的謠傳更是搧風點火。

一九九三年間王子夫婦彼此間的較勁逐漸浮上檯面，兩人都使出渾身解數，爭取民意的支持。在夏天之前，已有九位官員直接或間接從事於改善王子形象，爲其作正面的宣傳。相對的，王妃的職員薪水是從王妃所分配到的領地財產中支付，因此她只雇用了一位兼職官員負責媒體相關事宜。即使如此，她還是被指控爲有「媒體癮」，喜歡生活在鎂光燈下的「明星」。說她不論是到加勒比海度假，在索爾普公園(Thorpe Park)作水上運動，或是和孩子們一起滑雪，都希望媒體跟隨。對於過去是媒體寵兒的王妃來說，種種打擊讓她原本就低落的自信和深埋的憂慮，更加垂危。對於占星術的沉迷，顯示出她對自己的直覺判斷是多麼沒信心。

對於黛安娜而言，那眞是個悲慘的夏天。年初時，她還生龍活虎。之後連

表演生涯不再

續幾個月王室和外界對她持續的批評，使她疲憊不堪，對王室工作漸漸感覺無奈。無止盡的握手寒暄，植樹紀念，擁抱孩童，對她來說，不過是無意義的例行公事。六月底，王妃決定離開倫敦，結束這段「微服出巡」的日子。在七月到辛巴威的訪問，她被拍攝到分配食物給當地小孩，象徵她極度不滿這種無聊的作秀。她覺得這樣好像擺出施惠者的姿態，加深了世人對非洲「乞討者」的形象。她並發誓不會再做這種事。

暑假期間，她先到巴里島，然後和孩子們到美國度假，她也利用這段時間好好的思考自己的未來。她心情好轉後回到英國，卻聽到王宮內傳出不利於她的消息。查理王子已找來一位「代理母親」，在孩子和他在一起時，取代她的位子。黛安娜再也無法抑制自己的憤怒。她在王室的地位之前已被排擠，現在連她最引以爲傲的角色也被剝奪。她不動聲色地看著亞歷桑卓．蒂姬．萊格伯克帶孩子們去踏青、逛街、四處遊玩。但當她看到報上登出哈利坐在蒂姬腿上的照片；當聽到蒂姬叫孩子們「我的寶貝」時，她驚慌了。她敏感地意識到蒂姬是一個更可怕的威脅。因爲她和黛安娜在年齡和社會地位上都十分相近，而她很容易與查理的朋友們打成一片。

長期積壓在心中的不滿，於三年後的一場聖誕晚會中爆發，黛安娜批評了孩子的保姆與查理王子之間的關係。蒂姬當場淚流滿面的離開，隨後又請律師發函給黛安娜，要求她爲此「不當的言論」道歉。那是件很不愉快的事。蒂姬顯得非常無辜，她似乎是代表黛安娜，表達對王室制度及不滿王室企圖將孩子

表演生涯不再

奪走的藉口。幸運的是，在黛安娜死前，她對蒂姬積極介入小王子生活一事，已經釋懷。但在之前，她覺得狼群們正準備圍捕她。她的敵人已經打壓了她的身份地位，污衊了她的人格，現在他們還把目標對準她人生中最寶貴的東西——她的母愛。

入秋後，黛安娜開始計畫淡出公眾人物的生活。對於媒體態度的一百八十度轉變感到不解，對於王室和王子人馬的攻擊感到驚恐和寒心，她再也支撐不下去了。私人生活的不順遂擴大到對公眾人物生活的不滿。「你使我的生活像個地獄。」在和小王子們離開「西方終點」戲院(West End Cinema)時，她對一位攝影記者這樣大叫。她用手刺那個人的胸部和臉部，然後氣沖沖地走回威廉和哈利身邊。這只是許許多多她和專業攝影師爭吵中的一次罷了。

但一位業餘攝影師卻使她再也忍無可忍。十一月初她看見週日鏡報(the Sunday Mirror)在第一頁登出她在以前常去的健身房運動的照片，這使她下定決心脫離衆目睽睽的生活。她早已懷疑被偷拍了這樣的照片，但當親眼看到自己穿著緊身衣，被人這麼利用，她仍不得不大感震驚。這些照片是由該健身房的經理，紐西蘭來的布萊斯・泰勒(Bryce Taylor)，所秘密拍攝的。那張照片的刊出，構成了嚴重的侵犯隱私。但對泰勒來說，是六位數的鈔票進帳。王室、議會、其他報社、還有新聞評議會的主席麥葛雷格，都對這不肖的報紙大加鞭斥。王妃則覺得自己被侵犯和被背叛。「布萊斯泰勒迫使我決定離開」，她說：「對於那些照片，只能以可恨兩個字來形容。」

當泰勒竟厚顏地宣稱，私底下是王妃希望能拍那些照片時，她眞的氣炸了。而王室與一些具影響力的專欄作家和政客，竟暗示泰勒關於王妃利用媒體的指控有幾分眞實。即便她使出最後手段，找律師控告泰勒和鏡報集團，都不能平息對她的批評。這也告訴她，無論她如何努力，無論她多麼無辜，都無法阻止這種譏諷的見解，逐漸貶低社會大衆對她的看法。這一切促使她決心離開這反覆無常、幸災樂禍、玩弄她於股掌間的媒體。數月後，她的話被法院證實，該報紙因而賠了一大筆錢，這些錢最後捐給了慈善團體。

一九九三年十二月三日星期五，在一場爲海德威國家腦損協會募款的午宴中，王妃宣布她將脫離公衆人物的生活。以不時顫抖，但帶有挑戰意味的語氣，她央求媒體在她生活在鎂光燈下十多年後，能留給她一點私人的「時間和空間」。在這五分鐘的發言中，她特別提到媒體對她無情的騷擾：「當十二年前，我成爲公衆人物後，我就了解到媒體會對我的一舉一動感興趣。我了解他們的注意力不但會放在我公衆人物的生活，也會放在我的私生活。但我從未想到這種注意力是那麼令人無法招架；更沒想到它會以一種令人無法忍受的方式，對我的公家職務和私人生活造成如此大的影響。」

她接下去說：「這種壓力大到我無法忍受，我的工作也受到了影響。我想要爲工作付出百分之一百的努力，但我只能付出百分之五十，是大家讓我必須說『謝謝，我必須消失一陣子，但我還會再回來。』」

她表明在重建私生活之同時，仍會繼續支持少數慈善團體，並強調：「我

黛安娜和查理王子被喻爲童話故事的婚禮，有全球數千萬人見證。(*Alpha/John Scott; Alpha*)

左圖：查理和黛安娜狀似輕鬆愉快，照片拍攝於一九八一年八月的巴爾摩洛。當時他們正在度蜜月，但那時黛安娜深受貪食症之苦，體重因此減輕許多。*(Photographers International)*

上圖：這對皇家夫婦在一九八二年六月離開醫院門口，黛安娜手上抱著剛出生的威廉王子。*(Rex Features)*

左圖：黛安娜在一九八九年六月兒
校所舉辦的運動會中奪魁。她當時
的說：「我這一輩子還沒贏過像這
比賽！」（*Alpha/Dave Chancel*

下圖：黛安娜和威廉、哈利兩王子
九九〇年四月在加勒比海奈科島
假。她同意拍這張照片，是因爲希
體不要再打擾她和家人。
（*Alpha/Dave Chancellor*）

右圖：黛安娜送威廉和哈利上學，
一九八九年九月哈利第一天上學。
直設法讓兩個孩子過著平常人的生
（*Alpha/Dave Chancellor*）

：一九九一年十月到加拿大的訪問中，查
黛安娜並肩而坐。此時在公共場合，有時
的關係已明顯的呈現緊張狀態。
otographers International)

：在皇家伯利塔尼亞號遊艇上，黛安娜興
與孩子們再次團聚。威廉和哈利則是趁學
假期赴加拿大。
otographers International)

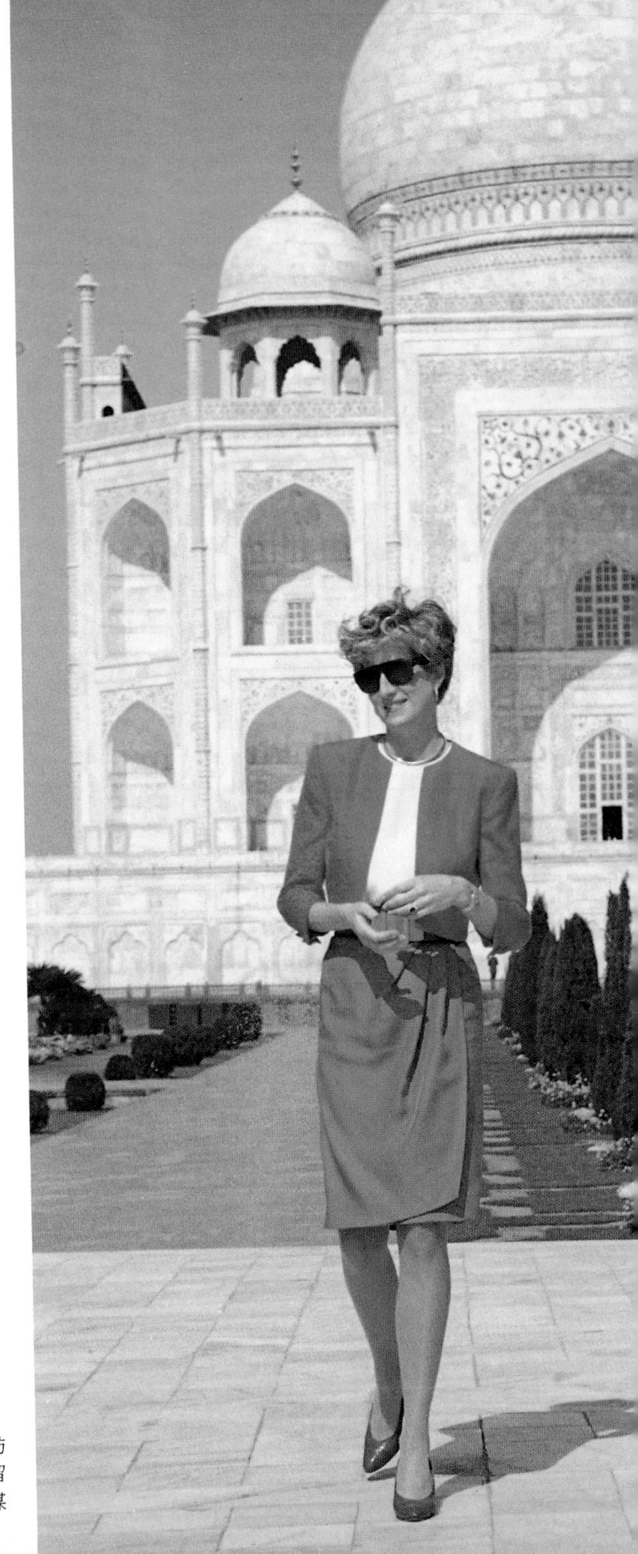

圖：於一九九二年二月查理與黛安娜共同訪
印度，而黛安娜獨自一人在塔瑪哈陵前留
。她獨自探訪象徵愛情的紀念建築，引起媒
的多方揣測。 *(PA News)*

左圖：一九九二年三月黛安娜的父親去世，弟弟查爾斯成爲新任的厄爾・史賓塞。

(Rex Features)

下圖：一九九二年五月黛安娜訪問埃及，在吉薩金字塔前留影。黛安娜逐漸提高獨自出國訪問的次數。*(Alpha/Dave Chancellor)*

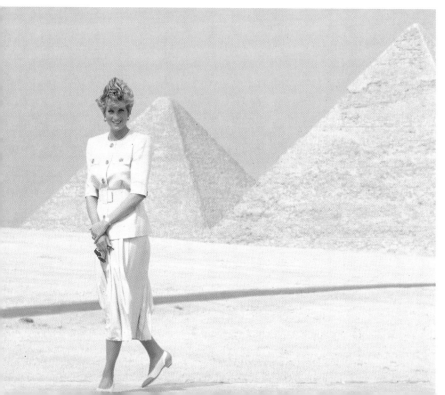

右圖：黛安娜在一九九四年十一月接受 BBC 新聞馬丁・巴夏(Martin Bashir) 的訪問，談及對自己婚姻的感受，以及對自己在王室所扮演角色的看法。
(Rex Features)

下圖：在辛巴威麥斯費果附近。黛安娜在紅十字會所經營的奈馬蘇威孩童救濟中心。黛安娜爲人道主義馬不停蹄的四處奔走，直至死前，她仍爲紅十字會工作。
(Photographers International)

上圖：黛安娜和查理帶者威廉王子到新學校伊頓中學報到。在新學校裏，威廉交了許多朋友，如他母親所期望的，過著正常人的生活。（Nunn Syndication Ltd ）

右圖：威爾斯王妃訪問美國行程中的一站。她在北美地區非常受到歡迎，每到一處都受到民衆熱烈歡迎。（PA News ）

左圖：王妃於一九九六年六月離開芝加哥庫克郡的一家醫院時，一位年輕女孩獻上一束花給她。（PA News ）

Quando andar ver
se o caminho
é seguro para passar.
BRITISH
RED CROSS

Reebok

右圖：安哥拉（上圖）和波士尼亞（下圖）是她禁雷運動行程中的兩站。此舉被英國許多政客所批評，但她探視受害人的行動，引起全世界對這項運動的注意。
(PA News; Alpha/Dave Chancellor)

右圖：一九九七年七月一日，黛安娜離開泰特美術館的一百週年紀念活動時，手上拿著民眾給她的三十六歲生日禮物。
(PA News)

下圖：一九九七年八月，結束採訪波希米亞的地雷受害人後，在回國前夕和法國的和平部隊合影留念。*(PA News)*

圖：黛安娜和多迪・法耶德的遺照。 *(Rex Features)*

圖：查理、威廉（右立者）和哈利共同省視在黛安娜出殯前的倫敦肯辛頓宮的各項弔唁與鮮花。 *(PA News)*

上圖：查理王子、愛丁堡公爵、威廉和哈利王子，以及黛安娜的弟弟－史賓塞伯爵，隨著葬儀隊伍準備進入西敏寺。*(Photographers International)*

下圖：威廉、哈利－－黛安娜最愛的孩子，看著媽媽的棺木離開教堂。*(PA News)*

下頁：在黛安娜王妃的棺木上，綴滿白色玫瑰以及哈利寫給「媽咪」的信件。*(Rex Features)*

MUMMY

最關心的還是威廉和哈利，他們應該得到我所有可以給予的愛和照顧，並學會尊重自己文化的傳統。」

她特別提到了女王和愛丁堡公爵對她的仁慈和支持，但無隻字片語是談到她已形同陌路的丈夫。在私底下，她很確定是誰該爲她離開舞台而負責。「我先生那幫人，讓我去年像是活在地獄。」她告訴朋友。

當她回到這個現在看似是個避風港的肯辛頓宮，她覺得如釋重負，傷感但也十分開心。宣步退休是給她一個必要的機會，去重新思考和重新定位自己的人生。如果說分居能帶給她人生新的希望，那麼辭去王室工作，就等於是將希望轉化爲一個充滿活力的新職業。這項職業將充份運用她與生俱來的善良和熱情，在一個更寬廣的國際舞台上盡情施展。

幾個月後，在她贊助的瑟本廷美術館(Serpentine Gallery)茶會中，王妃顯得神采奕奕。在朋友間她表現的輕鬆愉快和風趣。一九九三年所發生的一切，已成爲模糊的痛苦記憶。當她與電影明星傑洛米・艾朗(Jeremy Irons)閒聊時，他告訴她：「我已經一年沒演戲了。」黛安娜笑著回答說：「我也是。」

11

I Am Going To Be Me

回歸真實自我

I Am Going To Be Me

回歸真實自我

在黛安娜的生命歷程中，她始終逃不出男性的掌控；查理王子的存在使她的生活變得孤立而隔離；灰髮的丈夫成了她公衆形象的代表；而媒體記者的包圍與注目則是她國際形象的表徵。我們從黛安娜的一群貼身護衛身上，可以很明顯地感受到這種曖昧不明的複雜關係。他們有的時候可以說是黛安娜的朋友，有的時候又得保護黛安娜的安全，爲她避開這些不受歡迎的記者們，同時還得扮演黛安娜與英國王室持續鬥爭中的守望者。

這些貼身護衛會告訴黛安娜宮中最新的閒言閒語，其中包括了有關黛安娜本身在宮中所受到的評論，以及那些精彩豐富的黃色笑話。在這幾年中，保利・麥拿克、貝里・馬拿奇、格蘭・史密斯和肯・懷福就好像黛安娜的父親一樣，經常傾聽她所遭遇的問題並給予必要的建議，而這些人眞誠的友誼，溫暖了處身在充滿敵人世界中的黛安娜。但這和黛安娜前去觀賞當時正在上演的「終極保鏢」(The Bodyguard)（凱文科斯納Kevin Costner主演），可是和她那群貼身保鑣沒有什麼關係。

然而，當她和她的朋友逐漸形成一個小團體時，黛安娜卻開始想從這個小

團體中退出。因為她知道，如果她想劃清她的生活界線，享受屬於她的自由，她就必須完全照著自己的意思去做，而她的要求也非常簡單，她只希望能從錯誤中不斷地學習成長，以成就自己的生命。同時，她更希望能夠享受那些被一般人視為理所當然的快樂。如同她所說的：「我希望能夠盡可能地，去過一種平凡、普通的生活，讓我能夠自由自在的散步在小道上，而不必掛慮身後還有一名保鑣如影隨形地守著。」

和英國王室可以說已處於半脫離狀態的她，一直希望一般人能夠以對待一個普通英國公民的方式來對待她。這可不是件容易的事。守衛皇家的都會警察一聽到黛安娜這樣的要求，簡直是嚇壞了。因為他們是不可能棄王妃於不顧。身為世人關注的焦點，她很有可能隨時會受到恐怖主義者、激動的攝影記者和無聊男子的騷擾。雖然十分地不願意，黛安娜的守衛人員最後仍然答應了她的要求，撤走她身旁的守衛和保鑣，不過他們仍然會從較遠的地方，持續監視黛安娜王妃的一舉一動。

這對黛安娜而言，可是好不容易才爭取到的機會，不過正如同發生在黛安娜身上的每一件事，沒有一件是一帆風順、水到渠成的。沒有保鑣的保護，這些尾隨在黛安娜身後的記者，很快就找到了機會。在一次私人的購物行程中，黛安娜終於忍不住對這些惱人的記者怒斥：「你們為什麼不去拍別人！為什麼要來拍我？」而這些記者很快就習慣了黛安娜迴避媒體的一貫招式——不悅的表情、轉頭避開的反應，以及很有技巧地將皮包擋在臉上。也因此黛安娜得到

一個「皮包夫人」的封號。無論如何。她必須以實際行動向帶著懷疑眼光的都會警察證明，即使沒有他們的保護，她也能夠保護好自己。除此之外，她更想藉此而享受片刻的獨處時間。

在遠離媒體跟蹤的場景之外，黛安娜王妃一直默默地從事她的慈善事業。曾經有一段時間，她秘密地進行皇家的訪問，沒有帶著一臉假笑的官員，沒有那些陰魂不散的攝影記者，她可以因此更接近人民的生活層面。一九九二年的夏天，當大家的焦點都放在她的婚姻上時，她卻開始進行一連串救濟院的私人訪問，同時還參觀了那些收容所（爲生活困苦婦女所設）、避難所（爲無家可歸的人所設），同時也爲肯辛頓宮的慈善工作者打氣，並積極地參與各種的研討活動。

長久以來，王妃只是因著本身的存在而受到大家的喜愛，如今，她更希望以其所言所行來贏得人民的愛戴。而這樣的想法，更促使她積極地投入她的慈善工作。這是她的理想抱負，但無論這是一件多麼有意義的事，她仍然需要在生活上做部份的調整來適應現實的情境，並在每一個環節上學習新的技巧，甚至必須做某部份的犧牲。除此之外，她更堅持要藉著朋友和與民衆的接觸，建立一個穩固紮實的基礎，以做爲她慈善事業的起步。爲了實現她的理想，她選擇以演講的方式來表達，於是，她邀請了導演理查・艾坦柏伯爵、演員泰倫斯・史坦和聲樂老師彼得・史德倫來協助幫忙。剛開始的幾場演講，她的聲音仍然顯得有些顫抖和不安。但漸漸地，她動人的演講便爲她贏得了人民的稱

讚，同時也贏得了人民對她的認同。在整個演講過程中，人們看到了黛妃的眞誠和無畏的勇氣。對這麼一個不喜歡在大庭廣衆之下說話的小女人而言，成功的演講，使她眞正覺得她終於可以脫繭而出，做自己的主人，即使她的聽衆並不見得這麼認爲。黛妃進餐時，總是不遵守進餐的一些禮節，而她也因此受到她的姑媽克萊兒・瑞拿(Clair Rayner)的指責。一九九三年六月，黛妃曾經針對受制於婦女的磕藥問題做了一場演講。在這場演講之後，一名保守的專欄作家，同時也是一名天主教徒的瑪麗・肯尼(Mary Kenny)，卻批評她的演講是一種自我放縱的胡言亂語。對於這些來自四面八方的惡言惡語，黛安娜感到既震驚又難過。愛滋病患、無助的婦女、吸毒者和那些被社會所隔離、所孤立的人，一直引頸企盼黛安娜的幫助。而這樣艱鉅的任務，無論對黛妃或是對整個社會而言，都是極富挑戰性的。而她也正視了這項工作的困難。

實際上，黛安娜王妃的生活一直都不是很愉快。也因爲這樣，她才能夠眞正設身處地的去體悟一般人的痛苦。黛安娜的朋友羅莎・曼克頓(Rosa Monckton)形容她具有天賦的第六感，而黛安娜也承認自己的確有這種天生的本能，使她能夠洞察出一個人的內心深處。她相信她的這種本能，是生活在另一個世界的祖母辛西亞・史賓塞(Cynthia Spencer)所賦予的。黛安娜王妃總是藉著這種超自然的能力，和善解人意的心，伴著一些垂死的人，走完人生最後的旅程。而這點使得她更深信，她在另一個世界必定是個修女。泰瑞莎修女曾告訴她：「妳要救別人，就得先犧牲妳自己。」深信自己前輩子也是個修女

的黛安娜，深深受到這句話的感動，並進而認同這種犧牲奉獻的偉大情操。她曾經告訴自己：「我是不怕死的。」亞歷桑卓・夏柏克神父(Alexander Sherbrook)，就曾經目睹黛安娜親赴泰瑞莎修女位於加爾各答的住所照顧垂死的病人，她用她那澄澈的眼睛和敞開的心扉，撫慰這些傷病和垂死的病人。而這種面對困難、自我犧牲的高貴情操，著實令包括神父在內的所有人印象深刻。神父：「我們都知道照顧老弱殘病是需要極大的勇氣的。但對黛安娜而言，照顧人簡直就是一種本能，她可以輕易發現每個人的特質和需求。」

有很多的例子可以證明她的確有這種助人的本能。她的朋友曾經請她去看一位罹患腦瘤的垂死病患，她很快地就答應了，臉上更充滿了那種能幫助別人的快樂。還有一次，她的侍女蘿拉・蘭斯德(Laura Lonsdale)痛失兩個月大的愛子路易(Louis)時，她更花了兩個月的時間，陪伴蘿拉以撫慰她的悲傷。黛安娜的善體人意，使得蘿拉一家人對她充滿了感激。「威爾斯王妃可以說是降臨在這個世界上的天使。」蘿拉的親戚曾經這麼說過：「她有一種可以撫慰人心的特質，她本身存在著一種觸動人心的能力。」工黨領袖約翰・史密斯(John Smith)的死亡悲劇發生後的幾個禮拜，黛安娜邀請約翰的夫人和三個女兒至肯辛頓宮共進午餐，以表達對她們的同情。同時，她還抽空寫信給在醫院中，出生四小時後即遭綁架的嬰兒黛比・韓菲爾(Debbie Humphries)的父母。正如同她的朋友烏娜・多佛洛所說的：「公開在大眾面前的她是美麗、優雅的，而私底下的她卻是樸實而謙卑的。她總抽得出時間給每一個人，不論他

是老人、病人還是那些受剝削的可憐人。」

事實上，黛安娜不需刻意的努力和裝扮，就能成就她天使般的形象。如羅莎．曼克頓所說的：「她很容易就可以在人群中找出那些心靈受創的人，並將他們帶離劊子手和旁觀者的世界，給他們撫慰，給他們溫暖。」而這一點也是黛安娜的弟弟所推崇的，他曾經說：「她就如同一尊偉大的耶穌聖像般地令我感動，她擁有的力量似乎是耶和華所賦予的，而她在生命中所掌握的方向是令人嫉妒的。我們深信以她的理想、她的力量乃至於她的人格特質，和她本身所居的地位，必定能爲我們成就許多偉大的慈善功業。」

黛安娜曾做過多次私人性的訪問，而因爲是非官方的訪問，因此沒有造成許多無謂的困擾。當然，和那些經過精心設計，且具有宣傳效果的傳統皇家訪問相比，黛妃的這些私人訪問顯得微不足道。但是這些私人性的訪問，畢竟給了黛安娜一個機會，讓她可以做自己覺得滿意和有意義的工作。「我要讓自己走進一個世界，這個世界可能是充滿病童的救濟院，可能是躺著垂死病患的醫院，因爲，唯有在那兒，我才能感覺到自己是被需要的。我想做些事情以證明自己的人生除了存在之外，還有別的意義。」她說道。然而，她最大的困難，同時也是她從事慈善工作最有利的一點，就是她的身份——以王妃之尊，要籌款可以說是沒有什麼困難的。但是也因爲這樣，使她覺得有所欠缺，她會覺得她並不是完全靠自己的力量完成的。相比之下，她個人所從事的私人性質的慈善工作，比較能夠帶給她實現自我的感覺。但是，最後卻因爲缺乏群衆的支持

而欲振乏力，面對這樣兩難的抉擇，黛安娜仍然想不出一個最好的解決方法。

黛安娜王妃急於想讓她的兒子在皇宮和住宿學校之外，也能看一看眞實世界的模樣。就如同她對一群愛滋病患所做的演講：「對於逃避殘酷現實的想法，我是再清楚不過的。不只是我自己本身，連我的兒子們，我都不希望讓他們看到殘酷的眞實面。但我常在想，這樣對他們來說眞的好嗎？如果我將社會的黑暗面隱藏起來，直到最後的一刻才讓他們知道，也許爲時已晚了。因此，我所能做的就是把我所知道、所看到的完整地傳達給他們，剩下的就要看他們自己了。」

而她覺得這對未來的國王——威廉王子尤其重要，如同她所說的：「他從我和他父王身上，多多少少學習到他未來要走的既定之路。我們並不打算將他侷限在高高在上的深宮內，成天和女家庭教師混在一起。」多年來，她經常帶著兩個小王子參觀那些專門收容無家可歸者的大學宿舍，並探望醫院中的病患。當她和巴席爾．休姆(Basil Hume)樞機主教，帶著威廉王子參觀位於倫敦市中心，一個收容無家可歸者的步道日間看護中心(Passage day centre)，並將威廉王子介紹給這群社會上悲慘、弱勢的團體時，她不知道有多麼地驕傲。「他深愛這兒的一切，這使得那些可憐的人們感到受寵若驚。」她很驕傲地這麼告訴她的朋友。英國的總主教同樣也是一個富有感情的人，他告訴黛安娜：「威廉王子是個多麼與衆不同的孩子呀！在這樣小的年紀卻有著這樣高貴的品格。」這樣的教育方式，使得威廉在面對一個爲心智障礙的兒童所開的耶

誕晚會時，也能夠進退有度而又不失身份。當黛安娜王妃看到威廉王子能夠幫助這群可憐的孩子並帶給他們歡樂時，內心眞有說不出的喜悅。「對於他，你們不知道我有多麼地感動和驕傲！即使是一個成人也不見得能做得和他一樣好呀！」她告訴她的朋友們。

一年一度的賽馬週又到了！對上流社會而言，這是個充滿著香檳、燻鮭魚和活潑氣氛的時刻。然而黛安娜卻帶著她的小王子們，探望夜間庇護中心的可憐人。在那兒，威廉王子和人們下棋，而哈利王子則加入一個玩紙牌的團體與大夥同樂。兩個小時後，當他們步上回肯辛頓宮的路途時，兩個人又都成長了一些，變得更有智慧了一些。「他們是有知識的。」黛安娜說道：「也許他們一輩子都不會去使用這些知識，但知識的種子已然深植在他們的心中。而我希望這知識的種子能夠發芽成長，因爲知識就是力量。我希望他們能夠有這個能力去解讀人民的各種情緒、人民的不安、痛苦，乃至於人民的希望與夢想。」

黛安娜王妃的種種作爲，曾經被一些人批評是動搖英國君主政體的活動，更被視爲是一個處處惹麻煩的無知女人，總是搶盡了老公的鏡頭和風采。而如今，這些過去懷疑黛安娜的人，也漸漸認同了她的作法。這個未來的女王，在得不到認同且幾乎沒有同伴的情況下，卻願意和社會上最可憐、最悲慘的人共處，這樣的黛安娜，使得身旁的人迷惑不已，而無法給她一個明確的評價。

不過，這樣也使得她能逐漸褪去包圍在她身上的種種繁文縟節，越來越接近她想過的那種生活。由於黛安娜不願履行身爲皇家一份子應盡的義務，因此

她的隨從人數遭到了刪減，但這樣她反而可以親身做一些她自己想做的事。她和她的秘書派屈克・傑夫森(Patrick Jephson)開始遊說一些具影響力的朋友，希望他們能做黛安娜慈善工作的後盾。因此，曾經有一段時間，黛安娜與媒體間的關係處理得非常圓滿而成功。

然而，不管她的慈善事業做得多麼有聲有色，也不管她的訴求得到人們多大的回響，這一切仍然隱藏不住一個殘酷的事實：那就是黛安娜的生活其實早已經陷入了困境。雖然還沒有正式地辦理離婚手續，但實際上，她和查理王子早已經分居了。雖然她仍是皇家的一份子，但她在皇家早已是個不受歡迎的成員。她被摒棄在原本屬於她的世界之外，卻不知道下一刻該往哪兒去。她所做的慈善工作曾經爲她贏得許多的好評。因此，帶著一線希望的她，急於回到老家希望能重新開始一個全新的生活，這當中有太多的困難需要去克服，也必須承受可能因爲失敗而墜落的痛苦。她的言行舉止依然受到大家的注目，像泰勒雜誌批評她的穿著打扮像是鄉下的家庭主婦，而她也仍然必須面對媒體記者，對她不懷好意的品頭論足。

而傷害她最深的，無非是這個世界所給予她的不公平待遇。習慣於活在衆人掌聲中的黛安娜王妃，怎麼也不敢相信那些她所熟悉的，尊敬和崇拜的朋友，會在她褪下皇家那身看不見的皇袍後，消失地無影無蹤。而這時她發現她丈夫的皇家身份卻越發的彰顯出來，不同於王妃的身份，查理王子的任務是那樣的單純，他不須做任何事，只等時間一到，他就是未來溫莎城堡的主人。有

了辯才無礙的首相支持，再加上內閣、教會、整個皇室家族和當權的媒體撐腰，這樣一個專業的後援親信，使得查理王子一開始就註定是這場遊戲的贏家。

在他們婚姻破裂的事實發生後，強納生·丁百利(Jonathan Dimbleby)所主演的片子，成爲查理續任威爾斯王子二十五週年的華麗裝飾品。從這一九九二年的夏天開始，查理王子不斷公開指責黛安娜是個不適任的母親，而這一切使得黛安娜感到相當不安，她開始擔心與她日漸疏遠的丈夫，會以那兩個無辜的孩子做爲與她爭鬥的籌碼。

一九九四年六月，當查理的生活被公開出來的時候，黛安娜實在不知該以何種方式來面對。因爲出現在頭條新聞版的消息正是，她的丈夫查理王子終於痛苦地承認了他對黛安娜王妃不忠的事實。當丁百利問查理：「在您倆許下結婚誓言的當時，您是否，我是說您是否曾試著要對您的妻子忠實？」查理王子回答道：「是的，當時我的確是那麼想的。」丁百利接著又問道：「那麼您是否眞的忠於您的妻子呢？」「是的。」查理回答道：「但是自從經過一次短暫的分離之後，我們之間的關係已變得無法挽回，儘管我和她都曾試著改變這個事實。」而當被詢問到與卡蜜拉·帕克·鮑爾的關係時，他承認卡蜜拉仍是他生命中最主要的依靠。儘管她是造成他婚姻破裂的主要關鍵，但這樣的依附關係仍是不會變的。他說道：「她是我一個很好的朋友，而且這份感情也已經存在很久了，在未來一段漫長的歲月裏，她也將繼續扮演這樣的角色。」

回歸真實自我

當這個消息公開在全國一千三百萬民衆的面前時，黛安娜仍試著往好的一方面去看，只爲了證明她的不在乎。她決定讓全國觀衆看到她，並沒有因爲這件事而被擊倒。她將整個瑟本廷美術館租下來，並在那舉行一場別開生面的國際級晚宴。因爲只有在那兒，她才能感覺到自己是被朋友所圍繞的。晚宴上，沒有什麼比她那身賣弄風情的黑色洋裝，更能代表她此時此刻的心情了。洋裝上的每一個線條，似乎都迫不及待地要傳達出這樣的訊息：「我才不管查理會怎麼做呢！你瞧，我還可以在這兒開舞會呢！」但是私底下的她，可就不那麼平靜了。如果眞的要她發表對查理外遇這件事的看法，她內心所吶喊的可能是：「我最關心的還是我的兩個孩子，我要保護他們。」接著，她可能還會說：「我眞的已經崩潰了，但是我仍然不會懷疑眞誠待人的可貴。」

既然查理王子公開坦承他與卡蜜拉．帕克．鮑爾的關係，那麼離婚可能就是他下一步的動作了。在接受丁百利的訪問中，他仍然採取迴避的方式，只說：「這可能還要等上一段時間」，或是「我目前並沒有這樣的打算」等話來搪塞。但是，如今既然他願意公開承認他對婚姻不忠的事實，儘管他可能因此受到外界的指責，但這無疑是爲了有關他離婚與否，這懸而未決的議題做出了決定。

剛開始的時候，黛安娜深信她絕不會是先採取行動的一方，無論如何，她是不會先向對方提出離婚的要求。她認爲當初是查理先向她求婚的，所以，如果要離婚，也應該是由查理先提出才是。「我不會離開，我會一直待在這裡。」

她如此強調，也一再堅持離婚應該由她丈夫那邊先提出。在有名的全方位報導(Panorama interview)的訪問中，我們將看到她持續地、不斷地堅持這個想法。

一個經常和黛安娜討論這個問題的朋友，解釋了黛安娜何以會有這種固執的想法：「她的出發點在於她始終認爲她不是這場婚姻危機的罪魁禍首，而是這場婚變的受害者。她對於遭人指責，有一種近乎病態的恐懼，在得知婚變發生的當時，她甚至覺得她被以往所做的那些慈善工作所矇騙了。她一直希望留名青史，如果她就這麼一走了之的話，就等於證明她輸了。」每個人都認爲她一定無法承受這樣的打擊，因爲長久以來，英國王室什麼好事也沒做，而黛安娜一個人辛苦努力了十三年，就這樣地被一腳踢出皇宮外。

從此以後，黛安娜逐漸喪失她那能夠撫慰人心的心靈力量，在面對英國王室的舞台上，她只是一個無助的小丑，摸不清方向，看不到未來。看到這樣的黛安娜，她的朋友們對她那種過分的敏感細膩，特別是在想盡辦法要去接近兩個孩子的這件事上，感到擔憂。她們認爲，如果黛安娜眞的重新選擇一個新的生活、新的人生，就比較不會把心思放在皇室家族的身上。贊成即知即行的一派認爲她如果無法儘快做出決定，可能就必須爲她長久以來所渴求的自由生活，做更多的讓步。其他的朋友，特別是以密席肯爵士爲首的一群律師朋友則認爲在策略上，她有權要求獲得一個合理的金錢賠償。雖然，大部份的人都覺得一棟像樣的房子是不錯的選擇，但這些都不是她所考慮的重點，她最在乎的是她能否維持與兩個孩子的關係，是否仍能保有她身爲王妃的崇高地位以及被尊稱爲「王妃殿下」的權利。

在保有王妃頭銜與恢復黛安娜．史賓塞的名字這兩者之間，她的內心充滿了矛盾。一方面王妃的這個封號，建構了她與民衆之間的關係——端莊穩重的舉止，不喜歡帶任何隨從的親和表現；另一方面，她也深以她的家族姓氏而自豪，在英國姓史賓塞的人，要比姓溫莎的人來得多，而這點比她是否身爲皇家的一份子來得重要。當她與皇室的關係越來越疏遠時，反而給她一個機會可以去推動一些她認爲有意義的事。離婚的事實，說明了她將不再享有皇家所給予的特殊恩典，這個晴天霹靂的事實，同時也粉碎了她的聲望，與她活躍於國際舞台上的機會。

黛安娜內心眞正的感覺浮現到表面來，是有一次她帶著威廉王子至倫敦市中心一家名爲「史莫萊的氣球」(Smollensky．s Balloon)的餐廳用午餐時，在餐廳表演的魔術師約翰．史戴爾(John Styles)將黛安娜的戒指脫下放在一條絲綢的手帕內，再將手帕輕輕一揮，把黛安娜的戒指變不見了。這時候黛安娜突然陷入一陣狂笑，拍手叫道：「表演得太好了！」因爲內心充滿了無限悲痛的黛安娜知道，沒有任何魔杖可以抹去過去這十年來所受的傷害，也沒有任何魔術可以輕易地改變在憲法上，已然確立的離婚事實。

更糟的是，當黛安娜受創的心靈尚未復元時，她還繼續成爲宮廷內外交相批評的焦點，可說是一波未平，一波又起。比方說，查理王子曾在私底下抱怨

回歸真實自我

黛安娜每個月三千英鎊的置裝費，不知爲何類似這種家務事的指責，很容易會出現在國內兩家對黛安娜王妃一向不抱好感的報紙上。這些批評黛安娜輕浮、奢侈的文字，造成黛安娜無謂的困擾。但她卻總是一笑置之，說那不過是和約克公爵夫人打小報告的相同技倆。而事實上，此時的她，正飽受離婚訴訟的痛苦。

在這場比賽中，採取等待的方式終究是不利的。不但將她脫離皇家束縛，重新開始生活的日子延後，同時更使她成爲財產的抵押品，和他人惡意傷害的靶子。她日後承認：「我是被查理王子打入冷宮的妻子。對他而言，我是一個難題，因爲我不會就這樣默默地離去，我要堅持到最後，因爲我還有未完成的角色和責任，我必須將我的兩個孩子扶養長大。」這是一場孤獨的奮戰。當她企圖將自己定位爲「世界的王妃」而不僅是「威爾斯的王妃」時，卻遭到她丈夫的阻撓。她對自己在離婚過程中的支吾其詞感到挫折，同時她仍必須忍受善變的民眾對她所做的種種批評，這使得黛安娜領悟到她必須將這整件事做一個清楚的交待。於是，在一九九二年，她以第一人稱的「我」，陳述了她在英國王室生活的眞實情況。三年之後，她決定摘下面具，以私人的身份對民眾發表演說。當然這兩件事的決定都需要極大的勇氣，這也顯示她的確成長了不少。因爲，這是她第一次準備爲她所說的話、所做的事，和她自己的生活負起責任。

然而，事實證明，說的總是比做的容易。當每一個皇室成員特別是她那惡

回歸真實自我

名昭彰的丈夫，利用電視來提倡其理想，並在事後談到他們私底下的生活時，黛安娜知道英國皇宮是不會再讓她利用媒體發表各種言論了。在過去她曾經享有使用世界上最出名的傳播媒體的權利，像芭芭拉．瓦特(Barbara Walters)和歐伯．溫佛(Oprah Winfrey)等都是。然而到了一九九四年，她的私人生活卻被鉅細靡遺地呈現在一部ITV的片子中。最後，黛安娜不得不決定結束與這些傳媒的合作關係，不只是因爲查理王子爲了自己的計劃已和強納生．丁百利合作，同時也是因爲朝臣對黛妃的敵意。「她的方法沒錯，只是時間不對。」名製片麥克．布蘭尼(Mike Brennan)回憶道。「而這一切仍無法阻止英國皇室企圖將焦點轉移到它處的事實。」

一年過去了，四面楚歌的黛安娜決定採取某些必要的手段，她很愼重地接受了馬丁．巴什(Martin Bashir)的訪問。馬丁．巴什是後來投身英國國家廣播電台(BBC)旗下，從事時事節目「全方位報導」的新聞記者。諷刺的是，在負責全方位報導的諸多記者中，巴什是對宮闈內幕最沒有興趣的一個，但是這一回，他卻破例地訪問了黛安娜王妃。當然，他也了解這場訪問能否成功，關鍵在於黛安娜所要陳述的秘密，而英國王室隨時都可以用一通電話，將這場秘密的訪問給封殺，因此巴什和他的助手必須用一些特殊的技巧和手段，才能安然無恙地錄下黛安娜所說的話。一九九五年十一月初一個寧靜的星期日，巴什和他的助手悄悄地抵達了肯辛頓宮，他們所使用的小型照像機，使得他們的蒞臨不致引起太多人的注意。爲了預防萬一，黛安娜一早便摒退了左右的隨從，

因為她再也無法相信任何人，即便在這場訪問順利完成之後，BBC的負責人仍然擔心會遭到皇室的臨檢，而對該公司的總幹事不利。諷刺的是，威爾斯王妃黛安娜是世界級的公衆人物，而BBC又是大衆傳播媒體界的龍頭老大，這兩者的互動卻必須偷偷摸摸、戒愼恐懼到這樣的程度，無疑是這個民主開放社會的大笑話。

一九九五年十一月，在BBC所播出的這段訪談中，每一句話都充滿著黛安娜激動的情緒。黛安娜毫無隱瞞地娓娓訴說她的生活、她的孩子、她的丈夫和她對未來的夢想。她談到她那不按牌理出牌的進餐習慣、她的愁苦、她求救的吶喊、甚至那些深宮中的敵人，以及她丈夫和卡蜜拉．派克鮑爾的關係。因此，這段訪談可以說完完整整地記錄了黛安娜王妃生活的每一個層面，這是她眞實的故事。在談到她與查理王子的關係時，她一針見血地指出了問題的所在：「我們的婚姻裡，同時存在著三個人，未免稍嫌擁擠了點。」同時，她也坦誠她和前守衛修易特的戀情，這個修易特曾經將他和黛妃的戀情寫成一本書公諸於世。「我眞的崇拜他，我也愛他。」黛安娜說道。接著，她又說當她得知修易特竟背叛她，而將他倆的戀情公諸於世時，她覺得整個心都碎了。當她開始質疑她的丈夫並不適合當一個統治者，乃至於想到他日後將會登上王位時，她談到了她對孩子和英國王室的野心。「我要做人民心目中的女王……，讓人民覺得這世間有愛。」這個節目吸引了無數的聽衆，而在傳播媒體史上創下了空前的高收視率。

在這段訪談中，人們關心的重點，仍在於她所承認的婚外情，以及她對卡蜜拉．帕克．鮑爾的評價。至於她企圖成爲英國外交大使的想法，人民的反應卻沒有她預期地那般熱烈。爲此她深感遺憾，覺得這段訪談並不如想像中地那麼成功。然而，在成爲親善大使之前，她和英國王室都必須認清一個事實，那就是攘外必先安內，國內安頓好了，才有餘力來做外交關係。威爾斯所採行的開放福利制度，早已拖垮了英國王室的財政，這樣的情況自然是不能讓它再繼續下去。因此，在這段有名的訪談過後的四個禮拜，英國女王在與首相及坎特伯里總主教商量過之後，決定以個人名義寫信給查理王子和王妃，要求他們盡快辦理離婚手續。

英國女王的介入，使得這場離婚訴訟提前登上了舞台。雙方的律師都忙著理清這個離婚案件中，錯綜複雜的每一個細節。一九九六年二月二十八日星期三，在這個被黛安娜形容爲她生命中最悲慘的一天，黛安娜終於在無話可說的情況下，同意了離婚的要求。接著，她與查理王子在聖詹姆士宮進行了四十五分鐘的會談，但黛安娜對外所發表的離婚聲明，卻使查理王子震驚不已。「我，威爾斯王妃，同意查理王子所提出的離婚要求。即便如此，在有關兩個孩子的任何決定上，我仍有參與的權利，而我也將繼續待在肯辛頓宮，保有我在聖詹姆士宮的職務。從今而後，不但仍保有威爾斯王妃的頭銜，同時，更將以黛安娜，威爾斯王妃的身份活下去。」

這段無理的聲明得罪了許多人，其中包括了英國女王。她憤而授權給朝臣

回歸真實自我

向她的媳婦表示，她是聽到她同意離婚的消息後，感到「最痛快不過」的人。而這段狠毒的聲明，等於是英國女王對黛安娜的公開譴責。由於她那段有名的離婚聲明，特別是有關日後居所的相關細節，黛安娜未來的去向算是得到了言辭上的保障。「時間會證明一切的」，一名白金漢宮的發言人暗示了未來的不幸。

黛安娜的沮喪是可以理解的，她告訴朋友：「我眞的不想離婚，但我還是答應了，現在他們又在跟我打一場拉鋸戰了。」雙方僵持不下的地方，在於黛安娜要求保有聖詹姆士宮的職務。而聖詹姆士宮卻是查理王子在倫敦的住所，他寧可將黛安娜安置在肯辛頓宮，也不願意讓黛安娜侵入他的生活領域。另外一點，則是黛安娜索求的金額，竟比康瓦爾公國巨額的財產還要多。除此之外，查理王子的幕僚也指出，他們對黛安娜王妃要求繼續保有王妃殿下的頭銜，並沒有任何異議。這樣的交涉又過了四個月，直到一九九六年六月十五日，威爾斯王妃終於不得不做出最後決定了。六星期後，也就是八月二十八日，這個有如灰姑娘故事的皇室婚姻終於正式地落幕了。黛安娜得到了她所要求的聖詹姆士宮的職位和高達一千七百萬英鎊的巨額贍養費，但同時也失去了她在人們心目中的高貴形象，因爲她無理的索求，使得她在人民心目中的形象變得卑微不堪。

然而，黛安娜並不在意，她的朋友羅莎．曼克頓回憶當時的情景：「我認爲英國王室將她踢出皇宮，才是眞正卑鄙無恥的。我一直覺得很奇怪，爲什麼

英國王室一再說黛安娜王妃仍是他們的一份子，卻不願意國家認同黛安娜仍是這個家族一份子的事實。而黛安娜對此卻一點也不憤慨，我想，這是因爲她並不是一個拘泥於禮節形式的人吧！」

對黛安娜個人而言，離婚有著非比尋常的意義。這代表她可以藉此冷靜下來，重新整理自己的生活步調和方式。長久以來，她一直希望自己能做更多的慈善工作，以便照顧那些眞正需要幫助的人。早在離婚之前，她就發現宮中一連串的慈善晚宴和舞會，除了讓她抽不出時間開會之外，更剝奪了她學習和了解像愛滋病患、癌症患者、痲瘋病人和那些社會邊緣人的機會。一向視自己爲局外人的黛安娜，選擇繼續保留五項慈善工作：痲瘋病患團體(the Leprosy Mission)、中心點(Centrepoint)（一個收容無家可歸人士的慈善團體）、國立愛滋病信託(National Aids Trust)、皇家馬斯頓NHS信託（同時也是一所皇家醫院）和大歐蒙德街兒童醫院(the Great Ormond Street Children, s Hospital)，這些慈善團體都致力於幫助那些處於社會邊緣，和脫離正常生活的人。由於受到英國國家芭蕾舞團(the English National Ballet)的拒絕，包括英國紅十字會(the British Red Cross)在內的一百多個其他慈善團體，也都被黛安娜從記事本中給刪除。

一些不懷好意的人認爲，黛安娜王妃的這些動作，無非是對英國女王剝奪她王妃封號的報復。然而，眞正的原因卻是她的個人特質。長久以來，她一直在尋找一個可以讓她貢獻國家，讓她可以利用她的天賦來幫助人。同時，又能

回歸真實自我

讓她體驗慈善工作中的挑戰。藉著從事一些慈善事業，黛安娜希望自己能夠因此而有所成長，同時也希望能夠改變那些需要她幫助的人的生活困境。

從許多方面來看，離婚給了黛安娜一個釋放自我的機會。婚姻的結束使得黛安娜終於可以切斷皇家對她的束縛。因爲在與查理分居卻尚未離婚的這幾年裏，黛安娜仍然持續地受到查理王子和其家族的牽絆。離婚爲黛安娜結束了生命歷程中最不愉快的一章，在動盪不安的一九九〇年代，她所做的這個決定給了她夢寐以求的自由。她終於可以做她自己的主人了！除此之外，這也是她第一次有機會去探索她天生的能力。

當她在新生活的邊緣盤桓不定時，想起在令人窒息的婚姻悲劇和愚弄人的皇室系統中，浪費了這麼些年，內心無疑地會產生一種生氣和遭人背叛的感覺。

與查理分居後，她一步一步非常小心地，甚至不自覺地演了一場免費的脫衣舞，一層一層地褪去那些曾綁住她的禮教習俗。一九八〇年代，人們只會以她的穿著打扮來評價她，認爲她是個美麗的衣架子、王室的裝飾品，既爲人妻，亦爲人母。而在與查理分手後，她便將爲她帶來皇室神秘氣質的皇袍束之高閣。一九九七年夏天，威廉王子想出了一個好點子，就是用這些原屬於皇家的漂亮衣服，爲紐約的愛滋病患團體舉行一個拍賣會，而這個拍賣會意味著對黛安娜的舊生活說再見的道別儀式。她不希望人們像過去一樣只把她視做一個披著昂貴外衣的美麗女人。除此之外，她還要丟掉英國王室加諸在她身上累贅

的裝飾品，包括她的佣人、侍女、豪華轎車和最受爭議的貼身保鑣。捨棄皇家的頭銜，使她在通往自我的路上向前邁了一大步。

她曾經為這段失敗的婚姻、失落的夢想和幻滅的理想，悲傷了好長一段時間。她曾這麼說過：「在我還是一個小女孩的時候，我曾經有過許多美麗的夢，夢想著有一個男人來照顧我，他會像父親一樣支持我、鼓勵我，告訴我：『嗯，妳做得很好。』或是『寶貝，妳還可以做得更好。』我真不敢相信，我竟然連這個夢想的十分之一都得不到。」

如今，這段背叛、痛苦與傷害的日子都已成為過去式，現在正是開始著手向世人證明，她的存在與實現自我的時刻。無數的機會正等著她去開啓，正如同她所承認的：「在過去這幾年裡，我學到了很多，而從現在開始，我要做自己的主人，眞實地面對自我，我再也不要活在任何人的評價裡，我將只作我自己。」

12

Tell Me Yes

尋求世人肯定

Tell Me Yes

尋求世人肯定

就像發生在黛安娜生活中每一個特殊的事件，每一件事的開始都源自於一個機會。一次偶然與梅格雷(Maggie Rae)（黛安娜的離婚顧問）的閒談，給了她與後來的政壇要角——湯尼・布萊爾晤面的機會。而這次的會面，使得黛安娜成爲人道主義大使的希望，出現了一道曙光。

早在一九九五年向大衆發表心聲的電視訪談之前，成爲人道主義大使的這個夢想，就一直縈繞在她的心中。長久以來，她一直希望能成爲「世界的王妃」，而不僅僅是「英國的王妃」的想法，說明了她對國家的使命感，同時更栩栩如生地刻畫出一個女人的成長，或者是一個女性主義者的心路歷程。在早年公衆人物的生活中，她的確符合整個社會和英國王室對一國之妃的各種要求。一個皇家男子好不好，人們通常會以他所說的話做爲評價的標準；而決定一個皇家女子好不好的時候，長得好不好看要比其他方面的條件來得重要。天生的美貌使得人們將焦點放在黛安娜的外在而忽略了她在其他方面的表現。有很長一段時間，她一直心甘情願地扮演查理王子溫順聽話的好妻子，她的朋友

曾說：「當時的黛安娜，眞的完全符合皇家媳婦的要求，是一個滿身華服，溫順服從的貴夫人。」

然而，一九九二年十二月的離異改變了一切。查理王子在憲法上仍然註定是未來的一國之君，然而，黛安娜卻無法像查理王子那樣無後顧之憂，因爲她在法律上並沒有任何保障的身份，也沒有任何可供指引的先例。幾乎已和皇家脫離關係的她，第一次必須面對離群索居的窘境，她深知這必定是一趟艱苦的行程。「我知道我一定會頻頻出錯。」她說道：「不過，這一切仍無法阻止我去做我覺得正確的事。」

這是一個從過去的皇家生活中解放的過程，同時也是重新審視自我能力與限制的一個過程。

在黛安娜所碰到的困難中，有一點始終困擾著她，那就是儘管她對自己個人的評價並不高，但她深知她在公衆舞台上的影響力。只要站上了舞台，不管在國內還是國外，她獨特的個人魅力，都能使聽衆全力地支持她的各種理想和訴求。然而，她仍然不能擺脫來自於英國王室的各種繁文縟節、虛情假意和陰謀詭計。因此，她最大的困難在於她必須重新塑造她的個人風格，不但要捨棄王妃的身份，同時還要能保有王妃固有的影響力。就像她的朋友所說：「她覺得她被這個體系又拉回了原點，而無法全然地發揮她的潛能。」

或許她不滿的原因來自於英國王室的那套規矩、儀節和充斥在皇家生活中，那些不堪一擊的正規和麻木不仁的冷漠。黛安娜相信如果她能改變以往那

種公衆人物的生活方式，必定可以提昇她對國家的貢獻。「我要幫助街上的那些人」她說道。滿腔的熱誠說明了她和「人群」在一起，要比和她的「子民」在一起來得快樂。「和上層社會的人比起來，我和下層社會的人走得更近，而他們（英國王室）是不會體諒我這種作法的。」這是她在死前沒多久所講的一段話。

黛安娜天生就善於利用公衆人物的魅力，來吸引群衆支持她的理想和訴求，而她悲天憫人的天性，更使得她願意去接近那些無依無靠、生病或垂死的不幸民衆，這兩者的結合，建構了她在慈善事業上得天獨厚的特質。一九九三年她單獨至尼泊爾做了第一次的海外訪問，當她從尼泊爾山間一間簡陋的小屋中出來時說道：「我想我再也不會抱怨任何事了。」

她熱切地希望能維持一種比較不正式、輕鬆而親切的皇家形象，「我想這樣的形象需要由『女人的手』才能做得到。」這是她一再強調的一點。由此我們可以看出，於公於私她都是個不折不扣的女性主義者。她的觀點在本質上，認爲這個由男性主導的世界存在著各種問題，這和男性的攻擊性及粗線條等特質不無關係。她認爲同樣的問題，如果能在解決問題的方式中，再加入女性的直覺、熱誠與和平的特質，將會獲得更圓滿的解決。受到新時代顧問的影響，在黛安娜的想法裡，她深信英國王室正是一個由男性主導的組織。這也難怪在婚姻失敗之後，黛安娜會對男性極盡批評調侃之能事，同時更積極地增加去齊威克(Chiswick)避難所，探望一些受困婦女的頻率。

尋求世人肯定

黛安娜王妃對女性議題的興趣，和她對於自己必須獨自站在世界舞台上的自覺，結合了起來。這是一件可喜的事。她爲愛滋病患和痲瘋病人所做的努力證明她的影響力早已跨越了國界的障礙，而她膽敢不按正式規矩進餐的勇氣，更鼓舞了上千受苦受難的民衆勇於尋求協助。許多人更寫信感謝她，幫助他們面對生活中的各種問題，受到這樣熱烈的反應，黛安娜覺得受寵若驚。

雖然不想再與皇家有任何的瓜葛，但黛安娜仍然爲了需要，而和後來的首相約翰．梅傑(John Major)以及國務秘書談到她未來所要扮演的角色。她希望獲得一個巡迴大使的身份，是出自於人道主義的訴求，而不是單純的政治利益。可想而知，這麼一來馬上又流言四起。她的結論是：「女人的手」能在困難的事件中添加潤滑劑，化解溝通上的障礙。這句話說得太過於簡單，也說得太過冠冕堂皇。但是她成爲親善大使的希望，仍然得到了首相的首肯，並將她的這項要求向白金漢宮提出。他們以很有禮貌的語氣告訴唐寧街(Downing Street)的英國政府，親善大使這個職位完全是爲威爾斯王妃黛安娜量身訂做的。然而，得到的卻是這樣的回答：「我們想要的是繼承人（兩個王子）而不是她。」這是查理最慣有的回答方式。

之後，在一個偶然的機會裡，黛安娜在世界棋藝冠軍賽(World Chess Championship)中，觀賞了一齣尼日短劇——波麗斯．達斯帕洛(Boris Dasparoy)，而這部戲的內容恰是黛安娜生活的翻版。「我喜歡這部戲，它好像在演我的生活一樣，是一個受到強權欺凌的小角色。」她如此說道。即使她

的理想受到了英國當權政府的阻撓，但黛安娜在其他國家的表現仍是受人注目的。一九九六年十二月在紐約的年度盛會中，亨利・季辛吉博士(Dr. Nenry Kissinger)頒給黛安娜一個「年度人道主義者」的獎項，這位老練的外交官讚揚並肯定黛安娜的能力，以及她那充滿光輝的人格。尤其是能放下身段去親近受到壓迫、傷害的低下階層民衆，更讓博士覺得難能可貴。

在國外受到好評，在國內卻受到排擠的黛安娜，覺得自己不受國人尊敬，她的挫折從她那段有名的全方位報導的訪問中一覽無遺。她難過地說道：「我想成爲英國的外交大使，因爲我知道我能夠引起媒體的興趣，因此我們不應只是閉門造車，我們應該走出去並善用這些媒體的力量，讓其他國家的人知道英國的優點與長處，我做了十五年的特權階級，這十五年的訓練讓我對人民有了深刻的了解，並學習到如何與他們交談溝通，而我不想浪費我在這方面的能力，我要讓它們發揮應有的功效。」

儘管英國政府和王室對她的這段話充耳不聞，但其他廣大的民衆可是引頸而聽。一九九五年十二月英國女王的介入，加快了離婚進行的步驟，在這段時間，黛安娜不得不挪出大部份的時間，與她的離婚顧問梅格雷商討如何才能安然度過這場錯縱複雜的風暴。巧合的是，梅格雷正好是布萊爾一家人的好朋友，受到黛安娜的慫恿，梅格同意做她與這個反對黨領袖之間非正式的橋樑。看著黛安娜脫離王室羽翼之後的發展，湯尼・布萊爾本能地認爲黛安娜有著特殊的潛力，足夠讓她在世界舞台上代表英國政府。「她正是布萊爾夢寐以求的

那種年輕的新英國人。」一名布萊爾的副官說道。但是無可避免地，在雙方面對面的互談中，難免會引起外界極大的關注，而讓湯尼·布萊爾和黛安娜感到困窘。經過幾次的會談之後，布萊爾對黛安娜充滿人道關懷的本性和國際化的訴求，已經留下了深刻的印象。

一九九七年五月當上英國首相的布萊爾終於有機會可以正式地使用黛安娜的能力，並於同一年的夏天於首相的官邸齊奎爾(Chequers)和黛安娜舉行一個週末的高階會議。當威廉王子和布萊爾的孩子們在草地上玩著美式足球的時候，黛安娜王妃則和首相大人在屋內談論著有關她這個非官方大使身份的細節。事後黛安娜顯得相當地興奮：「我想我終於找到我的伯樂了。他告訴我，他將托予我一些任務，我真的很想去中國大陸，即使是東方人，我也有這個自信很快就可以把他們分辨出來。」

但實際上，最讓年輕首相印象深刻的，還是黛安娜處理困難卻不會引起政治衝突的神奇魔法。正如他在黛妃死後所做的評論：「她的能力是被肯定的，她通過佈滿地雷的戰地，深入充滿衝突的地區，只爲了告訴當地的人們什麼才是正確而應該去做的事。在她身上我發現了解決問題的所有方法，這樣的人是值得我去善用的。而我也深信這樣的她，必能爲人類創造福祉。」

在黛安娜生命中的最後幾個禮拜，首相大人對她的支持和鼓勵，加上她在反地雷活動的成功，使她對自己產生新的認識，也爲她公衆人物的生活指引出一個明確的方向。她的親信首先發現了她情緒上的變化。「她的熱誠變得更爲

持久而充滿了感召力。」她的秘書露意絲・瑞得卡(Louise Reid-Carr)回憶道。

由於與布萊爾首相的這層關係，黛安娜處理地雷的這件事總算是在適當的時間做了正確的選擇。所有的幸運似乎都同時發生在這個時候，黛安娜的導演朋友安德伯羅爵士(Lord Attenborough)突然邀請黛安娜參加他所主導的片子「戰爭與愛情」(In Love and War)的慈善首映會，而這部片子正好是部有關在地雷威脅下生存的人，所產生的反動的動作片。而此時，英國紅十字會的總幹事麥克・惠特廉(Mike Whitlam)也至肯辛頓宮拜訪，希望能獲得黛安娜對紅十字會的再度支持。

這部和紅十字工作有關的影片，深得黛安娜的好評，因此她很爽快地便答應，要為除去世界上所有的地雷而籌募基金。除此之外，她還決定與紅十字會及英國國家廣播電台合作，將她在被戰火摧殘的安哥拉所做的慈善工作廣為宣傳，就像黛安娜所說的：「這是一次成熟而意義非凡的任務分組。」

在她遠赴非洲之前，於肯辛頓宮所召開的會議中，曾經表示她很擔心她所做的這些活動，會被套上政治性的色彩。安德伯羅爵士回憶道：「她明明知道有許多政治上的陷阱在等著她，但她仍願意冒這個險，深入險境，只為了讓世人注意到世界上還有一群飽受地雷威脅的不幸者。」無可避免地，黛安娜反地雷的活動，終於挑起了政治上的衝突，一名後來加入保守黨的小官員將她形容成一具「隨時準備開火的大砲」。特洛依憲兵隊(Tory MPs)也禁止她參加在衆

議院所召開的由反地雷團體組成的會議，然而黛安娜仍然採取一貫不理不睬的態度，她只簡單地說：「我是一個人道主義者，過去是，以後也是。」

她對反地雷活動的努力，終於使情況產生了一些改變。黛安娜隻身穿過安哥拉地雷區的圖片，喚醒了全世界的注意和關心——「她所產生的影響力，是非凡而空前的。」這是英國紅十會對她的看法。

在反地雷活動中，初嚐勝利滋味的新英國政府，決定繼續禁止進口和使用地雷。而美國的柯林頓總統(Clinton)卻仍持保留觀望的態度。因此，黛安娜決定先去拜訪其他的國家，特別是像高棉、泰國、阿富汗、北伊拉克和波希米亞等國家。最後經由外交部的建議，她決定在名記者迪迪司爵士(Lord Deedes)的陪同下，至波希米亞這個才剛從內戰中平復的國家進行三天的訪問。迪迪司爵士不但記得黛安娜溫柔而富幽默感的特質，更讓他不能忘記的是她和那些語言不通的人竟也能進行愉快的交談。在賽拉耶佛(Sarajevo)最大的一片墓地上，黛安娜遇到一個老婦人正在照顧她兒子的墳。「她們之間完全沒有語言的隔閡」，迪迪司這麼寫著：「兩個女人溫柔地擁抱在一起，在遠處看到這一幕的我，自問世界上還有誰能做到像她這樣？我想，不會有第二個人了。」

然而四十個追著黛安娜跑到波希米亞的記者和攝影們，對從戰火中復甦的國家的嚴肅話題，卻不如對黛安娜生命中新的男人的興趣來得高。這個新的男人正是頗受爭議的哈洛得百貨公司(Harrods department store)老闆穆罕默

德．法耶德(Mohamed al-Fayed)的公子多迪．法耶德(Dodi Fayed)。這一件事提醒了黛安娜，即使她一直想擺脫英國王室所加諸於她的束縛，重新塑造一個新的公衆形象。然而，廣大的民衆卻只記得她是一個美麗、單身而親切可人的前英國王妃。不管她喜不喜歡，人們對她下一次要嫁給哪一個人的興趣始終比她本身所說的話來得高。

除此之外，自從一九九二年十二月與查理分開以後，她一直努力地學習如何以一個富決斷力的女強人形象，去面對社會所加諸給她的種種壓力。除了時事評論家所說的：「那兩人的離異，引發了強烈反女性風潮的事實之外。」黛安娜也知道，如果她被發現和某個男人互相抱在一起，即使那只是個寒喧而沒有任何意義的擁抱，也會被媒體大肆渲染而使得流言四起。這麼說並不誇張，離婚的約克公爵夫人的財經顧問約翰．拜倫，吸吮公爵夫人腳指頭的照片被公開時，就曾被批評爲是傷風敗俗的可恥行爲。

當離婚的事實已然確定，而黛安娜未來的去向也得到一個安排後，她最害怕的還是她親愛的兩個孩子，會被英國最具影響力也是最可怕的家族所帶走。所以，她不得不格外小心。比方說她絕不在肯辛頓宮用晚餐，爲的只是怕引起不必要的誤會，因爲任何男人的造訪，都會被那些過分敏感的記者當成最佳的新聞題材。如果她眞的要面會男性的訪客，她也只有將這些訪客裝在她座車的行李箱內，才不會被那些埋伏已久的記者給抓到。她常常抱怨的說：「誰會看上我啊！誰要是想約我出去就要有心理準備，明天有關他的一切就會成爲報紙

上的頭條新聞。所以，我想我還是自己一個人比較安全。」

黛安娜對於那些緊追不捨，期待能及時補捉黛安娜新戀情獨家新聞的攝影記者，感到非常不悅，因此，她也顯得格外謹慎小心。然而，黛安娜對朋友仍是親切和善的，她從媒體上得知，那些因爲和她一塊出現在公衆場合，而飽受媒體騷擾的男性友人的爲難，黛安娜不記得有多少男性友人，因爲她而受到緋聞的傷害，尤其是當他們的妻子發現她們的老公出現在頭條新聞上時。而這一切，只不過是因爲他們和黛安娜的巧遇。

黛安娜天生的情緒化，使得她的心理狀況一直都不是很穩定。黛安娜王妃是一個敏感、多情而對愛情充滿渴望的女人，她期待能從愛情中得到溫暖與依靠。但長久以來，卻一直得不到她所渴望的那種情愛。相反地，佔去生命大部份的，卻是一個冷淡而疏遠的婚姻關係。因此她不得不將注意力轉移，例如花大筆的金錢買昂貴的禮物送朋友，或藉物質的滿足以減輕她內心的孤寂。她像一般的單親媽媽一樣，過度地保護她的兩個小孩，和隨從的關係也太過親密隨便，這都是因爲她實在太寂寞了。因此，在她從事慈善工作時，即使面對一個完全陌生的人，她甚至也會對對方表現出過度的親切和好感。

身爲一個風華絕代的美人，卻沒有機會和異性接觸，這使得她內心的渴望更加熱烈，她是多麼希望有個男人能夠愛她、珍惜她、用愛情滋潤她乾枯的心靈。但是，如今的她就好像一個沒有人要的棄嬰，一個得不到愛情的妻子。因此她只希望找到一個可以依靠，可以信任的男人。然而，黛安娜所得到的卻是

一齣背叛的羅曼史。這齣悲劇，也許是環境所造成的，也或許是經過設計的，但這都已經不重要了。她所相信的人讓她傷透了心，她所愛的人更殘忍地遺棄了她。查理王子爲了另一個女人而背棄她；她最信賴的前保鑣貝里·馬拿奇遭人殺害；與詹姆斯·吉爾貝的單純友情被一卷公開的錄音帶形容得不堪入耳；而她的老情人修易特隊長更將他倆的愛情故事出書販售；她和前英國橄欖球隊隊長維爾·卡林(Will Carling)的友情，因爲他太太茱莉亞(Julia)的關係而畫上了休止符。茱莉亞是一位電視工作者，她指責黛安娜是造成她婚姻破裂的元兇。而與藝術商奧立佛·何瑞(Oliver Hoare)的友情，也是因爲警察打了搜查電話到奧立佛的家而突然結束。似乎只有與心臟外科醫生哈斯·奈肯(Dr. Hasnat Khan)和財產開發商(Christopher Whalley)克里斯多夫·威利的友情，勉強逃過了被人惡意中傷的命運。因此，目前的她非常不願再全心投入下一段感情之中。

儘管遭受了背叛與惡意中傷的雙重打擊，黛安娜的內心仍然像一個單純而天眞無邪的小女孩，對未來仍抱著羅曼蒂克的想法，期待有朝一日，一個穿著閃閃發亮的盔甲騎士，能把她帶走並給她一個全新的生活。「她的理智告訴她要成爲一位世界大使；而心理上、情感上她卻希望成爲有錢的公子哥兒愛慕追求的對象。」她的朋友曾明白地指出。在這個同時，黛安娜王妃也敏感地感受到，任何一個新誕生的國家所可能產生的動盪不安，這種不穩定的狀況不單存在於英國王室內，同時也存在於她和兩個孩子的關係上。「如果我再談戀愛的

話，這兩個小寶貝就會從我手中飛走，到那時候，也只有神才能幫助我了！」其實，她心中最掛心的無非還是她那兩個小王子；這也就是說任何的追求者在贏得她的芳心之前，得先通過這兩個孩子的認同才有可能。過去的修易特之所以會吸引她，原因之一就是因爲他能和威廉及哈利王子相處愉快。她很想再生兩個小孩，特別希望生的是個女兒。她的星相師告訴她，她將會在一九九五年得到另一個小孩，她深信這個孩子必定出世在現在的這個家庭裡，這樣的想法使得內心的渴望得到了平衡。

她所遭遇的一切，她的身份和她現在所處的家都在警告著她，她要找一個可以分享她生活的男人根本是個夢想，而如今因著這未來可能出生的嬰兒，她的夢想不再是完全不可能實現的了。「我沒想到要花這麼長的時間，從一個失敗的婚姻中跳出，而去迎接一個新的關係。」她告訴一位專門寫八卦新聞的作家達吉(Taki Theodoracopulos)。她經常到她的星相師那兒，希望能獲得任何的訊息或有關她未來的命運，而這樣的舉動說明了她內心的緊張與壓力。她一再地要求這些星相師告訴她，她將會嫁給什麼樣的人。「不管你是誰，請快與我相逢。」她總是習慣這樣輕鬆戲謔地說著。爲了符合王妃的希望，所有的預言都偏離了正常的尺度，而黛安娜卻對這些看來十分可笑的胡說八道深信不疑。在這些荒謬的預言中，有一點是一再重覆的，那就是她將會嫁給一個外國人，或是至少有一半外國血統的人，而法國，更是一再出現在星相師的預言中。這些星相師告訴黛安娜，法國是她未來的家，也是她未來寶寶誕生的地

方。而她之所以會考慮住在法國、南非或是美國，除了因爲要躲避媒體的騷擾之外，有一部份原因，也是因爲她的私人星相師告訴她，她希望得到的新愛和新生活，正在大海另一邊的國度向她招手。

當她幻想著美好未來的同時，有時候也會想起那些不愉快的過去。她常常纏著她的朋友一而再地問她們同樣的問題，像是「查理和卡蜜拉在一起眞的會幸福嗎？」或是「他眞的有勇氣爲這個女人放棄王位嗎？」等。她對查理與卡蜜拉的生活有如著魔般地好奇，同時她竟然還會去同情他們的處境。「我知道他不會放棄她的，我也希望他過得很好。」有一次她這麼告訴她的朋友。隨著時間的流逝，黛安娜對卡蜜拉這位新女主人的敵意逐漸消失，並開始欣賞她的忠貞和謹愼明理，甚至認爲這些優點值得查理爲她公開兩人的關係。然而，她仍無可避免地要爲自己逝去的青春和純眞而感嘆、自責。因此，當查理公布要在一九九七年七月爲卡蜜拉在海格洛夫舉行五十歲的生日舞會時，黛安娜決定讓自己缺席。「如果我突然出現在卡蜜拉的生日舞會上，那不是很尷尬嗎？」她自我解嘲地說。其實是她不願讓記者再提起她的舊傷，才決定不去赴約。

黛安娜決定接受哈洛得百貨公司老闆穆罕默德·法耶德的邀約，主要就是爲了讓她和兩個小王子能夠和法耶德的妻子荷妮(Heini)，和法耶德的四個小孩，到他位於法國南部聖卓佩茲(St-Tropez)的假日別墅度假。史賓塞家族老早就知道法耶德是一個頗受爭議的人物。他曾賄賂國會裡的人而推翻了保守黨的政權。而她的幾個朋友，包括羅莎·曼克頓在內也勸她不要接受法耶德的邀

請。這位埃及的巨富曾被拒絕歸化為英國的公民，他不管別人說他怎麼不公平，仍堅持僱用黛安娜的後母張伯倫伯爵夫人到他的店裡工作，同時更找機會接近老伯爵（黛安娜的父親），好向大家炫耀他們的關係好得就像兄弟一樣。雖然那些在商場上與他有來往的人都批評他是個殘忍獨裁的人物。然而，黛安娜所看到的卻只是他溫暖、大方而充滿愛心的一面。當他們站在法耶德的遊艇甲板上時，黛安娜非常樂意讓人拍下法耶德擁著她的照片，因為這是黛安娜第一次放鬆心情，第一次感到這麼地無憂無慮，以致於完全放鬆了對媒體記者的警戒，而讓人拍下了她在法耶德別墅的海邊游泳和玩滑翔翼的照片。

事後，媒體大肆批評黛安娜竟選擇像法耶德這樣一位身份曖昧，而不恰當的人士來做為她假日的笑柄。黛安娜非常生氣地向一卡車的記者們喊話，說法耶德是他們一家人永遠的好朋友，他們的批評對法耶德有多麼的殘酷，對她和她的兩個孩子又有多麼的不公平。她要求這些記者們不要騷擾他們，她拜託這些記者們放過他們，讓他們過一個不受干擾的假期。在轉身離去的時候，黛安娜還對媒體留下一句耐人尋味的話：「敬請期待兩個禮拜後的精采節目。」

這句無心之言，說明了黛安娜的不知世事和單純無知。她天真地以為在這仲夏之夜，在這法國南部最豪華的別墅裡，一定有位還不知名的騎士會因為她，而成為英國當權政府的一大難題。過去，她總是想著未來那美好、安定的生活，尤其是在學校放假能和孩子們共處片刻的時光。如果當時她能夠為她自己買一棟別墅（有一陣子她的確在博克夏尋找是否有離威廉王子的學校伊頓中

學較近的房子），那麼或許現在她就可以在放假的時候隨意地邀請朋友們到家中作客了。

在七月那關鍵性的四天假期中，法耶德的長子伊曼得(Emod)（通常人們都稱他多迪）也參加了他們的聚會。自從十年前一場與查理王子的馬球比賽中見過黛安娜王妃，這是他第一次有機會再一睹黛妃的風采。當法耶德把他介紹給黛安娜王妃的時候，沒有人會想到他們日後會發展出那樣親密的關係，他非常有禮貌地向黛安娜鞠躬，並跟她打聲招呼：「夫人，您好。」言詞中充滿了對王妃的敬重。而多迪也有一艘遊艇，這艘遊艇就停在他父親的遊艇喬尼卡號(Jonikal)的旁邊。而在多迪遊艇上的，正是他當時的女朋友，來自美國加州的模特兒凱莉・費雪(Kelly Fisher)。

乍看之下，這位四十一歲的花花公子，同時也是好萊塢製片的多迪，是怎麼樣也不可能成爲黛安娜王妃的追求者。但同時也由於黛安娜早已卸下皇家虛僞的美麗面具，因此她可以有更多的時間來了解一個人，和與人相處。生性奢侈的多迪是穆罕默德和他第一個老婆莎米拉(Samira Khashoggi)唯一的兒子，而他的弟弟亞當(Adnan)則是一個有著上億財產的軍火販子。當他還只是個十五歲小伙子的時候，就已經擁有一輛勞斯萊斯和專屬的司機及保鑣了。在他加入阿拉伯聯合大公國空軍部隊(the United Arab Emirates Air Force)之前，早年在瑞士、法國和埃及的貴族學校所受的一連串教育，早已把他塑造成一位十項全能的貴公子。之後在沙旦何斯特皇家軍事學校(Sandhurst

Royal Military Academy)所受的訓練，更把他鍛鍊成一位體魄強健的美男子。

多迪是個對跑車和美女有偏好的年輕人，而這也就是爲什麼他會受到星光熠熠的好萊塢的吸引，並在那兒當上了電影製片的原因。他所製作的影片中最有名的，大概就是得到奧斯卡金像獎的「火戰車」(Chariots of Fire)了。在結束與模特兒蘇珊娜．奎格(Suzanne Gregard)八年的婚姻生活之後，他的名字總是不時地和他的衆多女友連在一起，這其中包括了布魯克．雪德絲(Brooke Shields)、喬安娜．威利(Joanne Whalley)、凱西．李．克斯比(Cathy Lee Crosby)以及茱莉亞．羅伯茲(Julia Roberts)。而此時和他在遊艇上的凱莉．費雪則是最近和他走得比較近，關係也維持得比較久的一位。雖然他曾經聲明第一次婚姻的失敗，使他對傳統那一套已經看得很淡。但這一回他似乎是眞的想和這位加州美人共度餘生。事後凱莉還抗議說，多迪曾經很認眞地跟她提到結婚的事，並答應要在馬里布(Malibu)買一棟房子做爲兩人愛的小屋。他甚至爲她買了一只價値二十萬美元的戒指，並給她一張二十萬美元的支票，這些動作都說明了他對凱莉是認眞的。

當時的多迪看起來就和一般典型的花花公子沒什麼兩樣，每天悠悠哉哉地過日子，用金錢來買聲望和友情，就好像他買的五輛法拉利一樣，每個月還可從他父親那兒得到高達十萬美金的零用金。然而黛安娜卻深深了解這個年輕人浮華生活背後的眞正人格，因爲他讓她想起了她的初戀情人查理王子。

尋求世人肯定

除了對馬球的共同興趣之外，這兩個人還有許多其他的共同點。其中一點就是他們兩人都同時生活在父親大人強權的陰影下，也因此他們兩人都積極地從事危險性高的體育活動。一方面是爲了要證明自己的能力；另一方面也是爲了取悅他們的父親。然而，多迪可能只會被人視爲一個沒有生活目標的紈袴子弟，至少在他認識黛安娜之前，給人的印象一直是如此；而查理王子的生活則充滿了不確定性，他的言詞閃爍不定，他的思想也沒有原則。這是一個被他偉大的祖父蒙特貝坦爵士所扼殺的人生。「他是一個多麼可憐的人呀！」這是黛安娜對這位未來國王的第一印象，而這也就是黛安娜會爲他吸引的主要原因。了解多迪的人都知道，其實在他紳士般的迷人魅力和彬彬有禮的外表之下，也有一個悲哀的靈魂，而這也正是黛安娜王妃在查理王子身上所看到並深深吸引她的一點。多迪的多愁善感，來自於生命中所經歷的種種不幸，特別是他最摯愛的母親和其他一些親人的過世，這些都曾帶給他相當大的打擊。這種結合了不幸與感性的特質是最吸引黛安娜的，這也就是爲什麼她會爲別人的不幸而心生同情的原因。

除了個人特質上的特殊吸引力外，多迪贏得美人芳心的關鍵，在於他與兩個小王子良好的關係。他曾包下了一家迪斯可舞廳，讓黛安娜和兩個小王子可以連續兩個晚上不受他人干擾地盡情跳舞。看見這一幕的人，說他帶著威廉和哈利在聖卓佩茲的「文藝復興酒館」內，彼此之間相處地非常融洽。之後他們又開車到一個遊樂園玩碰碰車。

如此一來，他們彼此之間的距離和拘謹已然消失，有的只是更進一步的熟悉和微笑，他們的交談變得更加自在，更加愉快。「他們完全放鬆了自己，只要他們三個人在一起，臉上就滿是自然和有默契的表情。」一名船員形容他們三人相處的情形。在還沒有出發至米蘭和艾爾頓．強以及其他的名人參加吉尼亞．凡賽斯(Gianni Versace)的葬禮之前，黛安娜為自己這次的假期做了一個簡單而直接的結論：「我想，這是我一生中最美好的假期了。」

當兩個人的感情越來越好之後，穆罕默德．法耶德也鼓勵兒子繼續發展這段感情，毫無隱瞞地表現出他極欲建立長子與這個世界名女人關係的野心。「我會祝福他們的。」他這麼說，無非是希望法耶德家族能和可望而不可及的英國上層階級，有更進一步的關係。

然而查理王子的陰影仍陰魂不散地跟著黛安娜。查理王子藉著為卡蜜拉舉行五十歲的生日舞會，讓卡蜜拉能和他一起在大衆面前亮相，這等於默許了黛安娜也可以堂而皇之地公開自己的新戀情。由於她對卡蜜拉的恨意已漸漸減少，使得她對查理王子不再有心結，新的人生方向和成功的公衆形象，都明白地指出，黛安娜不僅找到了內心的平靜，同時，她也正準備迎接一個期待已久的新戀情進入她的生命。簡單地來說，她正準備談戀愛。

如同一場仲夏的午後雷雨，新戀情的曝光跌破了所有人的眼鏡。「別擔心，我們不會私奔的。」當她乘著哈洛德的噴射機飛抵沙賓納海岸，和在遊艇上等待她的愛人約會時，她是這麼告訴她的朋友的。與查理王子分手後，這是

黛安娜第一次覺得不用再隱藏，能大大方方地將她的戀情公布出來。她終於能夠心平氣和地看待新聞記者自以爲費了好大的勁才拍到的兩人親熱的鏡頭。她告訴朋友，多迪對她有多麼溫柔、多麼熱情而又是多麼地關心她。她等候多時，終於找到一位眞正欣賞她的人，這個人不求別的，他只要黛安娜每天都很快樂。

不管凱莉·費雪如何傷心欲絕地在電視上指控多迪爲了黛安娜而拋棄她的事實，這一切仍阻止不了黛安娜決心與多迪在一起的熱情。而事實上，沒有人知道警鐘已在此時悄悄地響起。這時候，黛安娜從美國收到如雪片般的警告信，那些多迪以前的女朋友毫不避諱地談到他的怪癖，其中有一位甚至還說多迪曾經拿槍威脅過她，但黛安娜仍不爲所動。面對兩人之間這種曖昧不清的關係，記者只好在「朋友」兩個字上面附加引號，以強調兩人之間非比尋常的關係。

當她飛往波希米亞從事反地雷活動，她的交通工具便是優雅的哈洛得噴射客機。在分開的這段時間，兩人便是靠著飛機上的衛星電話來保持聯絡的。「她總是陪著他一起歡笑。」這是在波希米亞三天的訪問行程中，旅館的老闆娘珊卓·蒙特(Sandra Mott)所聽到的。正如同多迪對她的前妻蘇珊娜·奎格所說的「我和黛安娜兩人彼此相愛，我們是認眞的。」這些充滿感情的話，正說明了多迪的人格已產生了明顯的改變，他的老朋友發現多迪變得嚴肅而認眞，一心一意想安定下來與黛安娜共創美好的未來。多迪告訴法耶德的發言人

麥可高(Michael Cole)：「從此以後，我不會再交其他的女朋友了。」麥可高便將這段重要的聲明發表出來。

這個一開始讓人以爲荒謬可笑的愛情故事，變得越來越認眞。而他們搭乘多迪的直昇機去拜訪黛安娜的星相師麗塔・羅傑(Rita Rogers)的事實，更強調了這點。麗塔・羅傑是約克公爵夫人和黛安娜經常請教的主要顧問。她的朋友一直覺得無法理解，爲什麼她能夠與相處不過數天的男人發生那麼親密的關係，共享那麼多的秘密。當多迪飛去洛杉磯解決他與凱莉・費雪的問題時，黛安娜還是搭乘哈洛得的噴射客機，悄悄地和她的朋友羅莎・曼克頓到希臘群島旅行。雖然她對未來還沒有什麼明確的打算，但是她的朋友都看得出，這是多年以來，她們第一次看到黛安娜眞正快樂，盡情享受一個男人對她眞心的關懷與愛情。

但是，她很不喜歡多迪浪費大筆金錢買禮物給她。「那並不是我想要的，羅莎，他那樣做只會讓我覺得不安。我不是他買來的商品，我也不缺任何東西，我只希望他能在我身邊，就能讓我有安全感。」這使她不由得想起了不愉快的童年，小時候的黛安娜其實並不想要任何物質上的東西，她想要的只是精神上的滿足，並希望能與父親建立比較親密的關係。但黛安娜的父親送給黛安娜的只有滿屋子的禮物，而每當她需要他的時候，他卻總是不在身旁。她還記得一九九一年一次與父親的對話，她父親到巴黎爲她買生日禮物，她卻告訴她父親：「我不要這個，我只要你。」

雖然黛安娜對多迪的浪費成性感到擔憂，但黛安娜自己對朋友的慷慨大方也是出了名的。她同樣地爲她的男友買了艾斯普瑞(Aspreys)的煙斗和倫敦的珠寶，珠

寶上面還刻著：「愛你的黛安娜」。爲了表示她對多迪的愛情，她甚至將原本屬於她父親的鍊扣送給了多迪。「她說她知道這麼做，多迪一定會很高興的，因爲這象徵著他們兩人穩定而又特別的關係。」這是一名法耶德家的發言人在黛安娜葬禮前一天所說的話。

如果說一般的愛情故事是一陣旋風的話，多迪與黛安娜的愛情故事恐怕就是一陣龍捲風了。這對小情人難得有一個禮拜可以獨處，但是惹人厭的記者們不知從哪兒聽到他們倆已論及婚嫁的小道消息，而這個小道消息又再一次地燃起了記者們對黛妃新戀情的興趣。這絕不是黛安娜一個人的自作多情，她多疑的天性和不願承認的日漸憔悴，都被多迪的柔情、體貼和浪漫所化解，和多迪在一起之後，黛安娜不再感到寂寞。「伊麗莎，我眞的好愛他，我從來沒有這麼快樂過。」她這麼告訴她的朋友伊麗莎．鮑兒夫人(Lady Elsa Bowker)。她甚至瘋狂到用行動電話打電話回家，只爲了聽答錄機裡多迪那「迷人的聲音」八月二十一日他們倆人又飛到地中海，並在那兒換搭法耶德家的遊艇喬尼卡號共度他們的第二個假期，也是這個月唯一能夠獨處的時光。不能理解爲何有某些記者會知道他們到達和離開的時間，因而讓攝影記者拍下了黛安娜和多迪漫步聖卓佩茲海岸的照片。

當他們坐著滑翔翼快樂地在海灣上翺翔時，黛安娜將她的腿放到多迪的肩上，這種親密的肢體語言說明了他們之間關係匪淺。更重要的是他們決定甩掉記者到蒙地卡羅去購物。黛安娜看上了位於波馬夏地方一家名爲亞伯塔．羅培

斯(Alberto Repossi's)珠寶店內的一只鑽戒。這個鑽戒中間有一顆大鑽石，旁邊圍著一圈的小石頭，價格高達十萬英鎊，是一只訂婚戒指，上面還刻著：「是的，我要的就是妳。」「就是它，我要的就是這個！」有報導指出黛安娜曾經對著這枚戒指說過這麼一句話。但是這只戒指上面所刻的「是的，我要的就是妳。」所象徵的究竟是倆人永久的結合，還是黛安娜終於尋得眞正的寧靜與快樂的表徵，就不得而知了。

她本來是可以盡情享受這屬於兩人的美好假期的，但似乎所有的寧靜總是來得那麼虛幻。當他們倆人將船駛離波多凡諾(Portofino)，卻發現一大群黑壓壓的記者擠在一百九十五尺高的喬尼卡號的甲板上大聲地喧鬧，並拍下倆人獨處的照片。雖然對他們無禮的闖入已做了警告，但仍無法阻止他們將黛安娜在遊艇潛水板上做日光浴的照片公諸於世。「告訴我，這就是妳要的幸福嗎？」這是羅莎曼·克頓在八月二十七日也就是黛安娜去世的前一天和黛安娜通電話時問她的話。而黛安娜的回答說明了一切：「是的，我很幸福。」

她似乎已得到了她想要的一切，在世界的舞台上，她是一個成功的人道主義者；在私生活上，她也找到了眞愛與滿足。她懶懶地躺在喬尼卡號的甲板上，心中一片晴朗，沒有任何陰霾。面對她脫胎換骨的轉變，人們覺得她就好像被施了魔法一樣，這個寂寞、脆弱而漂流不定的小船，終於突破重圍，找到了停泊的港口，從此不再流浪。

在動盪不安的時局裡，她享受了短短幾天的優雅寧靜。之後，天地變色，將她召喚回天父的身邊。

13

The People's Princess

人民永遠的王妃

人民永遠的王妃

The People's Princess

她將永遠活在人民的心中！

湯瑪斯・坎貝爾(Thomas Campbell)一七七七—一八四四

這是在威爾斯王妃黛安娜的葬禮前刻在肯辛頓宮大門上的哀悼之詞

如今，她終於獲得眞正的平靜。她的表情安靜祥和，宛如天使。她穿著朋友凱薩琳·維克爲她設計的黑色雞尾酒服，這件衣服她從來沒穿過。她看起來是那麼地美，她的手上掛滿了手環，手上則戴著一只式樣簡單的戒指。

在最後的時候，黛安娜的僕役長保羅・布雷爾(Paul Burrell)，這位被黛安娜稱爲「我的擁護者」，也從來沒讓黛安娜失望過的男子，一直陪在黛安娜的身旁，好使黛安娜在人生最後的旅途上不致感到太過寂寞。當保羅在黛安娜的靈柩旁流著淚默默地禱告時，全世界的人也跟著他一同哭泣，他們仍然不敢相信這令人震驚的惡耗—威爾斯王妃黛安娜眞的走了。

好像前幾天，人們還很開心地看到她和愛人多迪在地中海共度假期。當時的她，看起來是那麼地輕鬆自在，而人們也爲她在遭受種種挫折之後，終於得到一點個人的喜悅和滿足而感到高興。在與皇室脫離關係之後，她一直努力投

身於人道主義的發揚，其中最讓人印象深刻的就是她反地雷活動的成功。而她的個人特質，也拯救了無數受苦受難的人，這些所做所爲都受到廣大群衆的支持，而成爲她喜樂的泉源。那一年的初夏，將皇家的禮服帶到紐約公開拍賣的行動就等於告訴大家，她要開始行動了，她的新生活和她眞正的生活已經揭開序幕了。受到拍賣會成功的鼓勵，黛安娜還寫信給她的朋友，希望她們把她以前送給她們的衣服送回來，而其中有很多人，卻是在她去世的那個早上收到這封信的。

看到她有著這麼大的轉變，卻又突然意外地死去，這是大家無論如何都不能釋懷的。作家亞當．尼柯森(Adam Nicolson)的一段話，最能代表人們當時內心的感受：「全世界的人都知道，她緊緊抓著一線悲哀的希望不放，即使長期掙扎在黑暗中，她還是那麼地勇敢，就好像一個快要溺水的人掙扎著想要浮出水面，想要呼吸空氣，想要再看到光明，卻因爲一場平凡而殘忍的車禍意外，而被迫退出。這是多麼不合理的結局，也難怪它會造成人們心中永遠的傷痛。」

唯一值得安慰的是，至少在她生命中的最後幾天，她和愛人多迪共度了甜蜜而美好的假期。他們本來還想在黛安娜回英國看孩子之前，再到巴黎看夜景的，但是那群惹人厭的記者卻在此時和遊艇上的船員起爭執，使得他們不得不把去巴黎的計劃提前。然而，當他們在一個溫暖的星期六下午，抵達巴黎的拉伯格機場(La Bourget airport)時，卻發現早有一大群的人守在那兒接機，這

些人正是穆罕默德．法耶德所經營的麗池飯店的司機和警衛人員。

在開往這個五星級飯店的路上，他們曾停下來欣賞當時溫莎公爵和公爵夫人位於巴黎的住所。而如今，也成爲法耶德家族的一部份，因此多迪得以向黛安娜介紹這座宏偉的華廈和美麗的花園。從機場離開之後，他們就一直受到一群摩托車記者的跟蹤，嗡嗡的摩托車聲音緊跟著他們的豪華轎車，企圖拍下他們在一起的照片。他們的保鑣凱斯．溫佛(Kes Wingfield)和一位名叫亨利．保羅(Henri Paul)的人則坐在備用的警衛車上，在這場車禍意外中，亨利．保羅是一個關鍵人物。據說，當時儘管這群緊跟不捨的記者讓黛安娜感到非常不高興，但她反而比平常還要小心地開車，以免這群記者會從摩托車上摔下而受傷，可以想見的是這群記者的行爲是相當魯莽的。

然而，在那個致命的下午，還有比這群記者更叫黛安娜煩心的事。當他們抵達麗池飯店的時候，黛安娜接到威廉王子一通焦急不安的電話，他因爲即將升上三年級，因此被要求在伊頓中學舉辦的照片秀中露面。這是因爲白金漢宮曾要求說，如果這些媒體能給王子們一個清靜，他們將隨時可以獲得許多官方的照片。威廉擔心他的弟弟哈利王子會因此被人抹黑，黛安娜聽了也感到十分擔心。

當她放下頭髮坐在麗池飯店時，心中所想的仍是她和她的大兒子最後的對話。而在這個時候，也就是大約六點半，多迪跑到附近的亞伯塔．羅培斯珠寶店去，因爲，黛安娜在那兒看上了一只上面刻著：「是的，我要的就是妳。」

的戒指，這是在他們搭船遊地中海至蒙地卡羅購物時發生的事。當天晚上，他們決定在龐培多中心附近的貝諾特餐廳用餐前，去參觀多迪位於香榭麗舍的豪華公寓。

究竟多迪是不是在這個地方向黛安娜做愛的告白，並將戒指送到黛安娜的手上仍然存疑，但事後，這只戒指確實是在多迪的公寓內被發現的。不過可以顯見的是，兩人的關係已從短暫的愛戀提昇爲永久的承諾了。稍早之前，黛安娜曾經打電話給每日郵報(Daily Mail)的記者理查・凱(Richard Kay)，理查是從一九九三年黛安娜至尼泊爾做個人的海外訪問時才開始認識她的。從她的語氣中，理查知道她和多迪已墜入情網。同一天的晚上，多迪跑去住在麗池飯店他弟弟的繼父哈珊・葉辛(Hassan Yassin)那兒，告訴他：「我們是認眞的，我們馬上就要結婚了。」哈珊事後回憶道：「當時的我眞爲他們兩人感到高興。」

晚上七點過後，他們便出發到多迪的豪華公寓去，並在那兒待了幾個小時。同樣地，從他們離開飯店到進入公寓，身後仍舊跟著一大群的記者。而最後黛安娜送給多迪的愛的禮物——煙斗和她父親的鍊扣，也是在這棟公寓被發現的。因爲有成群的記者埋伏在公寓四周，他們決定取消餐廳的訂位，改回到麗池用餐。九點五十分回到飯店後，黛安娜換上黑色的運動上衣和白色牛仔褲，而多迪則穿著一件咖啡色的小山羊皮夾克，當他們坐在飯店二樓的伊斯波登餐廳(Espadon)用餐時，他的表情顯得有些不自在，尤其是其他用餐的人注

視的眼光，更讓他覺得不舒服。因此，他們決定回到一個晚上六千英鎊的總統套房用餐。這個時候，飯店的警衛長亨利・保羅卻擅離職守三個小時，因為有人要他協助想法子，幫黛安娜和多迪回到他們原本想要過夜的多迪的公寓。在多迪的公寓內，迎接黛安娜的是多迪獻給黛安娜的一首情詩，而且這首情詩還被刻在一個銀色的徽章上。他很小心地把它放在她的枕頭下，而她一直都沒有機會看到。

時間一分一秒地過去，等待在飯店外的記者們不耐煩地騷動著，而亨利・保羅也認識這些記者，他只能不時地和他們聊天來拖延時間。而他的老闆多迪・法耶德卻想到了其他的點子。他們用聲東擊西的方式讓這群記者摸不著頭緒，他們先叫幾部車從麗池飯店的正門口開走，以吸引記者們的注意力，然後多迪和黛安娜就可以趁這個時候從後門離開，好讓他們能安然無恙地回到多迪的公寓。凌晨十二點二十分，亨利・保羅駕著這輛賓士轎車，載著黛安娜、多迪和另一名保鑣特夫・李斯瓊斯(Trevor Ress-Jones)從飯店的後門急速地離去。事後有目擊者指出，亨利・保羅曾對著跟在後面的記者們吼道：「不用麻煩啦！你們是追不上我們的。」雖然記者們很想拍下黛安娜的照片，但黛安娜卻將臉埋在懷裡，這群記者只能眼睜睜地看著他們的車子離開飯店。

接下來幾分鐘發生的事，是一片混亂。沒有人知道當時到底發生了什麼事，因為每一個發言人都為了規避這場午夜車禍的責任，而扭曲事實的眞相。唯一可以確定的是司機亨利・保羅當時喝醉了酒，而且醉到可以離開工作岡位

三個小時，還跑去當別人的司機幫別人開車。此外，他還有吃藥的習慣，一個是反鎮定劑，另一個則是用來治療酒精中毒的藥物。

由於血液中酒精成分的作用，使他發生車禍的機率，要比他清醒時高出六百倍。在酒精、藥物和腎上腺素均呈現高濃度的情況下，一心一意希望多迪的計謀能夠成功的亨利．保羅，開起車來就像個瘋子一樣，以失去控制的高速呼嘯而過。就像星期日電報(Sunday Telegraph)的編輯多米尼克．羅森(Dominic Lawson)和黛安娜朋友所說的：「不管他是喝醉了還是清醒著，任何人都不應該在一個速限每小時三十公里的隧道內，以每小時一百公里的高速狂飆，除非他是受到他老闆的指示。」

在康克羅的時候，一名尾隨其後的記者看到保羅闖紅燈並且從賓士車跳車後，車子便以高速撞上塞納河北岸阿拉瑪(Place de l, Alma)的地下道路。大約在凌晨十二點二十四分左右，這輛賓士車以每小時八十五到九十五的高速駛進光線昏暗的隧道內，這時候車子突然失去了控制，整輛車頂著車前未上烤漆的桿子翻轉過來，橫過對向車道滑了出去，最後車子才向著相反的方向停了下來。

司機和多迪當場死亡，而唯一有繫安全帶的保鑣則受到重傷，整整昏迷了兩個禮拜才恢復意識。而黛安娜則被陷在前座和後座之間，受傷嚴重而完全失去意識。最先發現這起意外的，是那些尾隨在後面的記者，當他們離黛安娜約三百公尺距離的時候，有人說突然聽到一個很大的碰撞聲，而那時他們還以爲

人民永遠的王妃

黛安娜已經成了某位刺客所埋炸彈的犧牲品。

一位路過的法國醫生費得羅．馬里茲(Frederic Maillez)，馬上爲黛安娜進行急救，但仍無法使這名呼吸因難的女人恢復意識，黛安娜當時的狀況就像這名醫師所說的：「完全失去了意識，只能在那兒語無倫次地呻吟和比手畫腳。」

當其他的急救人員來到現場時，這群記者卻鬧哄哄地擠在車子的旁邊拍照。一名自稱受過急救訓練的攝影記者，堂而皇之地打開車子的後門，說是要爲黛安娜王妃量脈搏，並表示他可以用英語來安慰她。其他記者可不這麼想，他們抗議說他開了後門，正好方便他拍下這血淋淋的一幕。量了幾次脈博之後，證明了這名記者先前的胡說八道，因爲他根本不懂急救的方法，更不知道要用電話來尋求其他的協助。警方說當他們趕至現場時，所看到的是一幅慘重的車禍畫面，和圍繞在打開的車門後閃個不停的燈光。甚至在剛開始時，警察還得請人支援來驅散這些妨礙救援行動的大批記者，因此，可以說這些瘋狂的記者在開始跟蹤黛安娜王妃時，就已經一步一步地將黛安娜推向了死亡的邊緣。七名攝影記者在事後遭到了逮捕，被判以過失殺人罪和未即時搶救車禍傷者的罪名收押。

這是多麼殘忍的諷刺啊！黛安娜王妃的一生充滿了悲劇性的色彩，雖然嫁給了查理王子，成就了所有女人灰姑娘的夢想，但她最大的心願，卻只是希望能夠在遠離記者群和保鑣的包圍下，到巴黎度個週末，讓自己消失在人群中。

然而生命卻與她擦身而過，那晚賓士車喇叭所發出的悲鳴，彷彿就是爲她所跳的死亡舞曲。在英國王室的這段生命歷程中，從開始到結束，她始終活在攝影機的鎂光燈之下，即使在這充滿夢想的城市裡，她仍然不能從過去的枷鎖中逃脫。

急救人員花了一個小時，才將黛安娜從車禍的殘骸中給拉出來，並馬上將她送到附近的皮特・沙巴提亞醫院(Pitie-Salpetriere hospital)進行急救手術，但爲時已晚。黛安娜的腦部受到嚴重的腦震盪，胸部也受到重傷，儘管所有的醫護人員已經盡了全力，但已經是回天乏術了。倫敦凌晨三點的時候，黛安娜被宣告死亡。驗屍報告指出，一直呈現昏迷狀態的黛安娜，可能在車禍發生後的二十分鐘就死了。正如同她母親佛蘭西斯・山・凱後來所說的：「我知道她受傷的程度，我向大家保證她眞的什麼都不知道，她是在沒有任何痛苦的情況下離開的。」接著又說：「我是當場看到才敢這麼說的。」她的這句話被視爲是對穆罕默德・法耶德的指責。因爲穆罕默德在葬禮舉行的前一天，於哈洛得的會議中，公開地將黛安娜最後的遺言和命令，轉達給黛安娜的姊姊莎拉・麥克奎得夫人(Lady Sarah McCorquodale)。但卻沒有通知她，而沒有聽到黛安娜最後遺言的山・凱夫人，卻得到第一個趕到車禍現場的法國醫生的支持。

車禍發生後沒多久，遠在巴爾摩洛的英國女王和查理王子，被副官從睡夢中搖醒，告知他們黛安娜出了嚴重車禍的消息。整個晚上，查理王子都守在收

音機旁注意聽著電台的快報，但他卻沒有叫醒兩個孩子，直到第二天早上才告訴他們這個不幸的消息。「我知道一定發生了什麼事，所以其實整個晚上我都沒有睡。」據說威廉王子曾經這麼說過。而湯尼・布萊爾首相、黛安娜的姊姊莎拉・麥克奎得夫人、英國女王秘書羅伯特・費洛斯爵士的妻子珍・費洛斯夫人也收到了同樣的消息。凌晨四點四十一分，一段簡短的新聞快報，全世界的人都知道了這個不幸的消息：「據英國方面的消息指出，威爾斯王妃黛安娜已於昨晚過世，有關媒體也是今天早上才知道這個消息的。」

儘管全國人民正爲他們失去一個美麗的王妃而悲痛不已，但悲傷之餘，卻不得不面對意外發生後責任歸屬的問題。在還沒有發現司機喝醉酒和開車超速之前，衆人交相指責那群記者。黛安娜遠在南非的弟弟史賓塞伯爵，是最先指責這群記者的人。可以看得出來，他非常氣那群記者耽誤了搶救他姐姐的時間：「我早就知道，她遲早會被這些媒體給殺死。但我沒有想到他們會用這麼直接的方法將她給害死。那些僱人來騷擾黛安娜、跟蹤她，並公開她照片的出版商和編輯，現在看起來就像是一個滿手血腥的劊子手。」

接著他又說：「無論如何，最後的結局是黛安娜終於找到一個眞正讓她覺得安靜的地方，在那兒沒有任何人會傷害她，我祈禱她能夠就此安息。」

而另一方面，法耶德家族也開始行動，並透過律師向這群被當場逮捕的記者提起告訴。法耶德家的發言人公開譴責這些記者的行爲，「如果不是因爲這群跟在黛安娜和多迪身後有數星期之久的記者，這場悲劇是不會發生的。」他

說：「這些惹人厭的記者，他們的行爲就好像阿帕拉契印第安人(Apache Indians)，蜂擁而上地圍繞在維爾斯．法格(Wells Fargo)的驛馬車旁，只不過他們射到司機眼睛的不是弓箭而是閃光燈。」有關責任歸屬的問題，人們關心的重點在於究竟是不是這群記者的行爲，直接造成這起意外，還是因爲他們不受歡迎的出現所間接造成的？

這個問題被討論了將近一個禮拜之後，他們才想起應該幫黛安娜舉行一個簡單的葬禮，再將她的遺體從法國運回英國。黛安娜是個離過婚的王妃，又沒有皇家的名號，在剛開始的時候，朝中大臣對她這種曖昧不明的身分和地位感到相當頭痛，不知該以何種方式來處理她的葬禮，就像她生前一樣，他們也不知道該以何種方式來和她應對。當然，他們絕對不能用對一名在國外遇害的普通公民的方式，來處理黛安娜的葬禮。英國女王、查理王子和其他大臣最後決定完全以皇家的儀制來處理黛安娜的葬禮。

查理王子在和黛安娜的姊姊飛往巴黎前，曾經在離巴爾摩洛不遠的克里斯教堂(Crathie church)參加了家族性的禮拜，威廉王子和哈利王子也參加了。其實他們兩個是可以不參加的，但他們卻堅持無論如何都要參加。禮拜進行了大約一個小時，卻沒有任何人提到黛安娜王妃去世的這件事，而牧師也沒有在禮拜中，爲死去的黛安娜祈禱；相反地，他仍如往常般地進行一貫的講道，內容不外是有關蘇格蘭喜劇演員比利．康納利所講過的那些笑話。在黛安娜死後，和一般民衆的反應相比，英國王室的反應相當地冷淡。而這種冷漠以對的

態度除了令人不解之外，也引起了人民的不滿。

當整個英國王室都在教堂專心作禮拜時，英國王室的官員中，只有黛安娜的僕役長保羅・布雷爾飛到巴黎，親自將黛安娜的遺體接回國。他帶了一只皮箱，裡面裝滿了黛安娜生前所穿的衣服和化粧品，他花了一番功夫將自己梳理妥當，以準備迎接威爾斯王妃和她兩個姊姊的到來。而當英國王室一家在下午抵達巴黎的時候，他們所看到的已經是一具安放在特別房間裡的棺木。他們每個人都單獨和死去的黛安娜說了幾分鐘道別的話，而查理王子則在她前妻的棺木旁待了三十分鐘。可以想見地，當他們面對天人永隔的悲愴時，臉上必然泛滿了悲痛的淚水。

當全世界的人都還不敢相信黛安娜王妃已死的消息時，八月三十一日（星期日）下午七點時，英國女王的飛機Bae146最後一次降落在英國皇家空軍(RAF)基地時，人們才開始被迫地接受黛妃已逝的事實。黛安娜的棺木上蓋著英國皇家的旗子，旗子上還放著一個史賓塞家族送的百合花圈，由八位英國皇家空軍軍官在首相大人和其他的軍事和政府官員的護送下，穿過了混泥石的步道。她的遺體先被送到一間停屍房，再送往聖詹姆士宮；而她的愛人多迪・法耶德則在麗晶公園清眞寺(Regent's Park mosque)舉行完葬禮後，被葬在柏克渥得墓園(Brookwood Cemetery)。和英國女王及查理王子都很熟的首相大人，最能感受黛安娜王妃去世後的那種失落和悲傷。他後來於莎吉福選區(Sedgefield)對全國所發表的演說中，傳達出了這份眞情。在那次的演說中，

他幾乎沒有任何的停頓，言詞中充滿了激動的情緒，將黛安娜形容成是個「溫暖熱誠、至情至性的完美女人」。

「她感動了許多英國人的心，並將喜悅與快樂散播到全世界。我想，我們也深知黛安娜堅持這份理想的困難，但包括英國人在內，全世界的人都相信黛安娜，他們喜歡她、愛她、並將她視爲他們的一份子。她是全世界所有人的王妃，而她也將以這種身份，繼續活在我們每一個人的心中，直到永遠。」

他是第一個以世界性的角度來讚美黛安娜的人，同時，也在那歷史性的一週，完美地捕捉了當時人民內心的情緒。在那個時候，英國人心中充滿著莊嚴與高貴的情操，而古老的大英帝國，特別是這個充滿精英份子、剝削主義、以男性爲導向的大衆媒體，和不負責任的君王政體也開始受到了質疑。將近一個禮拜的時間，英國政府終於不得不向人民的花朵攻勢投降，數以百萬的花束所造成的壯觀景象，和所飄散的花香氣息，就如同一個無言的指控：這個終其一生受盡當權政府侮辱、輕視的女人，在人民的心目中是多麼地受到愛戴與尊敬。

所以白金漢宮發表聲明說，黛安娜的葬禮將會是一個爲特別的人所舉行的特別的葬禮，這樣的說法似乎仍有欠妥當。堆滿在肯辛頓宮、白金漢宮以及其他各處的花束、詩詞、蠟燭和卡片，說明了全國人民對黛安娜的追思以及新一代英國人內心的想法。「英國王室這一家人從來不懂得尊敬妳，但人民是尊敬妳、敬愛妳的。」這是一張卡片上的留言。就像這張卡片上所說的，這些成千

上萬的英國百姓，從沒和黛安娜王妃有過一面之雅，但他們仍帶著一顆尊崇景仰的心來到肯辛頓宮，表達他們內心的哀傷、悲痛、歉疚和後悔。雖然彼此之間互不認識，他們仍然會抱在一起互相安慰對方，其他的人則耐心地等著獻上他們對黛安娜最後的讚美或禮物。有的人則在那默默地禱告著。夜幕低垂之後，整個肯辛頓宮籠罩在由上千枝燭光所交織成的靈妙光線中，彷佛喬叟(Chaucer)筆下那莊嚴高貴的朝聖之旅。在這兒沒有膚色、人種與國家的區別，所有來到這兒的人彷若彩虹般的七彩聯盟，有東方人、西方人、殘障的人、寂寞的人、當然還有出於好奇而來看看的人，以及碰巧路過的觀光客。而黛安娜王妃正是這片土地上，唯一能使那些生活在社會邊緣的英國人和英國王室之間搭起溝通橋樑的人。

就某方面而言，黛安娜的生活，包括她的多愁善感、她的力量、她的脆弱、她的美貌、她的熱情和她對自我實現的那份追求，感動了民衆的心，同時更啓發了民衆並進行推動他們去做某方面的改變。而這對民衆而言，可能是生命中最富意義的。這不只是因爲她抓住了時代的脈動，反映出了社會的眞實情況，同時更重要的是，她的生與死建構出了罪與罰之間宗教輪迴的一部份。這個天性善良的基督徒女人，爲了世人所有的罪愆而受難的圖像，正是我們貪婪的窺探名人所造成的殘酷現象。名歌手瑪丹娜(Madonna)就曾懺悔道：「我曾經指責過這些媒體兇手，但其實我自己何嘗不也是個滿手血腥的殺人犯？我們所有的人，包括我在內都曾買過這些雜誌並看過其中的內容。」即使T恤上草

草印上的「生爲王妃，死爲聖人」的字樣充滿了感傷，卻在短短不到三個月的時間，一語道出當時人們心中的想法。

黛安娜死後的這幾天，更讓人明顯地感受到黛安娜王妃與溫莎家族之間強烈的對比：她開放的心胸和他們的高高在上；她的熱情和他們的冷淡；她的自然無僞和他們的不知變通；她的迷人風采和他們的呆板木訥；她的摩登時髦和他們的冥頑不化；她的落落大方和他們的冷漠疏離；她無分膚色、人種的彩虹後援隊和他們的宮庭貴族勢力。正如同時事評論家波利．湯尼比(Polly Toynbee)在文中所寫的：「單純的黛安娜本身是英國王室還應付得來的麻煩，但聖人黛安娜卻是英國王室所無法與之相抗衡的對手，如果有那麼一天，當整個君主政體和平地畫上句點時，黛安娜的鬼魂一定會發揮她應有的影響力的。」

躲在巴爾摩洛一個禮拜的英國王室，面對黛安娜車禍意外死亡的事實，顯得慌張而不知所措，不但沒有和人民一同追思死去的王妃，反而選擇離開群衆，遠遠地躲在巴爾摩洛，而這種逃避現實的行爲，更增加了人民對王室的不滿。一九八○年代後期，當時的英國正飽受一連串重大災害的打擊，一般人比較知道的大概就是希爾斯布洛(Hillsborough)足球場的悲劇、泛美(Pam Am)客機於洛克比(Lockerbie)的墜機事件和瑪琪諾斯號(Marchioness)快樂巡洋艦的船難，而英國王室總是很明顯地避不見面，或是故意缺席，他們寧可跑去渡假也不願參加這些罹難者的追悼會。這樣的行爲在當時雖然引起民衆極大的

反彈，不過很快就平息了下來。然而，這一回人民的情感爆發卻是一發不可收拾的。英國王室應該覺得慶幸的是，原來計劃於該週在巴爾摩洛舉行的獵狐宴並沒有如期舉行，否則又不知會引起人民多大的反動。

克里斯教堂的禮拜活動，除了使許多人感到震驚之外，也令人感到憤恨。因爲，很明顯地，英國王室重視宗教禮儀更甚於人民的希望。在很多小地方，英國王室的作法都讓人民感到非常生氣。例如剛開始的時候，英國警察不准人民將送給黛安娜王妃的花束放在白金漢宮的外面；也不准白金漢宮像其他公共建築物一樣爲黛妃的死亡降半旗；那些等著要獻禮物給黛安娜的人，等了接近十二個小時之後才獲准進去在聖詹姆士宮的五本哀悼詞中簽名。而在公開控訴之後，那些等著獻禮物給黛安娜的人增加到了四十三人。面對黛安娜不幸去世的消息，英國王室冷漠的反應固然是不對，但比這更重要的是，他們總是對民眾的需要視而不見。最後，英國女王好不容易才決定要在星期六的早上，到倫敦來參加黛安娜王妃的葬禮。歷史學家布雷克爵士(Lord Blake)批評他們的行爲太過儀式化和教條化了。「要知道，世界上是不可能會再有第二個黛安娜王妃了。」布雷克爵士如此說道。而太陽日報(The Sun newspaper)甚至公然地點明王室的不負責任：「當我們需要女王的時候，請問她在哪裡？她不在倫敦和我們一同悼念黛安娜王妃的死，卻躲在離倫敦有五百哩之遠的巴爾摩洛。」

這是英國王室第一次警覺到人民的不滿，不再只是小小的憤怒，他們已經

開始質疑在一個現代化的民主國家中，君主政體存在的必要性。事實上，英國人民只希望國家元首能夠堅守崗位地在領導中心指揮，而不是在發生事情的時候，躲到一旁觀望。因此，當人民得知女王即將返抵首都倫敦，並將在葬禮舉行的當晚，對全體民眾發表公開演說時，白金漢宮的外面不絕地響起了如雷的掌聲。「我們偉大的母親終於要回來了。」一位中年男子說著，眼淚忍不住地掉了下來。女王坐在第一層樓的陽台上，俯視著台下全體的民眾，並用她對黛安娜這段充滿感性、溫情與寬容的贈言平息了台下的騷動。她告訴電視機前的觀眾：「現在，我是以一個女王及一個老祖母的身份，發自內心地表達我對黛安娜的無限追思。首先，我個人要向黛安娜致敬，她是一個出色而充滿天份的人，不論是在快樂的時候，還是在遭受挫折的時候，她都不會失去她天使般的笑容，永遠記得要用溫暖和仁慈的心來鼓舞他人。她爲人所付出的精神和所做的犧牲奉獻，使我對她肅然起敬，尤其是他對兩個王子所付出的母愛更讓我敬佩。」接著她繼續解釋他們之所以會在非常時期還留在巴爾摩洛，是因爲他們必須花時間來安慰兩個王子痛失母親的嚴重打擊。

女王離開講台參加黛安娜的葬禮之後，破例地准許在白金漢宮外降半旗以示哀悼，同時也同意延長葬禮的時間。當英國女王帶著夫婿菲利浦親王以及查理王子和他的兩個小王子緩緩步出白金漢宮時，意味著英國最高統治者和她的子嗣，以及首相大人已經感受到黛安娜之死，所產生的空前影響力，並對此做了他們所能做的最大回應。

人民永遠的王妃

當女王帶著一身的光輝燦爛從人群中出現時，人們最關心的焦點卻是小王子威廉的出現，因爲他才是眞正承襲黛安娜王妃善良天性的後繼者。當他與父親和弟弟出現在肯辛頓宮門口時，帶著靦靦笑容的這位高貴的年輕人受到民衆屈膝跪拜式的狂熱歡迎，比羅馬教皇蒞臨時是有過之而無不及，有些婦女甚至在親吻他的手時，感動地流下了眼淚。

種種情緒激動的反應，全是出於黛安娜王妃的黯然離去。她的葬禮沒有想像中那麼地現代化，反而帶著中古世紀的味道：當黛安娜的靈柩從肯辛頓宮被砲台式的馬車緩緩地運往西敏寺(Westminster Abbey)時，低沉悲哀的鐘聲迴盪在整個莊嚴凝重的行程中。在群衆的靜默和基督教儀式的莊嚴肅穆中，黛安娜的遺體通過撒滿花朵的步道，在安索普(Althorp)舉行了一個私人的儀式之後，便被送到一個名爲鵝卵石(Round Oval)的小島，她的遺體便被安置在湖中的一個小島，這個湖，是史賓塞家族的祖產。

儘管史賓塞伯爵在黛安娜的葬禮中，一再地以犀利的言詞指責英國王室的不是，並受到其他民衆的支持而造成現場一度的混亂。但回想起來，人們所記得的只是有一位膽子很大的伯爵先生，無禮地對當今的英國女王和整個英國宮廷挑釁。威廉王子和哈利王子跟在隆隆馬車聲後的一幕，讓人看出了他們心中的失落，現在的史賓塞家族和溫莎家族不再是人們眼中顯赫、冷漠的貴族，而是兩個同爲黛安娜悲傷的平凡家庭。

整個葬禮的儀式是古老的，甚至原始的。但舉行葬禮的這一天，也就是一

九九七年的九月六日，卻被歷史學家視爲是一個別具意義的重要日子。它所代表的是階級體制的崩解，和一個更講求人人平等的時代的來臨。當英國女王對著行經白金漢宮的黛妃靈柩行禮時，不只表達了她個人對黛安娜的尊敬，同時也是對黛安娜所代表的，現代英國人的價值觀的一種尊敬。「就好像僵化不動的上唇對上了顫抖不已的下唇一樣。」曾經有人如此逗趣地形容這種關係。

如果能夠將艾爾頓・強對「風中殘燭」這個詞兒的情緒化詮釋加到對黛安娜的悼念之詞中的話，或許就能完整地表達出每個人對黛妃之死的感受。因爲從這句話中，我們可以感受出史賓塞伯爵對整個英國王室無可饒恕的憤恨不平。他公然地向英國最高統治者和其家族，以及混亂的四大階級體制挑戰，暗示當初他們不該剝奪黛安娜皇家的封號，同時也批評他們教育兩個小王子的方式。他說：「其實根本不需要任何皇家的封號，來塑造黛安娜的風範。」他的這句話是針對黛安娜離婚時，女王除去她王妃的頭銜，使她不能再被稱爲「王妃殿下」所說的。因此直到他的連襟兄弟，也就是女王的私人秘書羅伯特・費洛斯爵士告訴他，女王已決定恢復黛安娜的皇家身份時，他的怒氣才稍稍獲得平息。

除了皇家頭銜的問題之外，史賓塞伯爵同樣不能原諒溫莎家族對孩子的教養方式。「我代表母親和姊姊向妳保證，妳的娘家將會盡一切可能來承襲妳過去對這兩個優秀的孩子，所施予的富於關愛和想像力的教育，讓他們不只知道責任和傳統，同時更知道要將他們心中的想法盡情地表達出來。」

在無法攻擊溫莎家族爲一個無能政府的情況下，史賓塞伯爵便將矛頭轉向了媒體。「我對這件事（指媒體對待黛安娜王妃的方式）唯一的解釋是：所謂的善良美好很可能會導致負面的結果。在所有關於黛安娜的諷喻中，最讓人印象深刻的大概就是——她在出生時取了一個古狩獵女神的名字（黛安娜是希臘神話中的狩獵女神），而結果她自己卻成爲當代人們最想追捕的獵物。」

他激動的情緒很自然地贏得了現場民衆熱烈的掌聲，他以透徹的洞察力剖析了他姐姐的人格特質：「她是與衆不同的，同時也是錯綜複雜而無法取代的，她的美，包括內在美和外在美，是我們心中永恆銘記的。」他讚美她的悲天憫人、她的獨特風格、她那天生的直覺力和多愁善感，同時也承認她因缺乏安全感而無節制的飲食習慣。

對於黛安娜的死，竟會引起如此深遠的悲傷和哀慟，史賓塞伯爵和英國王室以及黛安娜的朋友們都同樣感到震驚。他勸英國的民衆不要過度的表彰黛安娜生前的功業。「妳是一個頂天立地而與衆不同的人，但沒有必要被別人視爲聖人。」他說。

但人們是不可能會照著他的話去做的。以紀念黛安娜爲名所成立的紀念基金在短時間內便募集了上億元的款項，而艾爾頓．強獻給黛安娜的祝禱詞，更成了有史以來在最短時間內造成搶購風潮的暢銷書。另外，有關她的書、錄影帶、雜誌和其他言行錄的出現都在在表示，黛安娜在人們心目中已然成爲衆神中的一員。就像艾維斯．普里斯萊(Elvis Presley)的故鄉葛雷斯蘭

(Graceland)一樣，黛安娜最後的棲身之所安索普，也將成爲人們朝聖和表達尊崇之意的地方。毫無疑問地，她的身旁將飾滿由各種獎項所組成的花圈，其中諾貝爾和平獎尤其適合她。她的名字將會留在世界上無數個醫院、救濟院和慈善機構內，而她生前的行徑則將繼續鼓勵這個世代的人，去過一種有意義而又能自我實現的生活。

很明顯地，我們所看到的黛安娜有兩個：那個原本只有她的家人和朋友才認識的黛安娜，如今已然成爲人們崇拜的偶像，成爲數百萬人民、希望和夢想的投影。一般人對她的認識，不外就是從一個年輕的少女、一個惹麻煩的王妃到一個離婚的女人，而這個女人一直在尋找快樂，卻一直被摒棄於快樂之門外。她的死並沒有造成流行音樂會中那種歇斯底里的情緒化反應，但其影響力卻更爲深遠。許多醫師經常會討論所謂的「黛安娜症候群」，這些患了「黛安娜症候群」的病人之所以前來向醫師求助，是因爲黛安娜的死使他們想起了埋藏在心底深處的痛苦回憶。

那麼我們該如何來解釋黛安娜這個人和她所造成的這種現象呢？以生活面來看，黛安娜本身就是一個充滿了矛盾的複雜網絡：她勇敢而又脆弱，有人崇拜她卻沒有人愛她；內心貧乏而外在卻顯得慷慨大方；容易作繭自縛卻又公正無私；總是鼓舞他人自己卻飽受挫折；需要別人給她建議卻不喜歡接受批評；誠實但又不怎麼坦白；直覺敏銳卻又不食人間煙火，極端地世故卻又常常搖擺不定；喜歡居於掌控地位而本身卻是那麼的天眞浪漫。她並非是個完美無缺的

人，她一樣會耍性子，一樣會被人激怒，但她自我解嘲的輕鬆態度，使人解除心理上的防備；而她那清澈有如風車菊般的藍色眼睛，只要輕輕地一瞥便能攝走你的靈魂。她的語言沒有國界的障礙，她所使用的辭彙是她的笑容、她的擁抱和她的親吻，而不是她所講的任何一句話。她的魅力是無窮無盡的，而她也將謎樣地永遠存在我們的心中。

在黛安娜的一生中，她始終受到其他事物的牽引，不是因爲那些有關她的爭辯和討論，而是來自於她的本能與直覺。這種本能和直覺將黛安娜帶入了星相家、通靈者、預言家和精神治療師的世界，也因此而鎖上了她個人人格與她國際化訴求相連結的門扉。而這也就是爲什麼在黛安娜生前，媒體們始終無法了解她和認同她的原因，因爲黛安娜不是他們那個領域的人，當然也無法分享他們的價値觀。就像黛安娜看到一朵花的時候會去欣賞它的美，但這些新聞媒體卻只想到去數花瓣。

就工作方面而言，黛安娜一直關懷那些生活在社會的邊緣人，像是痲瘋病人、愛滋病患等等，而她之所以能夠觸動人心，是因爲她輕啓了社會暗流的樞紐，再一次以女性的溫柔感性去關懷那幾個世紀以來被壓迫在黑暗世界的可憐人。受到她牽引的是我們的情感層面，而不是理智層面。她有很好的直覺和善於照顧人的天性。可悲的是她在生活中，總是受到男人（像查理王子和那些討厭的攝影記者）的控制和利用，而她的這種情況也是許多婦女生活的寫照。就心理層面而言，她是一個女性主義者，她不願在一個男性主導的世界中搖尾乞

憐。她之所以如此重要不單是在於她生前的所做所爲，更重要的是其生活本身所代表的意義，她不斷地鼓勵他人，特別是婦女同胞，希望她們能夠爲自己的眞理去尋求、去奮鬥。

就像歷史學家的眼光看來，威爾斯王妃黛安娜可以說是當時最具影響力的人物。這種影響力是空前的，恐怕也將是絕後的。只要世界上還有詩人、劇作家和喜歡講話的人存在，有關黛安娜王妃如何受封爲女王的故事，就會永遠地流傳下去，而黛安娜王妃也將成爲我們心中永遠的女王。

威爾斯王妃黛安娜，她爲我們的靈魂寫詩，豐富了我們的生命。

14

Dreams come true

夢想成真

夢想成真 *Dreams come true*

在王妃入土之前，威爾斯島可說是人煙罕至。黛安娜或許得到了平靜，但整個國家卻不然。當史賓塞伯爵開始連番炮轟溫莎家族和新聞界時，一場社會文明之爭也因而爆發。

在初期，這一切看起來像是傳統的貴族之爭，換言之，溫莎和史賓塞家族在彼此較勁。挑起戰爭的是史賓塞家族，當大部份的媒體都還默不作聲時，史賓塞伯爵就在喪禮上展開肅殺，讓溫莎家族栽了個大跟斗。曾經有段時間史賓塞家族佔了上風，英國政府的財經大臣高登．布朗(Gordon Brown)，邀請了查爾斯和他的姊姊莎拉開會協商，討論用什麼樣的方式來紀念黛妃最合適。從成千上萬的建議中(許多是來自於一般大眾)，委員會決定採用的方式是救濟重症兒童、在1999年發行5元英鎊的黛妃紀念幣、提供獎學金、沿黛妃出殯路線舉辦健行活動，以及備受爭議的在肯辛頓宮建造價值一千萬英鎊的紀念花園。

黛妃價值5萬英鎊的遺物，原本是留給其僕役長保羅．布雷爾，當史賓塞家族將這些遺物也納入黛妃二千一百萬英鎊的遺囑範圍時，也甚少有人非議。雖然黛安娜並沒有將部份遺產用做慈善捐款，但卻將其四分之一的財產留給其教子女們，然而，這些教子女們每個人最後只獲得象徵性的紀念物。有報導指

出部份教子女們的家人，對於史賓塞家族在處理這個敏感議題時的傲慢感到作嘔和心寒。

爲了鞏固這些早期的勝利，史賓塞伯爵很快的將安索普變成其堅強堡壘。他不僅在其安索普的老家中保存著黛安娜在車禍中的遺物，爲了加強人們對她的懷念，他還將馬房改裝成他姊姊的祠堂，在這裡人們可以看到她的衣物，像結婚禮服、童年點滴和她慈善工作的回顧。尤有甚者，有關黛安娜年輕時所拍攝的家庭影帶也被拿來展示。他甚至還出版以史賓塞家族及其老家爲主題的書籍，以鞏固其堡壘；當他訪問南非一家醫院時，還特別抱起患有愛滋病的兒童合影，

提醒每個人他是黛安娜的弟弟。他彷彿佔盡了所有的優勢。這位伯爵曾經送了橄欖枝(譯註：象徵和平)給溫莎家族，他在一次電視訪問中說道：「我最支持的是女王，而不是那些我所不熟悉的王室成員，雖然我很尊重這些人的職位。」這番話讓他自己的陣營十分驚訝，因爲他們在私下曾經聽到他以「敵人」稱呼那些支持黛妃的王室成員。

事實上，這種柔情態度相當於一種撤退，是迫於情勢之下不得不然的自我保護。在他要與妻子離婚的時候，爲了要保衛財產，他忽略了事件被公開張揚的可能，而執意選擇在南非舉行聽證會，最後讓自己的形象大受打擊。他趾高氣揚的結果是，他的妻子與其前任情婦柯樂比(Chantal Collapy)聯手，後者的證詞重創他的名聲。在法庭上，他被描述成酒鬼、殘忍而傲慢的通姦者，他

是在沐浴的時候告訴妻子他要離婚的。同時他也被控訴，當妻子在一家私人診所治療貪食症時，他曾和無數的女人發生關係。

見到敵人受到傷害，這些媒體聯軍也提高他們的道德標準，指責其爲「僞君子」。而當查爾斯飽受別人嘲笑其安索普計劃時，黛安娜的光環也保護不了他。他那些誓不兩立的敵人們，嘲諷安索普之旅的門票過高，把在黛安娜墓園附近所舉辦的流行歌曲演唱會說成「沒品味」，懷疑他捐給黛安娜慈善機構的捐款數目，更批評他對黛妃的紀念方式是「粗鄙的」。攻擊他的還不只這些敵人，連約克郡的大主教都表示，史賓塞家族所設的祠堂只會鼓勵人們對黛安娜狂熱崇拜，他認爲對於一位向來把別人放在自己之上的女性來說，這種幾近神化的方式是不當的紀念法。

的確，這場黛安娜紀念戰中的勝利者是誰，最後證明是難以確定的，因爲史賓塞家族並非唯一在宣揚黛妃神話的人。穆罕默得．法耶德(Mohamed al-Fayed)就展開先發制人的攻勢，在黛安娜永不可及的未來中樹立起其家族的旗幟，宣稱他的家人特別是其長子，在她有生之年的最後幾個星期裡，帶給她眞正的幸福和愛情。當史賓塞伯爵決定將多迪的相關事物從安索普的展示中排除，而穆罕默得．法耶德將之形容爲「可恥的怠慢」時，後者就挑起了戰端。

起先，穆罕默得．法耶德似乎是披上了難以對抗的盔甲。他聲稱黛安娜和他的兒子多迪即將宣佈訂婚，所以招致暗殺的陰謀，以避免未來的國母和回教人士通婚。當黛妃死前懷孕的消息甚囂塵上時，他不但從未加以澄清，還堅稱

她在垂死時曾留下遺言。而黛安娜對於軍方的恐懼也被他很技巧的援用，她曾說過：「有朝一日我會登上一架直升機，而這架直升飛機將會墜毀，軍情局（MI5）會想盡辦法除掉我。」這段話常被他用以做為這對情侶是被謀殺的證明。

然而情勢很快就證明，儘管他部署了強烈的炮火，卻依然無法在這場貼身肉搏戰中勝出。他宣稱黛安娜在死前曾留下遺言的說法，被法國當局正式加以否認，雖然有位憲兵曾表示，黛安娜在失去意識之前曾喊出：「我的天啊！」即使他安排了電視記者、陰謀論的「專家」和醫生來協助他達成目標，但是不斷出爐的證據還是粉碎了他薄弱的立論。儘管如此，還是有不少人同意他的論調，由某家小報所進行的民意調查顯示，約有95％的人相信，英國軍方應該為黛安娜的意外負責。（值得注意的是，在很久之前當我為第一版的「黛安娜：她的眞實故事」而訪問她的兩位諮詢顧問時，他們不約而同的隱約感覺到，有朝一日王室必將她除之而後快，不是設計情境使其自殺，就是直接殺了她。其中一位還曾經以此為基礎，為好萊塢撰寫電影劇本，不過他現在則說沒有人會相信這種世界末日式的電影劇本。）

史賓塞家族原本可以控告巴黎的麗池飯店失職，但最後竟然只有一時的質疑，而沒有採取任何行動，這眞令人難以理解。根據有些朋友的引述，史賓塞家族並不想趕盡殺絕，他們選擇的方式是社會消耗戰，以四面部署代替背後偷襲。對於穆罕默得．法耶德想要說服大衆相信黛安娜是被謀殺的企圖，他們曾

明白表示「非常感冒」，史賓塞伯爵認爲陰謀論的說法是「怪異的」。在一項由法國雜誌所進行但未經證實的「黛安娜最後專訪」中，據稱黛安娜曾提及對多迪的熱愛，這項訪問當然是穆罕默得．法耶德所背書的。然而，不僅史賓塞家族斥之爲「骯髒而不可信」，黛妃的友人也很快就指出，這段感情對她而言不過是個點綴，她從未向兒子、家人或包括僕役長在內的社交圈提到要結婚的計劃。她的一位朋友就說：「對於多迪自以爲可以安排她的生活，她感到十分憤怒。」

當巴黎的司法單位爲了調查車禍發生的原因，而召集穆罕默得．法耶德、黛安娜的母親山．凱夫人以及被控過失殺人的狗仔隊時，這兩個家族之間的戰爭才白熱化。在八個小時的聽證過程中，黛安娜的母親刻意而冷漠的忽視多迪的父親，穆罕默得．法耶德在聽證結束後就展開絕地大反攻。

這位哈洛德百貨的老闆告訴在外等候的媒體記者，山．凱夫人是位「住在外星球的英國勢利鬼」。除了侮辱之外還加以中傷，他控訴她是個壞母親，在黛安娜六歲的時候遺棄她，他咆哮道：「她給過她什麼東西？」但不論他再說些什麼，他的支持者還是棄他而去，任何對他的同情都在他的攻擊中消失殆盡。

最後是他的前僱員特夫．李斯瓊斯(Trevor Rees-Jones)給了他致命的一擊，這位保鏢是這場意外的唯一生還者，他要求法國警方調查麗池飯店對於司機亨利．保羅的行爲管束。這場戰爭最後的焦點落在穆罕默得．法耶德的罩門

上，也就是飯店管理上的疏失直接導致多迪和黛安娜的死亡。雖然早已有人聲稱，麗池飯店的一位吧台人員曾被下令，「爲了皇室之故」必須對保羅酒醉一事保持沉默，不過，最嚴重的問題在於提供賓士汽車的公司，其提出的證據是否可靠，因爲該公司已被證實只和麗池飯店有生意往來。

當史賓塞和法耶德家族分別因爲自己的問題，而漸漸削弱力量時，溫莎家族也慢慢奪回他們在喪禮期間所失去的疆土。他們所使用的方法不是全面性攻擊，或者是當衆羞辱，而是幾世紀以來無數次拯救王室成功的戰術：藉由社會孤立來消蝕敵人的名聲。

穆罕默得．法耶德很快就成爲溫莎家族反攻下的犧牲者，他抱怨被查理王子和愛丁堡公爵刻意規避。而一項女王向來會出席的溫莎馬秀，他贊助了十二年之久，其贊助權也突然被終止。此外，皇家勳章協會更指控他「藐視」王室，因爲哈洛德筆記本上使用數個皇家勳章，而此舉是爲了將他與提尼．羅倫的爭議「公開化」。穆罕默得．法耶德則直言不諱：「我唯一的罪行就是身爲黛安娜所愛上，並且能讓她更快樂的男人的父親。」

在這場黛安娜紀念戰中，身爲所有榮耀泉源的王室，可以辯稱是他們讓她成爲全球偶像的，而他們獲得的獎品也最大——她的兒子威廉和哈利。如果說史賓塞家族是黛安娜車禍遺物的保存者，那麼溫莎家族才是她鮮活形象的擁有者，因爲在威廉王子身上留有她高雅和害羞的特質。

諷刺的是，這個曾經將她摒於門外的家庭，現在卻是她鮮活形象——未來

國王的監護人。尤有甚者，史賓塞伯爵雖然在喪禮上勇敢的說出，要讓兩位小王子「自由表達心聲」，但在黛安娜過世後的一年裡，史賓塞伯爵卻很少有機會和他們接觸。王室成員告訴媒體，兩位小王子曾拒絕史賓塞家族邀他們至康瓦爾渡假的邀約。而且，在黛安娜逝世週年日那天，她的孩子在蘇格蘭，一個她所鄙視的地方巴爾摩洛，而當時史賓塞則是在數百哩遠的安索普。有人還說，關於兩位小王子在何時可以造訪其母親的墓園，兩個家族甚至無法達成協議。

在黛安娜生前，王室不但排斥她，剝奪她的王室頭銜，將她從教堂中的王室祈福名單中除名，更阻礙她邁向國際舞台。她曾說道：「想像一下，我現在得向他們下跪，多好笑。不是女王或菲利浦親王，而是那些小人物。」然而在死後，她卻歷經「史達林主義大反轉」的過程，被重新植入王室成員的心中，彷彿她從未離去，而1990年代早期的困擾不過是個惡夢。然而，在一幕關於苦行的戲劇裡，說到亨利二世打赤腳穿越坎特伯里(Canterbury)的街道，只爲了回憶他最愛的大主教湯瑪斯．貝克特(Thomas a Becket)在被謀殺時，他所扮演的角色。所以，女王、查理王子和其他王室成員也都有所改變，就算不是本質上的，至少也可以假裝出對已逝王妃有所尊敬。

首相湯尼．布萊爾(Tony Blair)是他們的白色騎士，他非常聰明的想到用「人民的王妃」這個說法，一句話就抓住了黛安娜的本質，布萊爾做爲最高元首的代表，負起責任允諾改革制度並加以現代化。在這更爲閃耀的「人民的君

主體制」中，再也不用躬身和下跪，即使女王不在的時候，大英帝國的國旗也可以在白金漢宮和其他王室成員的寓所上空飄揚，而「殿下」之類的稱呼也不再被濫用。即使是王室的工作人員也承認：「威爾斯王妃是這些改變的催化劑」，當這些人看到民調對君主體制的支持度在下降時，也都相當緊張。

不只是如此，在黛安娜過世後的幾個月裡，時事評論員也明顯發現，王室成員變得比較不拘形式和熱情，特別是查理王子。對於一位必須獨自撫養兩個孩子的父親，大衆內心會產生同情，而這種感覺又會因爲查理的轉變而更爲強化。當他和哈利王子同遊南非時，他們很愉悅地和辣妹合唱團(Spice Girls)碰面；而和威廉王子在溫哥華接受群衆的歡呼時，他也露出了喜悅之色，他已經把性格中和藹可親的那方面顯露出來，由於過去他對私生活很看重，這個部份就被長期埋沒了。媒體對於王室的報導，也從揭發的角度回歸到尊敬的立場，所以當女王的母親在一次跌倒中骨折，這個意外獲得了廣泛的電視報導，而這是自黛安娜現象出現以來從未有過的。

既受人尊敬又受人歡迎已被證明是可能的事。一位時事評論員保羅．強森說：「我們大家都將黛妃珍藏於心中，但我們也別忘了她也是君主體制的忠誠擁護者，她最大的願望是這個制度可以持續並且繁榮。」這種虛矯的分析，根本是將黛安娜硬塞進她曾形容爲「痲瘋院」的家庭裡，這是新聞界所慣用的手法。然而，他們偶爾也有露出馬腳的時候，像一位觀察家就曾酸溜溜的報導，在大不列顛號輪船退役的當天，王室所流露的悲傷勝於在黛安娜喪禮上的表

現。這種批評則象徵著那些懷疑王室雖在表面上被黛安娜影響，但私下卻巴不得她從歷史上消失的人的想法。而在黛安娜逝世不過十個月時，王室就費心安排威廉王子和他父親的情人卡蜜拉首度會面，這也的確顯示王室對黛安娜的不尊重。

如果說史賓塞和溫莎家族之間，特別是查理王子和史賓塞伯爵間關係的脆弱，只是一些不愉快的結果，那麼爲了紀念黛安娜而成立的基金會，則是各種衝突對抗的角力場：肯辛頓宮和黛安娜的律師，聖詹姆斯宮和基金會本身，甚至是史賓塞家族的成員之間。觀看這些衝突並且做評判的人是：數以百萬計的人民，是這些人創造了黛安娜，也是他們在哀悼她，並且支持她的基金會。

威爾斯王妃黛安娜紀念基金會是在喪禮籌備期中，在困難重重的情況下，由黛安娜的審計官麥可．吉賓斯(Michael Gibbins)和她的律師安索尼．朱留士(Anthony Julius)所共同創立的，象徵著在這場黛安娜紀念戰中，將會有源源不斷的難題產生。從該基金會設立的那刻起，就有著品味、優先順序、成本、擁有權和有效期限等問題時時糾纏。基金會的信託人更一直受到媒體密集的炮火攻擊，這些媒體雖然對王室樹白旗，但卻頗具信心鼓吹民衆對抗未經證實的敵人。

在經歷許許多多的困難之後，基金會的工作人員很快就覺悟到，他們從王室獲得的支援將會很有限。一位不願具名的職員就說：「雖然女王允許我們使用肯辛頓宮，但是白金漢宮並未給予很多的協助。」許多黛安娜的信徒都被抓

來加入服務的行列，像只是個小小職員的蜜雪肯．瑞雅（Mishcom de Reya），在當時就必須面對如波濤般湧入的電話和信件，而白金漢宮卻從未伸出援手。「那時眞是一團混亂，」一位工作人員回憶道：「許多人打電話進來朗誦詩篇，有些人前來祈求安撫，媒體則需要資訊，更有人想要捐款。」

即使在比較平靜的時候，基金會的信託人和職員還是被很多媒體寄來的匿名信所困擾，而一般相信這些信件是來自於聖詹姆士宮，也就是查理王子的總部。這倒並非是查理的責任，而是那些忠心的追隨者，自認爲有責任要扭曲該基金會。因爲，就算黛安娜不在人間，她的前夫還是相形見絀，她的基金會在成立後數星期，就募集了數百萬英鎊，這個數目是王子的信託基金所可望而不可及的。一位黛安娜慈善事業的職員就說：「聖詹姆士宮當然希望這個基金會儘早垮台。」

即便在基金會內部，肯辛頓宮的人員和基金會的正式職員之中也有衝突和緊張。前者自認是黛安娜光環的守護者，而像是蜜雪肯．瑞雅之流的正式職員，則是被對方的「專業性運作」所嚇壞。有位內部人員就表示：「她的舊部屬自認爲對她比較了解，你常會聽到他們說『這不是她所希望的』。」當瑞雅將五十萬英鎊匯入基金會時，可眞是家醜外揚，因爲有些人明顯露出不悅。

然而，當史賓塞伯爵寫了封抱怨信函給基金會時，想要將黛安娜的慈善精神化爲實際行動的困難和複雜才眞正開始。在這封信中，他抱怨基金會的某些活動有違慈善精神，而且欠缺品味，特別是將他姊姊的簽名授權給Flora人造

奶油和樂透刮刮卡使用(有人懷疑這封信是查理王子的陣營所發出的)。在這封信上簽名的黛安娜的母親和她的姊姊珍，以及一向支持基金會領導人的黛安娜的另一個姊姊莎拉，她們對於「沒有品味」的問題都十分關切。許多人紛紛表示支持史賓塞家族的看法，像特洛伊憲兵泰迪·泰勒(Tory MP Teddy Taylor)就覺得黛安娜的形象被「貶抑」了。

由於每件事情都和黛安娜有關，使得情況變得複雜難解。當黛安娜辭世後，她的財產還包括智慧財產權，還有一些肖像、聲音、信件及其他手稿的版權等無形的資產。這些東西不僅價值很高，其遺產稅也高得令人咋舌，唯一的避稅方法就是將之捐贈給慈善機構。結果這些資產被交付給紀念基金會，雖然黛安娜的遺產繼承人希望保留對基金會的指導權，但慈善委員的回覆是基金會的信託人必須維持獨立。套句法律行話，就是「他們的自由裁量權不得被剝奪」。

話說回來，黛安娜的三位遺產繼承人——她的母親、姊姊莎拉和倫敦主教理查·查特(Richard Chartres)，的確有權決定包括品味和尊嚴在內的所有事物。因此，對於和黛安娜有關的敏感議題，史賓塞家族擁有最後的決定權。(事實上，在基金會成立之初，曾問及是否要將威廉王子納入，但王子的父親、舍監和校長都認爲他應該專心學業。)

所以一般認爲，史賓塞家族的兩位遺產繼承人，對於她們所認爲不當的活動，在任何王妃的名銜或肖像授權同意書發出前，應該都曾表示同意。關於將

黛安娜的簽名授權給人造奶油商品的這項爭議性交易，是由黛安娜的前僕役長保羅．布雷爾和基金會的聯絡人員所決定（稍後史賓塞家族堅持他是基金募集經理）。當這項「既成事實」的爭議性專案在會議中被提出討論時，根據一位出席人員的說法，整個會議「安靜到可以聽見呼吸聲」。這位人士回憶道：「大家都知道這是個大麻煩。」然而，在人造奶油和樂透刮刮卡這兩項交易上，基金會的領導人和黛安娜的遺產繼承人之一她姊姊莎拉，都曾在同意書上加以簽署。此外，這項交易案也曾諮詢另一位遺產繼承人，而她也表示同意。所以，當史賓塞家族寫信給基金會表示抱怨時，他們其實是在批評自己的決定。

這場戰役的重點不在於品味或體面，而在於黛安娜紀念戰背後的動機——控制權。然而，即使史賓塞伯爵有所期待，並且中傷基金會，黛安娜的智慧財產權還是不屬於遺產的範圍之內。就法律上來說，其智慧財產權必須轉移至另個慈善機構，不然還是會受到相同稅法的管轄。但如此一來，新的慈善機構可能也會和原有的基金會一樣，面臨在捐獻與品味、贈款與收入之間要平衡的困難。

截至目前爲止，黛安娜慈善基金會在重重的困難之中，依然還是屹立不搖。在該基金會的贈款原則中，暫任主席安索尼．朱留士明白表示，其目的是爲了要「永久紀念」王妃，而此長期性的慈善基金將「持續而實在地爲弱勢族群謀福利，特別是這些社會邊緣人」。

不過，黛安娜的弟弟並不是唯一企圖利用後人對她追思的人。基金會本身就曾經想把黛安娜的肖像註冊爲商標，以便利用她的肖像來籌募慈善基金，但這個企圖並未成功。商標局曾檢驗了26張照片，最後明智地決議：黛安娜的肖像「屬於全人類所共有」。這個議題差點解構了現存的法律制度。

還有其他一些想圖利自己的人，也都很努力的想要控制黛安娜所留下的形象。有關她的任何資訊現在都被控制和操弄，白金漢宮很無情的阻止相關人士發表對她的看法，例如王妃的前私人秘書派崔克．傑普森(Patrick Jephson)，就被警告不准撰寫和黛安娜有關的回憶錄。他已被王室打入冷宮，他之前對黛安娜的忠誠服務，完全沒有獲得官方表揚。

這類的社交懲罰足以讓其他人噤聲，或者只是講些扭曲黛安娜形象的陳腔濫調。

此外，白金漢宮還特別注意有關威廉王子的報導，某家週日報就曾接到皇室的抱怨信函，只因他們在威廉王子16歲生日的前夕，寫了篇不正確但滿是稱讚他的報導。

還有不少其他的例子發生，像黛安娜的前聲音指導老師彼特．雪特倫(Peter Settelen)，他曾經錄下數捲錄影帶，黛安娜在其中坦述她的生活點滴。這些錄影帶是他合法的財產，但是現在卻被安置在白金漢宮，王宮方面的發言人則表示對此事毫無所悉，這種說法並不令人意外。此外，白金漢宮也無意歸還黛安娜寫給前情人詹姆斯．休特的信，這些情書被他後來的女友所偷取

並賣給報社，之後報社又交給肯辛頓宮。就技術層面來說，這些情書是贓物，但休特是不可能拿回它們了。如同一位黛安娜的友人所說：「黛安娜仍然讓王室坐立難安。」

而此時此刻的大衆媒體也不再是揭秘者，他們早就開始實施自我審查，此種行徑彷彿是僞君子的奴隸。其結果是人們也不願再多說什麼，深怕違背媒體共識將會招致攻擊。所以，媒體不但沒有鼓勵自由言論，反而還成了壓制力量。前憲兵人員喬治·魏登(George Walden)就說過：「我曾在俄羅斯和中國居住和工作，這是我第一次在英國感受到在說話之前要小心，感覺像是專制橫行，而這種感覺至今未散。」

自從黛安娜辭世，就一直有人想要重寫她的故事——她所想講的故事，這個故事是眞人實事而不是童話故事。她在死後被人描繪成比生前更加快樂、活潑和神聖，而她下嫁給查理王子這件事也變得不再那麼糟。在她充滿陽光和玫瑰的生命裡，企圖自殺、貪食症和卡蜜拉都變得微不足道。而群衆對她離去的反應也被曲解成「情緒失控」，一種短暫性的集體瘋狂。

就像黛安娜所發現的，她早期在王室生活中的徹底孤絕是所有人一起造成的，因爲她的家人、朋友、媒體和愛慕她的大衆都傾向於相信童話故事，現在這種抵制衆人懷念她的情況，也是皇室、媒體和大衆的共謀。如同她一位朋友敏銳的觀察：「人們現在對她的祝福是她生前所該獲得的。我們希望在記憶裡的她是快樂的，雖然她在生前並非如此。」

所以，當史賓塞伯爵在電視上談到她姊姊的幼年生活時，專門報導名人的雜誌「哈囉！」(Hello!)就不悅的說：「史賓塞伯爵對她姊姊童年生活的描寫和安德魯．莫頓(Andrew Morton)的說法不同。史賓塞的版本是，她姊姊小時候是個快樂而幸運的女孩，而且自幼就散發出母系的遺傳特徵。」不管怎麼說，本書中關於她幼年的故事還是直接取材於黛安娜和查爾斯．史賓塞。

這是個漠視證據和見證的典型例子，即使是黛安娜本人也是如此，其目的是為了塑造一個和個性無關，但符合群體意象的肖像，也就是群眾意願的實踐。也就是說，黛安娜的個性無論如何必須是獨特的；以甘迺迪總統為例，他生前的種種也是到了最近才慢慢為人所披露。但是，黛安娜這個案例的特別之處是，這場控制權之爭不只和人們該如何懷念她有關，也和我們該如何看待我們這個社會有關。她的意象已經變成了萬花筒，知識份子、女性主義者、新世紀哲學家、時尚奇人、基督教狂熱份子和陰謀論者都在其中佔有一席之地。

撇開王室不談，黛安娜辭世的影響，可以在理智與感情、理性與信仰之間像鐵達尼式的兩難上看出來。更進一步而言，它也披露出市民社會(一般民眾)和政治社會(政府機關)之間的鴻溝。

對於這些學術界人士、政治人物和其他一些只知用理智來了解並命令人們的人來說，這些對威爾斯王妃之死史無前例的情緒性反應，根本就超越了他們能夠理解的範圍。用他們的術語來說，這種反應是虛假的、情緒的和歇斯底里的。而政治上的左派和右派也首次站在同一陣線共同發出譴責，用勞工黨傑

瑞．卡夫曼(Gerald Kaufman)的話來說就是「一種超級的自溺性傷悲」。當學術界人士安索尼．歐希爾(Anthony O'Hear)宣稱這個國家在得知黛安娜的死訊時，已變得過分情緒化，彷彿像是個「哭泣的不列顛寶寶」，他的說法激起很多的反彈。此種論調完全抹滅以往在重大犯罪或意外現場，人們以鮮花來表達其悲傷或哀悼的意義，就像在一九八九年發生的希爾斯波羅(Hillsborough)悲劇，利物浦的支持者在其俱樂部廣場上放置花環，以紀念那些在雪菲爾足球場上遇害的人。

然而，在某個方面來說，理性主義者的論調則是正確的，黛安娜之死所帶來的普遍和自發的反應的確是超越理性的。有關黛安娜之死的反應，其最有意義的影響是，黛安娜被套上神祕的色彩，其程度簡直像是部落文化——開明政治時代之前的文化，這是種舊時代而非新時代的價值觀。由於黛安娜的吸引力大部份來自於傳統的君主體制，這提醒了我們，以溫莎家族爲代表的現代憲政變革，其實不過是建基於神話、迷信和魔幻的制度的衍生物。

雖然並非刻意，但黛安娜卻擁抱著我們夢想中的君主體制，她的美麗和領袖氣質帶領人們重回遙遠的從前，當王室成員被當成是醫者、魔術師、崇拜的對象或甚至是擁有超自然力量的神聖人物的時代。從隱喻的角度來說，黛安娜是童話中的王妃典範。當她在著名的「全方位報導」(Panorama)訪問中表示，她想成爲「人民心中的王妃」時，就被認爲是在使用君主體制中的心靈感召法。

相反地，溫莎這個君主體制的正宗品牌，卻是家庭生活與禮儀之間不協調的組合，在公開的儀式之中，他們的表現像是沒落的帝國和軍方的應聲蟲，絲毫沒有感情、魔力和魅力可言。任何東西被冠上「巴爾摩洛」之名，代表的是責任、家庭和愚昧。

即使如此，黛安娜的吸引力並不只來自於她和溫莎家族的關係，而是她做為一位現代女性的心路歷程。她的故事並非一般失婚者的經驗，而是身處於權威來自於宗教教義、政治人物之發言、貴族統治階級之倫理及大眾媒體之共謀的家長式制度下的女子，其所受到的特殊對待。簡言之，她的證詞根本是對父權制度的挑戰。

這是爲什麼數以百萬的女性會認同，而且會持續認同她的掙扎、階級對抗、形象，甚至於她本身的原因所在。她從一九九二年開始的生涯，可以說是自我發現和披露的典範，在這個過程中，無數的女性也因而體認到她們自己的衝突、故事和難題。

在她生前，她是許多人利益上的障礙，因爲她願意和男性、家族、甚至是道德及社會體系對抗，而她的存在也一直是正統、制度和因循苟且者的最大挑戰，這些不思變革者現在仍汲汲於蹂躪她，她的死從未減少她所受到的斥責。

在黛安娜生前的最後幾年，她一直在其公眾生活中尋找定位，也在她的私人生活中尋覓快樂。現在最令人爭議不斷的就是，她究竟是否已找到她渴望已久的滿足感。但可以確定的是，在她生前曾經越過政府和人民說話，深信只要

她和民衆直接接觸，他們就能了解她身爲普通人和女人的那一面。而自她過世之後，眞實的黛安娜和做爲象徵的黛安娜之間，早已相互糾纏並且難以釐清。隨著時間的逝去，眞相將變成神話，而神話會變爲眞實，成爲眞實黛安娜中的一部份。這場黛安娜紀念戰，如同所有的戰爭一樣，眞相都將最早陣亡。

黛安娜傳

作　　者：安德魯・莫頓（Andrew Morton　）
發 行 人　：林敬彬
企劃編輯：簡玉書
美術編輯：邱世珮
封面設計：邱世珮

出　　版：大旗出版社　　局版北市業字第1688號
發　　行：大都會文化事業有限公司
台北市基隆路一段432號4樓之9
電話：02-27235216　傳真：02-27235220
e-mail ：metro@ms21.hinet.net
郵政劃撥：14050529　大都會文化事業有限公司
出版日期：1999年7月初版第1刷
2000年8月初版第2刷
定　　價：360元
ISBN：957-8219-09-1

國家圖書館出版品預行編目資料

黛安娜傳／安德魯 • 莫頓（Andrew Morton）著.
－ 初版. － 臺北市 ： 大旗出版 ： 大都會文化
發行， 1999〔民88〕
面； 公分
譯自：Her true story ： in her own words
ISBN ：957-8219-09-1

1. 黛安娜(Diana, Princess of Wales, 1961-1997) －傳記

784.18 88009173